KB240735

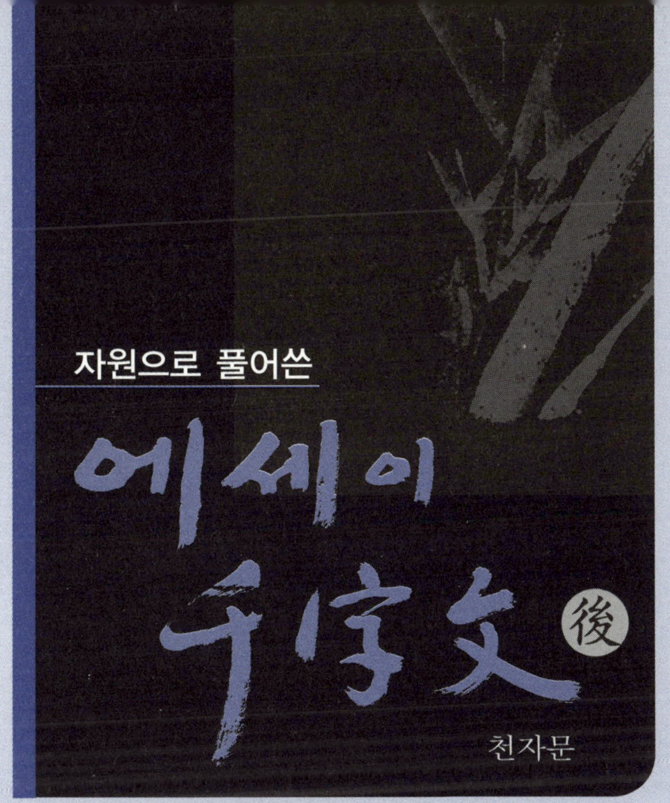

全圭鎬 著

들어가는 말

　오랜만에 봄비가 대지를 촉촉이 적시고 난 뒤 청천(晴天)의 다음날이다. 2월의 하늘은 맑은데 훈훈한 바람은 남쪽에서 불어오니, 나들이하기에 가장 좋은 날이다.

　금년 2월에 《자원으로 풀어쓴 에세이 천자문》 전편을 내었고, 그 뒤로 열심히 노력하여 후편을 완성하였다. 인고의 작업이었으나 인터넷의 도움을 많이 받아서 쉽게 완성할 수가 있었다.

　이 책은 총 17장으로 구성되어 있는데, 이 속에 중국의 역사가 들어있고, 유학(儒學)의 수신(修身)과 입지(立志)와 행위(行爲)가 다 들어있는 종합사전과 같은 책이라고 말할 수가 있다.

　여기에 천자(千字)를 모두 자원(字源)으로 풀었고 각자의 쓰임새를 한 자 한 자 상세히 설명해 놓았으므로, 누구나 이 책을 읽으면 같은 뜻을 가진 글자라도 쓰임새가 다르다는 것을 알 수가 있다.

　또한 한 어구(語句)마다 에세이를 써서 그 어구를 좀 더 상세하게 이해가 잘 되도록 풀었으니, 말하자면 동가홍상(同價紅裳)적 천자문이 된 것이다.

　그리고 어구(語句) 곳곳에 한시(漢詩)와 시(詩), 또는 사진을 첨부하여 읽는데 이해를 도왔고, 지루함을 덜었다.

　모쪼록 이 책이 한자를 익히는 어린이부터 한문을 배우는 어른에 이르기까지 모두에게 많은 도움을 주는 책이 되기를 바라고 또 그렇게 될 수 있을 것이라고 감히 자부한다.

　혹 미진한 점도 있을 것이다. 독자 여러분의 많은 지도와 질정(叱正)을 부탁드린다.

2012년 5월 15일 순성재(循性齋)에서

하담(荷潭) 전규호(全圭鎬)

1 이 책은 한자(漢字) 한 자 한 자를 자원(字源)으로 풀어서 어린이들이 한자를 배우기에 적합하도록 하였고, 또한 흥미를 느끼면서 더욱 분발하여 공부하도록 하였으며, 그리고 어른들도 이 책의 자원(字源)을 배우면서 글자의 쓰임에 있어서 같은 뜻이라도 정확히 쓸 수 있는 방법을 제시하였으니, 일례로 "같은 말씀이라는 글자이지만 깊은 말은 담(譚)이고, 독자적인 말은 어(語)이며, 소설적인 말은 화(話)이고, 질서 있는 말은 논(論)이며, 체계 있는 말은 강(講)이다."고 함과 같은 것이다.

2 한 문장을 지원으로 풀고, 에세이를 넣어서 어린이와 어른이 함께 배우며 즐기는 책으로 엮었다.

3 한자를 자원으로 풀면서, 그 글자의 훈(訓)에 별색으로 표시하여 배우는 자가 알아보기 쉽게 하였다.

4 사자성어의 제일 위에 쓰인 글자는 한석봉의 천자문에서 가져다 붙여서, 배우는 자가 아름다운 글씨를 보면서 마음을 정화하고 알아보기에도 쉽게 하였다.

5 어려운 낱말은 주(注)를 넣어서 독자의 이해를 도왔다.

6 한 자 한 자에 필순을 넣어서 배우는 어린이들이 바른 글씨를 쓸 수 있도록 하였다.

7 이 책은 되도록 해서(楷書), 즉 정서(正書)를 위주로 하여 집필하였다.

8 글자의 풀이는 유정기(柳正基) 선생이 쓴 《설문자전(說文字典)》을 위주로 하여 풀었으니, 이는 해서(楷書)를 위주로 하여 푸는 방식임을 알린다.

차 례

제**17**장 **경계(警戒)** / 283

제 9 장　공신(功臣)

• **고관배연(高冠陪輦)** : 고관(高官)들이 갓을 쓰고 천자(天子)의 수레를 모시니

| 자원(字源) |

高 冂은 토대인데 이 위에 亠이러한 건물을 지었으니, **높은** 것이다. 형태가 높은 것은 고(高)고, 여럿 중에 높은 것은 탁(卓)이고, 높여 올림은 숭(崇)이고, 높이 올라감은 융(隆)이다.

冠 멱(冖)과 원(元)과 촌(寸)의 합자니, 머리(元)에 덮어쓰는(冖) 법도(寸) 있는 모자인 **갓**이다. 베로 만들어 머리에 쓰는(冒) 것은 모(帽)다.

陪 阝(阜)와 배(音)의 합자니, 언덕(阝)에 흙을 부쳐(音) 돋우는 것처럼 높은 사람을 **모시는** 것이다. 모시고 감은 배(陪)고, 모시고 있음은 시(侍)다.

輦 夫夫와 같은 두 사내가 수레(車)를 **끄는** 것이니, 손수레 즉 **연**이다.

에세이

사람이 기왕 이 세상에 태어났으면 훌륭하고 멋진 삶을 살아야겠다고 생각하며 살아간다. 사람은 금수초목(禽獸草木)과 달라서 명

예를 대단히 중요시 한다. 그러므로 대통령이 되고 법관이 되고 국회의원이 되어서 국가의 일을 하려고 하는 것이다.

그런데 일생사가 마음먹은 대로 된다면 얼마나 좋으랴마는 그렇게 쉽게 되지를 않는다. 그래서 강태공 같이 《주역》에 통달하고 병법에 능한 사람도 자신의 세상이 오기를 40년이나 기다린 끝에 비로소 주(周)의 문왕을 만나서 정치를 하기 시작하여, 무왕 때에 천하를 통일하고 백성들이 잘 사는 세상을 만들고 공신이 되어서 제(齊)나라를 식읍으로 받았던 것이다.

필자는 2011년 여름에 성균관대학교 유학대학원에서 시행한 중국여행에 참여하여 옛날 제(齊)나라의 서울인 임치(臨緇)를 경유하여 산동성의 수도인 제남(濟南)을 여행한 일이 있었다. 임치(臨緇)에서 고차박물관(古車博物館)을 관람하였는데, 지금부터 약 3000년 전의 수레와 말들을 순장(殉葬)한 묘지를 발굴하여 전시해놓고 있었으니, 그 당시에도 지배층에서는 비단옷에 멋진 수레를 타고 호화롭게 살았던 모습을 생생히 볼 수가 있었다.

이와 같이 사람은 좋은 환경에 살면서 세상에 이름을 드러내기를 좋아한다. 본문의 내용도 한(漢)의 태조와 같이 한나라를 건설하고 수도(首都)에 살면서, 화려하게 차려입고 수레를 타고 천자를 모시고 당당하게 살아가는 공신들의 모습을 그린 것이다.

● **구곡진영(驅轂振纓)** : 수레를 몰고 갓끈을 휘날린다.

馬 馬 騙 驅	声 圥 鼗 轂	扌 扩 抧 振	糸 緩 緩 纓
몰 **구**	바퀴 **곡**	떨칠 **진**	끈 **영**

| 자원(字源) |

驅 마(馬)와 구(區)의 합자니, 말(馬) 자국이 무덕무덕(區) 지도록 세 발 걸음으로 뛰어 **달리는** 것이다. 채찍으로 쳐서 달림은 구(驅)고, 제대로 빨리 달림은 치(馳)다.

轂 각(穀)과 거(車)가 합한 상형자니, **바퀴와 수레**를 뜻한다.

振 진(辰)은 양기가 동하는 3월이고, 扌(手)는 손이니, 손(手)으로써 무엇을 동(動)하게 하는 것은 즉 **떨치는** 것이다. 제 자신을 떨치는 것은 분(奮)이다.

纓 사(糸)와 영(嬰)이 합한 형성자(形聲字)니, 사(糸)는 **갓끈**을 뜻하고 영(嬰)은 음을 표하였다.

에세이 🌱

　중국 상고(上古) 시대의 고사(高士) 허유(許由)는 제왕인 요(堯)가 천하를 양보하려 하자 거절하고 기산(箕山)에 숨었으며, 또 그를 불

러서 구주(九州)의 장(長)으로 삼으려 하자 더러운 소리를 들었다
생각하고 영수(潁水) 물가에 가서 귀를 씻었다 한다. 《莊子 逍遙遊》
《史記 燕世家》

또한 태충(太沖)은 진(晉)나라 좌사(左思)의 자(字)이다. 그가 지은
〈영사시(詠史詩) 8수〉 가운데 제5수에 보면

피 갈 출 창 합
被褐出閶闔　베옷을 걸쳐 입고 도성을 나와서

고 보 추 허 유
高步追許由　당당한 걸음으로 허유 뒤따랐으니

진 의 천 인 강
振衣千仞岡　천길 높은 산봉에 옷 먼지 털고

탁 족 만 리 류
濯足萬里流　만리(萬里)에 뻗은 강물에 발을 씻노라.

라는 시가 있다.

위에서 고사(高士)들의 행동을 보면, "갓끈을 털고, 또는 귀를 영
수(潁水)의 물에 씻으며, 옷에 묻은 먼지를 바람에 턴다."고 하는 등
의 말이 있다. 이 말들은 모두 세속(世俗)에 물든 더러운 것을 털어
내고 깨끗하게 세상을 살려는 마음이 실려 있는 말들이다.

그러나 위의 '구곡진영(驅轂振纓)'에서 갓끈을 떨친다는 말은, 고
관대작이 되어서 세상에 자신을 뽐내려는 동작이니, 위의 은사(隱
士)들의 행동과는 정 반대의 뜻을 내포하고 있다. 이러한 사람들을
영웅호걸이라 하니, 이들은 난세(亂世)를 바로잡아 자신도 출세하
고 백성들도 평안하게 살 수 있도록 혼신을 다해서 행동한 사람들
이다.

세상에서 바라보면 후자의 행동이 더욱 마음에 와 닿는다. 우리들

모두가 잘 아는 공자(孔子)는 난세(亂世)에서 살았지만, 어떻게 하든 좋은 정치를 하여 도탄에 빠진 백성들을 구제하려고 철환천하를 하였는데, 그때에 장저(長沮)와 걸닉(桀溺)[1]은 숨어 살면서 공자에게 오히려 이러한 난세에 왜 숨지 않느냐고 꾸짖었다고 한다.

　우리 유가(儒家)에서는 숨는 것보다는 공자를 표본으로 삼아 세상에 나와서 좋은 정치를 하여 백성을 잘 살게 하는 것으로 목표를 삼는다.

---

1) 장저(長沮)와 걸닉(桀溺) : 초(楚)나라의 은자(隱者)인 장저(長沮)와 걸닉(桀溺)이 함께 밭을 갈고 있을 때, 공자(孔子)가 그곳을 지나다가 자로(子路)를 시켜 그들에게 나루를 물어보게 했더니, 그들은 공자더러 어지러운 세상에 왜 은거하지 않고 천하(天下)를 주류(周流)하느냐는 뜻으로 빈정대면서 나루를 가르쳐 주지 않았던 데서 온 말이다. 《論語 微子》

• **세록치부(世祿侈富)** : 고관(高官)이 대대로 나와서 봉록을 받으니 사치하고 부유하다.

| 자원(字源) |

世 삽(卄)과 일(一)의 합자니, **30년을 일기**(一紀)로 한 명칭이다.

祿 시(示)는 하늘의 신이고 록(彔)은 나무를 새긴 것이니, 신(神)이 이름을 새겨두고 복을 주는 것이 록(祿)이다. 녹(祿)이 있는 것은 복(福)이고, 녹(祿)을 받는 것은 봉(俸)이다.

侈 인(亻)과 다(多)의 합자니, 많은(多) 사람(亻)이 쓸 재물을 한 사람이 다 쓰는 것이다. 다인(多人)의 것을 쓰는 것은 치(侈)고, 대자(大者)인척 하는 것은 사(奢)다.

富 畐(福)이 있는 집(宀)이니, 즉 **부유한** 집이다.

에세이

　얼마 전에, 현직 여검사가 변호사와 가깝게 지내면서 벤츠를 받아서 타고 다니며 돈을 받아서 500만원이 넘는 핸드백을 사서 들고 다

넀다고 해서 신문에 대서특필되고 검찰에 끌려가 조사를 받는다고
하였다.

이는 사람은 누구나 돈을 많이 벌어서 잘 살고 싶은 마음이 있는
것을 증명한 것이다. 이런 마음을 누가 탓하랴마는 부정한 돈을 받
아서 부자가 되고 사치하는 것은, 해서는 안 될 일이다. 더구나 이
런 사람들을 잡아들여서 부정을 없애야 하는 검사가 이런 검은돈을
받아서는 절대로 안 된다.

사람의 욕심은 한이 없는 것이다. 얼마 전에 죽은 리비아의 가다
피 대통령은 독재정치를 하면서 석유를 생산하여 팔아서 얻은 돈을
외국의 은행에 맡기고 떵떵거리며 살면서, 국민들은 숨소리조차 못
쉬도록 독재정치를 하였는데, 어느 날 민중봉기로 인하여 실각하여
그 돈은 하나도 써보지 못하고 죽었으니, 이것이 얼마나 미련한 짓
인가! 이렇게 욕심이란 끝이 없는 것이다. 그러므로 맹자(孟子)는
알인욕존천리(遏人慾存天理)라 하였으니, 이를 해석하면 '마음에서
일어나는 인욕(人慾)을 막고 그 마음에 천리(天理)를 두라'고 한 말
씀이다.

옛적에는 봉건왕정의 시대로 엄연한 계급이 있어서 지배층은 영
원한 지배층이고 피지배층은 영원히 피지배층이었다. 이러므로 위
의 문장 '세록치부(世祿侈富)'는 대대로 국가에서 봉록을 받고 풍족
하게 산다는 것을 말한 것이다.

• **거가비경(車駕肥輕)** : 수레와 말이 살지고 가볍다.

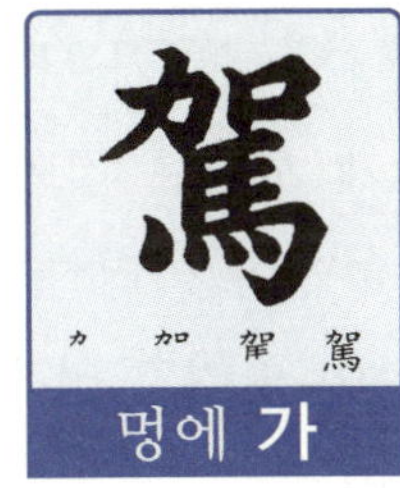

| 자원(字源) |

車 차축(軸)은 ㅣ으로, 차륜(輪)은 二로, 차상(箱)은 曰로 그려서 길이로 세운 것이니, **수레**이다. 행차(行次)하는데 타는 것으로, 음은 차고, 또는 가는(夫)데 타는 것이니, 음은 거다.

駕 가(加)와 마(馬)의 합자니, 말(馬)에게 차를 끌도록 준비를 가(加)하여 **멍에**를 올린 것이다. 차를 대서 준비하는 것은 가(駕)고, 말이 가게 모는 것은 어(御)다.

肥 月(肉)과 파(巴)의 합자니, 몸(月)이 뱀(巴)처럼 **살진** 것이다.

輕 삽(畓)으로 땅의 흙을 뜨는 것은 중(重)이고, 앞으로 나가(巠)는 차(車)는 **가볍게** 움직이는 것이다. 차(車)의 전체는 중(重)하여도 그의 작용은 경(輕)한 것이다.

에세이

옛말에 '물 찬 제비'라는 말이 있다. 살진 새까만 제비는 날개가 반질반질하여 가볍고 날씬하게 보인다. 이는 들녘에 수없이 많은 벌레를 잡아먹고 몸에 보(補)가 되어서 그렇게 가볍고 멋지게 보이는 것이다.

사람도 이와 매한가지이니, 잘 먹어서 부티가 나고 기름기가 좔좔 흐르는 사람은 여유가 있고 아름답게 보이는 것이니, 이런 사람은 부유해서 살아가는데 아무 걱정이 없어야 이러한 체형이 형성되는 것이니, 집이 가난한 사람은 돈을 많이 벌려고 신경을 많이 써야 하므로 이런 체형이 형성되지 않는 것이다.

어여쁜 여자가 수백만 원하는 핸드백을 들고 멋진 옷을 입고 다니면 누가 보아도 멋지고 아름답게 보인다. 그래서 돈이 없는 가난한 여성도 이를 흉내 내려고 빚을 얻어서 좋은 옷과 명품 핸드백을 구입하다 보니, 지갑은 가벼워지고 가계는 적자를 면치 못하여 신용불량자로 전락하는 여성들이 많다는 이야기가 종종 신문에 나는 것을 본다.

이러한 현상을 '뱁새가 황새를 따라간다.'고 하는 것이니, 사람은 자신의 처지를 알고 생활을 해야 한다. 자신의 능력을 모르고 능력 이상의 지출을 감행하면 결국은 쪽박을 차게 되는 것이다.

위의 '거가비경(車駕肥輕)'은 높은 벼슬자리에 있는 고관은 봉급도 많이 받기 때문에 가계가 윤택하여 좋은 갓과 옷을 입고 살진 말에 채워진 수레를 타고 다니므로 보기 좋게 보인다는 말이다. 그러나 이는 아무나 따라가서는 안 되는 것이다. 자신의 여건은 못 따르는데, 좋은 차에, 좋은 옷에, 좋은 치장을 하려고 하면 부도가 나고 마는 것이니, 자신의 처지를 잘 알아서 처신을 해야 한다.

사람은 공부를 많이 하여 마음의 부자가 되면, 마음속에 있는 풍부한 지식이 밖으로 나타나서 고상하고 아름답게 보이는 것이니, 이러한 마음의 부자가 되는 것이 겉치레만 한 사람보다 백배, 천배 아름답게 보인다는 것을 알아야 한다.

● **책공무실(策功茂實)** : 영재가 획책하여 세운 공(功)은 무성하고

｜자원(字源)｜

策 옛적에는 대(竹)에 글을 쓴 묶음(束)의 책에 **모책**이 들어있는 것이다.

功 공(工)가 력(力)이 한자니, 힘(力)을 써서 만들어(丁) 놓은 **공**이다. 힘(力)써 책(責)임을 다한 것은 적(勣)이고, 감화(熏)가 된 것은 훈(勳)이다.

茂 초(⧺)와 무(戊)의 합자니, 초목의 씨는 최초로 갑(甲)에서 씨가 터서 제5번째인 무(戊)에 오면 **무성**한 것이다. 제철을 만나 무성한 것은 무(茂)고, 더북하게 나서 무성한 것은 번(蕃)이다.

實 면(宀)과 관(毌)과 패(貝)의 합자니, 집(宀)안에 꿴(毌) 재물(貝)이 가득 찬 것이니, 속이 차서 **열매**가 여무는 뜻도 되었다.

에세이

'삼국지연의'에 보면, 제갈공명의 모책(謀策)은 참으로 신통방통하다. 어떻게 그러한 모책이 나오는지 신기하기만 하다. 제갈량은

실제로 공부를 한 기간이 그렇게 길지 않다. 그런데도 천지우주를 움직이는 재주를 펼친 것을 보면, 그는 참으로 하늘에서 낸 천재라는 생각을 늘 가지고 있다.

재주가 좋은 사람으로는 서양에서는 솔로몬 왕이고 우리 동양에서는 제갈공명이다. 이러한 큰 재주를 가지고도 중국을 삼분(三分)하는데 그친 것은 천운(天運)이 그 시점까지만 허락하였기 때문이다. 그러므로 천하를 통일하는 것은 반드시 천운이 따라야 하는 것이다. 항우(項羽)²⁾처럼 천하무적의 장군도 천운이 따르지 않았기 때문에 유방(劉邦)³⁾에게 패하였던 것이다.

항우와 유방의 싸움을 좀 더 자세히 보려면 홍문일회(鴻門—會)의 고사(故事)에 잘 나타나 있다. 즉 홍문은 지금의 섬서성(陝西省) 임동현(臨潼縣) 동쪽의 땅으로서, 이 사건으로 인하여 항왕영(項王營)이라고도 불린다.

B.C. 210년에 시황제(始皇帝)가 죽자 각지에서 난이 일어났는데, 그중에서도 항우와 유방의 세력이 강대하였다. 항우는 남방으로부터 진나라 땅을 침략해 가며 함곡관(函谷關)에 이르렀는데, 이미 유

---

2) 항우(項羽) : 중국 진(秦)나라 말기의 장수이며 진을 멸망시킨 인물. 이름은 적(籍)이며, 자는 우(羽)이다. 기원전 209년에 군사를 일으켜 진나라를 쳐서 멸한 다음, 옛 초나라의 패왕(覇王)이라 자처했다. 뒤에 유방과 패권을 다투다가 해하(垓下)에서의 전투에서 대패하여 자살했다.

3) 유방(劉邦) : 중국 한나라 초대 황제(B.C. 256~B.C. 195, 재위 B.C. 206~B.C. 195)의 본명. 자는 계(系)이며, 묘호(廟號)는 고조(高祖), 능호는 장릉(長陵)이다. 패(沛) 땅의 농민 출신으로 진나라 2세 원년인 기원전 209년에 난을 일으켜 패공(沛公)이라 칭하였으며, 기원전 206년에 국호를 한(漢)이라 하고 왕이 되어 약 5년여에 걸친 항우와의 초한 전쟁 끝에 기원전 202년 해하성에서의 싸움을 끝으로 천하의 패권을 차지하였다.

방은 무관(武關)으로부터 관중(關中)으로 들어가 함양(咸陽)을 점령하고 방비를 굳게 하고 있었다. 항우는 크게 노하여 10만 군사를 홍문에 집결시켜 한나라 군대를 격파할 태세를 과시하며 유방을 청하였다. 당시 유방의 군사는 항우 군사의 1/4에 불과하였다.

유방은 100여 기(騎)를 거느리고 홍문에 이르러 항우에게 사과하였다. 항우의 모신(謀臣) 범증(范增)의 지시를 받은 항장(項莊)이 유방을 죽이려 하였으나, 유방의 부하 번쾌(樊噲)의 방해로 뜻을 이루지 못하였다. 위협을 느낀 유방은 지장(智將) 장량(張良)의 계략에 따라 탈출하는데 성공하였다.

본문 '책공무실(策功茂實)'은 제갈량과 범증과 장량 같은 지장(智將)의 공(功)이 무성함을 말한다. 우리 역사에도 이러한 지장(智將)들의 구국(救國)의 사건은 많다. 고구려의 을지문덕과 양만춘, 신라의 김유신, 백제의 계백과 성충, 고려의 서희와 강감찬, 조선의 김종서와 이순신 등 많은 지장들이 앞장서서 나라를 구하였다.

- **늑비각명(勒碑刻銘)** : 비(碑)에 그 이름을 새겨서 공(功)을 찬양
하여 후세에 전하도록 하였다.

| 자원(字源) |

勒 혁(革)과 역(力)의 합자니, 소나 말의 힘을 제어하기 위해서 가죽
(革)으로 만든 **굴레**이다. 소의 굴레는 미(縻)고, 말의 굴레는 기(羈)
다.

碑 석(石)과 비(卑)의 합자니, 높은 사람의 사적(事蹟)을 낮은(卑) 돌
(石)에 새겨서 영원히 전하는 **비**이다. 모나게 만든 비는 비(碑)고,
둥글게 만든 비는 갈(碣)이다.

刻 해(亥)에서 전날의 하루가 다 가고 자(子)시로써 다음날이 시작이 되
니, 이로써 자(子)와 해(亥) 사이를 **새겨**서 날짜를 구분하는 것이다.

銘 금(金)과 명(名)의 합자니, 쇠(金) 그릇에 이름(名)을 **새긴** 것이나,
또한 금(金)언도 **새겨**서 보존하는 것이다.

에세이

　원래 돌에 새긴 비문(碑文)과 닥종이에 쓴 서화(書畵)와 소나무로
지은 한옥은 1000년을 간다고 한다. 그러므로 매월당 김시습이 쓴

비문이 아직도 생생하게 볼 수 있도록 보존이 되었고, 웅장하게 지은 절간의 집들이 지금까지도 보존이 되고 있으며, 닥나무로 만든 한지가 1000년이 넘었는데도 남아있어서 옛날 역사를 생생하게 전하고 있는 것이다.

이러한 옛 것에 비하여 오늘날에 지은 아파트는 20년이 되면 재건축을 해야 하고, 가구 같은 가재도구도 20년을 버티지 못하니, 견고함에서 보면 옛날보다 많이 후퇴하였다고 할 수가 있다.

서화가가 사용하는 화선지도 요즘의 것은 100년을 가기도 어렵다. 그림의 물감도 또한 그렇다. 그래서 이를 잘 아는 서화가는 작품을 남길 때에 종이는 닥종이를 쓰고, 물감도 특별히 제작된 좋은 세품을 쓴다고 한다. 일반직으로 시중에서 편매히는 물감을 써서 그린 그림은 얼마 지나면 색이 날라가서 본래의 색을 유지하지 못한다고 한다. 먹으로 쓴 글씨도 1000년 이상을 간다고 한다. 특이한 것은 나무판에 글씨를 써서 오래되면 나무는 좀을 먹어서 썩는데 반하여 먹으로 글씨를 쓴 부위는 좀이 슬지 않고 오래도록 보존이 된다고 한다.

위의 문장 '늑비각명(勒碑刻銘)'은 공(功)이 많은 사람들의 공적을 비에 새겨서 영구히 보존을 하여서 후손에게 전달이 되도록 한다는 이야기다. 이 얼마나 멋진 작업인가!

사람은 태어나서 이름을 남기고 호랑이는 가죽을 남긴다고 한다. 이름을 남기는 것도 두 가지가 있으니, 하나는 아름답고 착한 이름을 남기는 것이고, 또 하나는 추하고 더러운 이름을 남기는 것이다. 그러므로 조선조에서는 세상에서 활동할 때에 청렴하고 결백하게 산 사람에게는 그 가문에 영광이 되는 '청백리(清白吏)'라는 표창을 하였으니, 이는 조정에서 이러한 청렴결백한 사람이 많이 나와서 온 사회가 깨끗하게 정화가 되기를 바라서 한 정책이었던 것이다.

　오늘날의 정치인들은 청렴하지도 못할 뿐만 아니라 어제 한 말을 오늘 바꾸는 자가 많다. 이런 자들이 정치를 하니, 사회가 정화되지 않고 점점 부정한 사회가 되어서 마치 부정한 것이 정도인 것처럼 알 정도이니, 이는 반드시 일신을 해서 부정하고 말을 자주 바꾸는 정치인은 찍어주지를 말아야 하는 것이다. 그리고 특히 국정을 논의하는 정치인들의 일사(一事)와 일동(一動)을 모두 기록을 해서 국민들이 그 이름만 인터넷에 검색해 봐도 그의 행적이 낱낱이 드러나게 해야 한다.

• **반계이윤(磻溪伊尹)** : 반계(磻溪, 강태공)와 이윤(伊尹)은

| 자원(字源) |

磻 석(石)과 번(番)의 합자니, 석(石)은 훈(訓)으로 **돌촉**을 뜻하고 번(番)은 음이 반으로 전이된 것이다.

溪 수(氵)와 해(奚)의 합자니, 어찌(奚) 물(氵)이랄끼! 할 만큼 작은 산골물이 흐르는 **시내**이다.

伊 인(亻)과 윤(尹)의 합자니, 관리(尹)하는 사람(亻)이나, 특정한 **그**를 가리키는 것이다.

尹 ㅋ 이것은 손을 상형한 것인데, ╱로 내려왔으니, 즉 하수(下手)해서 일을 하는 것이다. 제일 큰일을 하며 **다스리는 사람**을 의미한다.

에세이

강태공[4]은 주(周)나라의 무왕(武王)을 도와서 은(殷)의 주(紂)왕을 쳐서 천하를 통일하게 만들었고, 이윤(伊尹)[5]은 은(殷)나라 탕왕을 도와서 하(夏)의 걸(桀)왕을 쳐서 천하를 통일한 사람을 말하니, 둘 다 천하를 통일한 왕을 도운 사람이라는 점에서는 같다. 그리고 이

윤이 선대이고 강태공이 후대인데, 반계(磻溪)를 먼저 쓰고 이윤을 뒤에 쓴 것은 천자문은 운서(韻書)이므로 운을 고르다 보니, 계(溪)자와 윤(尹)자를 바꾸어 넣게 된 것이다.

강태공은 위수(渭水)의 반계(磻溪)에서 낚시를 하는데 문왕이 가서 맞이하여 들였고, 이윤은 신야(新野)에서 농사를 짓고 사는데 탕왕이 삼고초려(三顧草廬)하여 모시고 와서 국정을 맡겼다고 전한다.

한 왕조를 세운다는 것은 지극히 어려운 일이고 또한 나라를 창건하는데 공을 세우는 것도 매우 어려운 일이니, 첫째 시기적으로 딱 들어맞게 태어나야 그 왕조의 건국을 위해 공을 세워서 공신이 되는 것이다. 필자의 도시조(都始祖) 전섭(全聶)은 온조(溫祚)를 받들고 고구려에서 위례성으로 내려온 10명의 신하 중의 한 사람이고, 또 전섭(全聶)의 후손 전이갑(全以甲)[6]은 고려의 왕건을 도와 고려

---

4) 태공망(太公望) : 중국 주(周)나라의 정치가이자 공신. 문왕(文王)의 조부(祖父)인 태공이 기다리던 현인이라는 뜻으로, 《사기(史記)》의 〈제세가(齊世家)〉에 전한다. 주나라 문왕(文王)의 스승이었으며 무왕(武王)을 도와 은(殷)나라 주왕(紂王)을 멸망시켜 천하를 평정하였고, 제(齊)나라의 시조가 되었다. 본명은 강상(姜尙)이며 속칭 강태공(姜太公)으로도 알려져 있다.

5) 이윤(伊尹) : 은(殷)나라의 어진 재상이다. 처음에는 초야에 있었는데, 탕왕(湯王)이 세 번이나 초청한 후에 재상이 되어 천하를 통일하는 데 큰 도움을 주었다.

6) 전이갑(全以甲) : 본관은 정선(旌善)이고, 자는 자경(子經), 호는 도원(挑源)이다. 정선 전씨의 중시조인 정선군(旌善郡) 전선(全宣)의 7세손 전우상(全禹相)의 아들로 태어났다. 관직에 올라 기랑(騎郎)을 지내던 중 왕건(王建)을 만나 고려의 개국공신이 되었다. 신숭겸(申崇謙) 등과 함께 고려의 영토 개척에 큰 공을 세웠으며, 925년(태조 8) 태사(太師)에 추대되었다. 927년(태조 8) 견훤과 달성(達成) 팔공산에서 싸우던 중 태조(太祖)와 옷을 바꾸어 입고 왕(王)을 탈출시킨 뒤 전사하였다.

를 세우는데 혁혁한 공을 세워서 고려 개국공신이 된 인물이다.

그러나 조선이 건국할 때에 필자의 21대조 전숙(全淑)[7]은 관성군(管城君)이고 판도판서(版圖判書)로써 이성계가 역성혁명을 일으키려는 음모를 미리 알고 충신은 불사이군(不事二君)이라는 대의(大義)를 따라 개성에 살다가 옥천〔管城〕으로 내려와 숨어 살았다고 한다. 그래서 세상에서는 정몽주와 길재에 비견되는 절의(節義)가 있다고 평한다.

이렇게 필자의 조상을 열거하다보니 혹 자랑을 하려는 것처럼 보이는데, 이는 그런 이야기가 아니고, 어쩌다 보니 필자의 조상들께서도 백제와 고려와 조선까지 쭉 연결되어 있어서 한번 적어본 것에 불과하다.

그러나 우리나라의 역사는 거의 조선에 치중되어 있다. 고구려나 신라, 백제의 찬란한 역사도 있고, 고려의 훌륭한 역사도 많은데, 왜 우리는 조선의 역사에만 치중하여 공부하는가! 이는 반드시 고쳐져야 할 과제인 것이다.

---

7) 전숙(全淑) : 고려 말에 판도판서로서 관성군(管城君)으로 피봉(被封)되었는데, 이때에 이성계를 주축으로 한 반역자들이 정사를 마음대로 천단함을 보고 고려가 장차 망하게 될 것을 알고 벼슬을 버리고 고향인 옥천 문선동(文宣洞)으로 들어갔다. 그 뒤 드디어 고려가 망하고 이성계가 새 임금이 되자, 다시 이남강(伊南江) 상으로 깊이 숨어들어 갔다. 그러므로 세인들은 그의 정절(貞節)이 포은 정몽주와 야은 길재와 어깨를 겨룬다고 하였다. 또한 그가 살던 곳을 기사천(棄仕川)이라고 이름하였다가 뒤에 선생이 111살까지 장수하므로 학덕이 있는 노학자가 기거하던 곳이라는 뜻으로 기사천(耆仕川)으로 고쳤다고 한다. 〈文獻〉高麗史 · 高麗史節要 · 大東奇聞 · 世譜 · 東國輿地勝覽 · 麗末忠義列傳.

• **좌시아형(佐時阿衡)** : 좌시(佐時)는 강태공이 시대의 위급함을 도왔다는 뜻이고, 아형(阿衡)은 이윤의 벼슬이름이다.

│ 자원(字源) │

佐 좌(左)와 인(亻)의 합자니, 왼쪽(左)에 있는 사람(亻)이 **돕는** 것이다. 오른쪽(右) 사람(亻)이 돕는 것은 우(佑)고, 또(且)한 힘써서(力) 도움은 조(助)다.

時 일(日)과 止(之)와 촌(寸)의 합자니, 해(日)가 가(之)는 치수(寸)니 즉 **때**다.

阿 阝(阜)와 가(可)의 합자니, 가(可)히 **언덕**(阝)이라 할 수 있는 것이나, 그래도 높은 산에 붙어서 낮췄기 때문에, 남에게 **아첨**하는 뜻이 되었다.

衡 행(行)과 어(魚)의 합자니, 물속에서 고기(魚)가 가는(行) 것처럼 가로로 가는 **저울**이다.

에세이

  고려의 왕건 태조는 삼국을 통일하고 견훤을 모셔와 아부(亞父)라 불렀고, 그리고 각 지방의 호족들의 딸들을 왕비로 맞이하였으니,

이는 지방의 호족들과 유대를 강화하고 한편으로는 지방의 세력을 견제하려는 뜻이 있었다고 한다.

왜 이러한 정책을 썼느냐면 처음에 나라를 세우니 기반이 약하였다. 그래서 지방의 호족들을 끌어들여서 국가의 기반을 튼튼하게 하려고 그렇게 하였던 것이다.

본문의 좌시(佐時)는 시세(時世)의 위급함을 보좌(輔佐)한다는 뜻으로, 이는 강태공에 해당하는 용어이고, 아형(阿衡)은 이윤의 관명(官名)이라 하기도 하고 또는 이윤에 대한 존칭(尊稱)이라고도 한다.

좌시(佐時)는 상구(上句) 반계(磻溪)에 대한 대구(對句)이니, 강태공에 대한 말이고, 아형(阿衡)은 상구(上句) 이윤(伊尹)에 대한 대구(對句)가 된다.

●**엄택곡부(奄宅曲阜)** : 주공(周公)은 문득 곡부(曲阜)에 집을 지었으니

大 夻 夲 奄	宀 宁 宅 宅	冂 曲 曲 曲	亻 尸 良 阜
문득 **엄**	집 **택**	굽을 **곡**	언덕 **부**

| 자원(字源) |

奄 대(大)와 신(申)의 합자로, 회의(會意)자이니, 신(申)은 번개의 형상을 본뜬 글자로 번개가 **갑자기** 치는 것이다.

宅 면(宀)과 탁(乇)의 합자니, 남의 집(宀)에 뿌리박고 잎이 핀 아름다운 풀(乇)처럼 존칭에 쓰는 **집**이다. 자기 집을 겸칭하는 것은 가(家)다.

曲 전자(篆字)로는 凹 이렇게 이중의 곡선으로 된 것이 해자(楷字)로 변형된 것이니, **굽은** 것이다.

阜 본래는 부(𠂤)로써 흙더미, 즉 **언덕**을 상형한 것이 뒤에 변한 것인데, 변으로는 부(阝)로 쓰니 음은 부다. 오목한 둔덕은 구(丘)고, 만든 둔덕은 능(陵)이다.

에세이

옛적 주(周)나라 주공(周公)의 이름은 단(旦)이니, 주왕조(周王朝)를 세운 문왕(文王)의 아들이며 무왕(武王)의 동생이다. 무왕(武王)

과 조카인 성왕(成王)을 도와 주왕조의 기초를 확립하였다. 무왕이 죽은 뒤 나이 어린 성왕이 제위에 오르게 되자 섭정(攝政)을 하였는데, 당시 상족(商族)을 이끌고 있던 주왕(紂王)의 아들 무경(武庚)과 주공의 동생 관숙(管叔)과 채숙(蔡叔) 등이 동이(東夷)와 결탁하여 대반란을 일으켰다. 주공은 소공(召公)과 협력하여 이 난을 진압하고 다시 동방을 원정(遠征)하여 하남성(河南省) 낙양(洛陽) 부근 낙읍(洛邑)에 진(鎭)을 설치하였다.

주공은 상족(商族)을 회유하기 위하여 상(商)의 고지(故地:商丘)에 주왕(紂王)의 형 미자계(微子啓)를 봉하여 송(宋)나라라 칭하고, 주공의 아들 백금(伯禽)을 노(魯:曲阜)나라에 봉(封)하는 등, 주왕실의 일족과 공신들을 중원(中原)의 요지에 배치하여 다스리게 하는 등, 주초(周初)의 대봉건제(大封建制)를 실시하여 주왕실의 수비를 공고히 하였다. 한편, 예악(禮樂)과 법도(法度)를 제정하여 주왕실 특유의 제도문물(制度文物)을 창시하였다. 그는 중국 고대의 정치·사상·문화 등 다방면에 공헌하여 유교(儒敎)에 의해 성인(聖人)으로 존숭되고 있다.

한편 주공과 똑같은 위치에 있던 조선 초의 수양대군〔世祖〕은 조카인 단종을 핍박하여 왕위를 선양받았으므로, 유학의 교리(敎理)에 맞지 않는 행위를 했다고 하여 성삼문 등의 사육신과 김시습 등의 생육신이 나왔다. 비록 세조의 치적이 빛을 발한다 해도 조카인 단종을 폐위하고 오른 왕좌이기에 오늘날까지 못된 삼촌의 악명을 가지고 있는 것이다.

위의 문장에 주공이 곡부(曲阜)에 집을 지은 것은, 조카인 성왕(成王)을 도와서 주(周)나라 왕실을 튼튼히 하려는 숨은 뜻이 있다는 것이다.

• **미단숙영(微旦孰營)** : 단(旦, 주공)이 아니면 누가 경영할까!

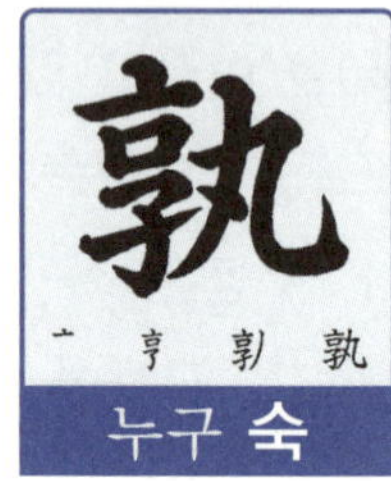

| 자원(字源) |

微 본래 미(微)는 기(𡵉)와 복(夊)의 합자니, 어찌(𡵉) 매(夊)를 칠 수 있을까! 할 만큼 **극히 작은** 것이다. 그런데 또 척(彳)변을 덧붙였으니, 쳐서 갈 것도 **없는** 것이다.

旦 해(日)가 지평선(一) 위로 올라오는 **아침**이다. 아침에 해가 뜰 때는 단(旦)이고, 아침식사 할 때는 조(朝)다.

孰 향(享)은 먹이는 것이고, 극(丸)은 가지는 것이니, 식물을 가지고 (丸) 먹는(享) 데는 **누구나** 다 익히는 것이다.

營 영(𤇾)과 려(呂)의 합자니, 려(呂)는 궁(宮)의 약자이고, 𤇾은 영 (榮)의 약자이다. 영화(榮)로운 궁전(呂)을 **경영**하는 것이다.

에세이

　곡부(曲阜)는 중국 산동성에 있다. 산동성의 수도는 제남(濟南)이고 그 유명한 태산(泰山)이 산동성 태안시에 있다. 곡부(曲阜)는 공자(孔子)의 탄생지로써 더욱 유명한 도시인데, 공자보다 약 500년 전에 활동한 주공(周公)이 이곳에 집을 짓고 경영했다는 것은 이곳이 주나라에 반역의 나라였으므로 그렇게 하였으리라 짐작한다.

왜 반역을 하였을까! 이는 은(殷)나라를 섬기면서 그 덕을 많이 받은 백성들이었으므로 반역의 대열에 끼었을 것이다. 은나라는 동이(東夷)족이 건설한 나라이고, 주(周)는 한족(漢族)이 건설한 나라였기에 더욱 반감이 있었을 것으로 짐작한다.

곡부에서 약 50리쯤 떨어진 곳에 맹자가 태어난 추성(鄒城)이 있으니, 이곳은 유학(儒學)의 발상지라 해도 과언이 아닌 곳이다. 더욱이 곡부에서 조금 떨어진 곳에 순(舜)임금이 농사를 짓던 곳이 있고 순(舜)을 모시는 서원(書院)이 아직도 있다는 것이다.

《맹자(孟子)》 이루 하(離婁下)에 보면 "슈임금은 제풍(諸馮)에서 탄생하고 부하(負夏)로 옮겼으며 명조(鳴條)에서 졸(卒)하였으니, 동이(東夷)의 사람이다.(舜生於諸馮 遷於負夏 卒於鳴條 東夷之人也)"고 하였다.

그러므로 이곳은 예부터 동이족이 다스리던 곳이고, 우리나라에서도 얼마 떨어지지 않은 서해를 사이에 둔, 해주의 건너쯤 되는 곳이다.

이러니 화족(華族)인 주공이 이곳을 주목하지 않을 수 없었을 것이고, 이곳이 바로 자신의 아들 백금(伯禽)을 제후로 삼고 다스리려고 하지 않았겠는가.

그러나 주공은 유가(儒家)에서 성인(聖人)으로 떠받드는 성인이고 또한 행실이 출중한 성자이기에 공자는 늘 주공을 표본으로 삼아서 행동하였던 것으로 보인다. 《논어(論語)》 술이(述而)에 보면, "심하다 나의 노쇠함이 오래되었도다. 나의 꿈에 다시는 주공이 보이질 않는구나!(子曰 甚矣 吾衰也 久矣 吾不復夢見周公)"라고 하였으니,

이로 보아 주공의 인품을 이 한 말씀으로 알 수가 있는 것이고, 그리고 공자는 은(殷)나라의 후예였으므로 동이족으로 추정되나, 성인들께서는 이러한 족속을 뛰어넘어서 오직 천하의 백성을 도탄에서 구해내어서 이 세상을 살기좋은 나라로 만드는 것 외에는 관심이 없었다는 것을 잘 보여준다.

• **환공광합(桓公匡合)** : 제(齊)의 환공이 제후를 규합(糾合)하여 천하를 바르게 해서

木 朾 桓 桓
굳셀 **환**

丶 八 公 公
귀 **공**

一 干 王 匡
바를 **광**

人 스 수 合
모을 **합**

| 자원(字源) |

桓 목(木)과 선(亘)의 합자인 형성(形聲)자니, 목(木)은 훈(訓)으로 **푯말(表木)**을 가리키고, 선(亘)은 음이 되었다.

公 팔(八)과 厶(私)의 합자니, 사사(私)를 등진 반대가 **공정**한 것이다. 국가 민중을 위하는 전체적인 마음이 공(公)한 것이다.

匡 임금이 나라 한 구역(匚)을 다스려 굽어진 백성들을 다 **바르는** 것이다. 굽은 것을 바르는 것은 광(匡)이고, 방향을 바르는 것은 정(正)이다.

合 △(集)과 口의 합자니, 입(口)을 다문(△)듯이 빈틈없이 **합하는** 것이다.

에세이

환공은 어떤 사람인가! 춘추시대의 제나라의 제16대 군주다. 성은 강(姜)이고, 휘는 소백(小白)이며, 시호는 환공(桓公)이니, 춘추시대의 패자(霸者)이다. 포숙아의 활약에 의해 공자 규와의 공위(公位)

계승 분쟁에서 승리해 제나라의 군주가 되었다. 관중을 재상으로 삼고 제나라를 강대한 나라로 만들었으며, 실권을 잃어버린 중국 동주(東周) 왕실을 대신해 회맹(會盟)을 거행했다.

아버지는 희공(僖公)이고, 형은 양공(襄公)이다. 양공은 비정상적인 성격으로 친누이동생 문강과 내연의 관계에 있어 문강이 노나라의 환공(桓公)에게 시집갔지만, 장공을 낳은 후에도 불륜의 관계가 계속 되고 있었다. 화난 노의 환공이 문강을 꾸짖으면 문강은 양공에 밀고해, 양공은 일족인 공자 팽생(公子 彭生)이라고 하는 남자에게 명령하여 환공을 죽이게 했다. 노나라에 소문이 돌자, 팽생(彭生)을 죽여 변명을 하였다. 그 이외에서도 양공은 자기 마음에 들지 않는 사람을 차례차례로 죽였기 때문에 제나라는 혼란했다.

소백은 거(莒)나라에 망명하고, 형 공자 규는 노나라에 망명했다. 양공은 그 후, 사촌형제인 공손 무지에게 암살되었다. 양공이 죽은 후에, 공손 무지가 제(齊)의 제후에 즉위했다고 칭하고 국정을 관리하지만 공손 무지도 또한 곧바로 암살되었다. 공손 무지의 사후에 소백과 같이 노(魯)에 망명하여 노의 후원자를 얻고 있던 형인 공자 규와의 사이에 후계자 싸움이 생겼다.

이때에 공자 규의 심복인 관중이 매복하고 있으면서 소백을 암살하려고 활을 쏘아 맞혔다. 화살은 소백의 배에 맞았고 소백은 쓰러졌다. 관중은 기뻐하고 공자 규에게 소백을 죽였다고 보고했다. 경쟁 상대가 사라진 공자 규는 노의 군사를 뒤로 하고 천천히 제나라에 들어오려고 했다. 그러나 소백이 벌써 제나라에 들어와 제나라의 제후가 되어 있었다. 공자 규는 기다리고 있던 소백의 공격을 받고 노나라로 도망쳤다. 실은 관중의 화살은 배에 명중된 것처럼 보였지만, 실은 허리띠의 쇠고리에 꽂인 것이었다.

　관중의 활약을 보면, 제나라 제후의 자리에 오른 소백 환공은 관중이 자신을 죽이려고 한 사실에 화를 내고 관중도 죽이려고 하였다. 그러나 환공의 심복이며 관포지교(管鮑之交)라는 말의 뿌리가 될 만큼 관중의 좋은 친구이기도 한 포숙아의 설득으로 환공은 관중을 살려주었으며 재상으로 임명했다.

　환공의 생각은 현명했다. 재상이 된 관중은 개혁정책을 추진해 국력, 군사력, 문화 향상에 성공했다. 벌써 주(周)의 왕실은 쇠퇴하고 있어서 제후 사이의 대립을 억제하는 일도 마음대로 되지 않았다. 관중의 개혁을 받아들인 제의 환공은 주변 국가에 그 명성이 전해져서 주변의 제후들은 주나라를 대신해 제후 사이의 문제를 환공에게 묻게 되있다. 징깅 유역의 현재의 호북성을 중심으로 한 지대를 기반으로 해서 남방에서 세력을 늘려서 주 왕실이나 제후를 위협하기 시작하고 있던 초나라를 환공은 제후들을 인솔하고 공격하였다. 기원전 651년 환공은 회맹(會盟)을 거행해 패자가 되었다.

　그리고 환공은 자만심이 생겨 봉선(封禪)의 의식을 실시하려고 했다. 봉선(封禪)은 천자만이 할 수 있는 의식이라서 봉선을 하는 것은 주나라를 무시하고 자신이 천자라고 선언하는 것이다. 관중은 환공의 무리한 생각을 필사적으로 충고해 멈추게 했다. (네이버 백과)

● **제약부경(濟弱扶傾)** : 약함을 구제하고 기우는 나라를 붙드
니, 환공이 주(周)의 양공을 구제한 것이다.

| 자원(字源) |

濟 수(氵)와 제(齊)의 합자로, 물(氵)에서 여럿이 같이(齊) 가니 **건너는**
것이다. 물(氵)을 걸어서(步) 건넘은 섭(涉)이다.

弱 부드러운(巽) 날개(羽)털이다. 그는 **약한** 것이다. 따라서 인생이 아
직 독립생활의 능력이 없는 20세 이하를 약관(弱冠)이라 한다.

扶 수(扌)와 부(夫)의 합자니, 힘센 남편(夫)의 손(扌)으로 약한 아내를
돕는 것처럼 약한 것을 **붙잡는** 것이다.

傾 경(頃)은 머리(頁)가 한쪽으로 기울어(匕)서 생각할 때인데, 인(亻)
변을 붙였으니, 사람(亻)이 머리(頁)를 한쪽으로 **기운(匕)** 것이다.

에세이

《춘추》 희공(僖公) 5년 조에 보면, "가을 8월에 제후가 수지에서
회맹하였다.(秋八月諸侯盟于首止)"라는 경문(經文)이 나온다. 주 혜
왕(周惠王)이 태자인 정(鄭)을 폐하고 총애하는 혜후(惠后)의 아들

인 숙대(叔帶)를 태자로 세우려 하자, 제환공(齊桓公)이 태자 정의
지위를 확고하게 정하여 주나라 왕실을 안정시킬 목적으로 제후들
을 수지에 모아 회맹한 것인데, 그 덕분에 혜왕이 죽고 나서 태자
정이 양왕(襄王)으로 즉위하게 된다.

주(周)나라 때 읍(邑)과 읍 사이, 또는 나라(몇 개의 읍이 합쳐 이
루어짐)와 나라 사이에 분쟁이 생기면 질서를 유지하기 위해 그 나
라와 읍(邑)의 대표자가 모여 어떤 약속을 정하고 맹약을 하였다.

춘추시대로부터 주나라의 권위가 쇠퇴하게 되자, 제후의 실력자
가 회맹(會盟)을 도맡아 관리하였는데, 질서를 바로잡는다는 구실
로 침략을 은폐하여 작은 나라를 예속시키기도 했다. 회맹이 제대
로 기능을 발휘한 것은 진한(秦漢) 통일국가가 성립되기까지이지
만, 그 뒤에도 1004년 송(宋)나라와 요(遼)나라 사이에 맺어진 '전연
(澶淵)의 맹(盟)[8]' 등은 이 전통을 계승한 것이었다.(네이버 백과)

국제사회의 회맹(會盟)은 모두 자국의 이익을 위해서 맺어진다.
조선 말 서구의 열강들이 조선과 맺은 조약들을 보면 모두가 강한

---

8) 전연(澶淵)의 맹(盟) : 요나라의 성종(聖宗)은 모후 승천태후(承天太后)의
   섭정하에 야율휴가(耶律休哥) 등 명신의 보좌를 받아 국력을 강화하여 대
   군을 이끌고 남하, 송나라 영토 내에 들어가 황허강변의 찬저우〔澶州 : 河
   南省〕의 북성(北城)을 포위하였다. 송(宋)나라 제3대 황제 진종(眞宗)은
   재상 구준(寇準)의 권유에 따라 몸소 군대를 이끌고 찬저우의 남성(南城)
   으로 출진하였다. 이 송나라 측의 강경한 태도에 요나라도 화의를 맺기로
   하고 첫째, 송을 형으로 하고, 요를 아우로 하는 대등조약을 맺고 둘째,
   송나라에서 해마다 은 10만 냥, 명주 20만 필을 세폐(歲幣)로서 요에 보내
   고 셋째, 양국 간의 국경은 현상을 유지한다는 맹약을 성립시켰다. 그 후
   송·요 두 나라 사이에는 평화가 오래 계속되고 통상이 개시된 결과 요나
   라는 크게 번영하였다.

나라들의 횡포의 맹(盟)이다. 물론 명분상 약소국을 돕는다고는 하지만, 이는 명분에 불과하다. 이를 본다면, 지금부터 약 2700년 전의 제나라 환공의 회맹은 그래도 종주국인 주(周)나라를 붙들었다는 양심의 회맹이 된다.

• **기회한혜(綺回漢惠)** : 기리계(綺里季) 등 사호(四皓)[9]가 한 (漢)나라 혜제(惠帝)를 제왕에 돌이켰다.

| 자원(字源) |

綺 　사(糸)와 기(奇)의 합자니, 무늬가 있는 기이(奇)한 **비단(糸)**이다..

回 　回 이렇게 **돌아오는** 원의 선을 두 번 그린 것이 해자(楷字)로 변하였다. 원주를 돌아옴은 회(回)고, 원점에 되돌아옴은 복(復)이며, 갔다가 돌아옴은 반(返)이다.

漢 　수(氵)와 탄(糞)의 합자니, 건너기 어려운(糞) 물(氵)이 양자강의 지류의 **물 이름**으로서 중국의 **왕조의 이름**이 되고, **종족의 이름**이 되었다.

惠 　전(車)과 심(心)의 합자니, 사람을 끄는(車) 마음(心)은 물건이나 능력으로써 **돌봐주는 것**이다. 남의 돌봐줌을 받는 것은 은(恩)이다.

9) 사호(四皓) : 호(皓)는 희다는 뜻으로, 중국 진시황(秦始皇) 때 난리를 피하여 산시성(山西省) 상산(商山)에 들어가서 숨은 네 사람의 선비. 동원공(東園公), 기리계(綺里季), 하황공(夏黃公), 각리선생(角里先生)을 말하는데 모두 눈썹과 수염이 흰 노인이어서 이렇게 불렀다.

혜제(惠帝)의 이름은 유영(劉盈)이다. 전한(前漢)의 고조(高祖) 유방(劉邦)의 차남으로 태어났다. 어머니는 고황후(高皇后) 여씨(呂氏)이다. 어릴 때 아버지 유방이 경쟁자였던 항우(項羽)에게 패하였을 때, 어머니와 같이 고향인 패현(沛縣)에 남아 있으면서 아버지를 따르지 않았다. 그러나 B.C. 205년 항우에게 인질로 잡혀 2년 동안 있다가 유방과 항우가 평화 조약을 맺자 풀려나 유방이 있던 한중(漢中)으로 돌아왔다.

B.C. 202년 유방(劉邦)이 항우(項羽)를 패퇴시키고 국호를 한(漢)이라 하고 황제에 오르고 나서 황태자에 올랐는데, 처음에 장자(長子)가 아니라는 이유로 반대하는 의견이 있었으나, 장자 유비(劉肥)의 어머니의 신분이 미천하고 유영이 유일한 적자인 점을 미뤄 결국 황태자로 책봉되었다.

태조(太祖)는 유영을 총애하지 않고 척부인(戚夫人) 소생의 4남 유여의(劉如意)를 총애하였으나 유영(劉盈)은 이를 개의치 않고 유여의를 잘 대해 주었다. 그러나 모후인 여황후(呂皇后)는 유영을 다음 황제로 만들기 위해 온갖 일을 마다치 않았다.

B.C. 195년 태조(太祖)가 죽고 유영(劉盈)이 황제에 올랐다. 한편, 여태후는 태조의 생존 당시 가장 많은 총애를 받은 척부인을 질투하였고, 심지어는 그녀와 그녀의 아들 유여의를 죽이려는 음모까지 꾸몄다. 결국 B.C. 195년 여태후가 유여의(劉如意)를 죽이고, 척부인의 팔다리를 자르고 돼지우리에 넣어 '인간돼지'라 부르라 명하는 사건이 벌어져 혜제는 큰 정신적 충격을 받았다.

이듬해인 B.C. 194년 여태후는 유방의 큰아들 유비(劉肥)가 여전

히 혜제(惠帝)의 정적(政敵)이라 생각하고 한 연회에서 독주(毒酒)
를 준비하여 그를 죽이려고 하였으나, 이를 알아챈 혜제는 유비에
게 다가가 그 잔을 먼저 마시려 했다. 이에 놀란 여태후는 혜제의
손을 세게 쳐 다행히 혜제는 목숨을 구할 수 있었다. 이 두 사건 때
문에 혜제는 정치에 뜻을 잃었고, 여태후는 자신의 문중 인사들을
조정에 발탁, 조정을 장악하였다. 야심이 큰 어머니 때문에 평생을
자신의 뜻대로 하지 못하고 살았다. 유영(劉盈)의 시호는 효혜황제
(孝惠皇帝)이다.

• **열감무정(說感武丁)** : 부열(傅說)은 제왕인 무정(武丁)의 꿈 속에 감응이 되어 발탁되었다.

| 자원(字源) |

說 자기의 뜻을 즐겁게(兌) **말하는**(言) 것이다. 주장하는 말은 설(說)이고, 질서있는 말은 논(論)이며, 의리있는 말은 의(議)고, 체계있는 말은 강(講)이다.

感 함(咸)과 심(心)의 합자니, 무엇이나 다(咸) 접하면 마음(心)에 **느껴지는** 것이다. 지적으로 느껴 깨우침은 감각(感覺)이고, 행적으로 느껴 동(動)함은 감정(感情)이다.

武 과(戈)와 지(止)의 합자니, 생명을 해치는 창(戈)은 쓰기를 멈추도록(止) **용력을 쓰는** 것이나, 과(戈)에서 창날인 ノ을 뜯어서 위에 얹고 폭력을 무(無)하게 하니 음은 무다.

丁 전자(篆字)로는 초목이 성장해온 넷째 단계(甲乙丙丁)로서 가장 **장성한** 것을 상징하였다. 따라서 사람의 일생에 제일 건강할 때(壯丁)도 의미한다.

열(說)자는 보통 우리들이 인식하기로는 설(說)자로 인식한다. 그런데 왜 이 글자를 열(說)이라고 하는가! 이는 《서경》에서 부열(傅說)이라는 어진 재상이 나오는데, 이 사람의 이름을 열(說)로 쓰는 데서 유래한다. 그러므로 오늘날에도 이름으로 쓸 때는 반드시 열로 읽어야 한다.

무정(武丁, B.C. 1250-B.C. 1192)은 상나라의 제23대 왕이다. 성은 자(子), 이름은 소(昭), 시호는 고종(高宗)이다.

《서경》 열명편(說明篇)에 보면, 은(殷)의 무정(武丁)은 부왕에 이어 왕위를 물려받았을 때 망부(亡父)의 3년 상(喪)을 치르고도 침묵을 지킨 채 조용히 신하들을 지켜보고만 있었다. 그러더니 뒤에 열(說)이라는 현자(賢者)를 발탁하여 보좌를 받으면서 선정(善政)을 펴 만백성의 칭송을 받았다. 이에 군신들이 일제히 이를 칭송하여 말하기를,

"천하의 사리에 통하고 무리에 앞서가는 것을 명철(名哲)이라 하는데, 명철한 사람은 참된 사회규범을 정하는 분입니다."

라고 했다는 말이 나온다. 부열(傅說)은 중국 은(殷)나라 고종(高宗) 때의 명재상이다. 그는 토목공사의 일꾼이었는데 재상으로 등용되어 중흥의 대업을 보좌한 사람이다. 다음은 그가 군주에게 '학(學)'에 대해서 훈고(訓告)하는 내용의 말이다.

"모든 일을 배움에 있어서 자신이 지혜가 뛰어나다든가, 분별이 바르다고 하는 생각을 버리고, 현자의 가르침을 받들어 그 실행에 민첩하게 옮겨야 합니다. 이렇게 하면 덕이 뛰어나게 되는데, 뛰어난 것을 언제나 생각하여 왕으로서 실행할 도(道)를 몸에 쌓도록 해

야 합니다. 또 사람을 가르치는 일도 필요합니다. '가르치는 것은 배움의 절반입니다.(斅學半)' 사람을 가르치는 데 스스로가 실행하지 못할 것을 가르치면 사람이 듣는 것이 아니니, 가르치기 위해서는 스스로 수양을 쌓아야 하며, '가르친다고 하는 것은 곧 자기가 배우는 것입니다.(斅學相長)' 자기 몸을 수양할 때에는 처음에 선한 일을 했어도 후에 나태해지면 아무것도 안되므로 항상 처음부터 끝까지 일관(一貫)하여 선행에 힘쓰고, 끊임없이 배우는 일에 힘써 정진(精進)하면 덕이 닦여 자기가 알지 못하는 사이에 계속 진보(進步)해 갑니다. 또 언제 자기가 진보했는지 확실히 알지는 못하지만, 꾸준히 노력하면 언젠가는 덕도 높아지고 지혜도 밝아져 많은 사람을 교도할 수 있게 됩니다."고 하였다.

이렇듯 군주와 신하가 한마음이 되어서 정치를 한 예가 많다. 이렇게 잘 맞는 군신이 있을 때만 정치는 잘되고 백성들은 편안한 삶을 누리게 된다. 이러한 실제의 예를 들자면, 무왕과 강태공, 무정과 부열, 한고조와 장량, 유비와 제갈량 등을 꼽을 수 있다.

제 10장 군웅(群雄)

진초경패(晋楚更覇) · 조위곤횡(趙魏困橫) · 가도멸괵(假途滅虢) · 천토회맹(踐土會盟) · 하준약법(何遵約法) · 한폐번형(韓弊煩刑) · 기전파목(起翦頗牧) · 용군최정(用軍最精) · 선위사막(宣威沙漠) · 치예단청(馳譽丹靑)

● **진초갱패(晋楚更覇)** : 진(晋)나라의 문공(文公)과 초(楚)나라의 장왕(莊王)이 교대로 패자(覇者)가 되었고

| 자원(字源) |

晋 진(亚)은 진(銍)의 약자로, 일(日)자의 위에 있으니, 태양광선이 직진(至)해 **나가는** 것이다. 일광(日光)으로 나감은 진(晋)이고, 새(隹)처럼 나감은 진(進)이다.

楚 림(林)은 나무이고, 소(疋)는 두 발이니, 대립해 서 있는 **가시나무** 이름이나, 두 가지로서 치는 매로 썼으므로 또한 **아프다**는 뜻도 되었다. 지금은 국명(國名)으로만 쓴다.

更 본래는 병(丙)과 복(攴)의 합자이다. 매를 쳐 남쪽(丙)으로 가니, 어둠을 밝도록 고치는 것이다. **고치는** 것은 즉 **다시**하는 것이다.

覇 서쪽(西)에 뜨는 초승달(月)처럼 변혁(革)이 많은 **패권**이다.

에세이

　진문공(晋文公) 중이(重耳)는 진(晋)나라 헌공의 아들이다. 진헌공의 태자는 원래 장자인 신생(申生)이었으나, 여희의 계략에 의해 신

생은 죽음을 당하고 중이(重耳)와 이오(夷吾)는 국외로 망명을 하게 된다. 이때 중이는 모친의 고국인 적 지방으로 망명하였는데, 이때가 중이의 나이 43세 때라고 한다. 중이가 적에 있을 때, 또 다른 공자 이오가 진(秦)나라 목공의 도움으로 귀국에 성공하여 왕위에 오르니, 이 사람이 진(晉)나라 혜공으로, 혜공은 형인 중이의 존재가 거추장스럽게 느껴져서 형을 암살하려고 획책하였다.

중이는 이 사실을 알고 적을 떠나 제나라로 향했다. 제나라를 가는 도중 위나라를 지나게 되었는데, 이때 위나라 오록이란 지방에서 어느 농부가 중이에게 흙을 넣은 밥덩이를 제공하는 등 많은 괄시를 받게 된다. 갖은 고생을 하며 제나라에 이른 중이는 제나라 환공(桓公)으로부터 우대를 받았으며, 환공의 공주와 결혼하여 제나라에서 편안한 생활을 누리게 되었다. 중이는 이러한 생활이 만족스러워 제나라를 떠나려 하지 않았지만, 그의 가신 조쇠(趙衰), 고범 등이 중이에게 술을 먹여 취하게 한 뒤에 수레에 싣고 막무가내로 제(齊)나라를 떠나 다시 망명의 길에 나서게 된다.

중이가 다음에 간 곳은 조(趙)나라였는데, 조나라 공공은 매우 무례한 인물로 중이의 변협(갈빗대가 하나로 된 체격)을 보고 싶다고 희롱하였다. 이에 중이는 조나라를 떠나 송나라에 이르렀는데, 당시 송나라 양공은 초나라와의 싸움에서 패해 부상(負傷)중이었음에도 중이를 후대하였다.

당시 송나라 대부 사마고는 고범과 친구사이였는데, 그가 고범에게 송나라는 중이를 도울 힘이 없으니 다른 나라로 가라고 조언을 한다. 중이는 이 말을 받아들여 송나라를 떠나 정(鄭)나라에 이르렀다. 정나라 대부 숙첨은 중이를 대우해야 한다고 했지만 정문공은 이를 묵살한다. 이에 숙첨이 다시 중이를 죽이라고 진언했지만, 정문공은 이마저도 받아들이지 않았다. 중이는 정나라가 자신을 대접하지 않자 정나라를 떠나 초나라에 이르렀는데, 초(楚)나라 성왕은 중이를 제후의 예로 대접하였다. 이때 성왕과 중이의 회담이 유명한데, 그 내용은 다음과 같다. "공이 만일 진나라로 돌아가 왕이 된다면 과인에게 무엇을 주겠소?" "대왕께서 다 가지고 계시니 선뜻 생각이 나지 않습니다." "그래도 꼭 보답을 받고 싶습니다만." "그렇다면, 앞으로 전장에서 대왕의 군대와 만난다면, 3사(36km)를 후퇴하겠습니다."고 하였다. 중이가 초나라에 있는 동안 진(晉)나라도 그 정황이 크게 바뀌었다. 진나라 혜공과 그의 아들 회공은 실정을 거듭했으며, 이에 진나라에서는 중이가 다시 돌아와 왕이 되었으면 하고 생각하는 사람이 점차 늘어나게 되었다. 이에 성왕은 중이를 진(晉)나라 서쪽에 있는 진(秦)나라로 가게 하였고, 중이는 진(秦)나라 목공의 도움을 얻어 진(晉)나라 회공을 몰아내고 드디어 왕위에 오르게 된다.

　진문공이 왕에 오른 해는 주(周)왕실에서 반란이 일어나 주(周)의 양왕(襄王)이 동생인 대에게 쫓기는 신세가 되었다. 주양왕은 정나라로 피해 있으면서 중이에게 군대를 내어줄 것을 청했는데, 중이는 조쇠의 진언에 따라 군대를 이끌고 주나라를 공격하여 대를 살해하고 주양왕을 복귀시켰다. 이에 주양왕은 하내와 양번을 진나라에 주었다. 진문공 4년, 초나라가 송나라를 공격하자 송나라는 진나라에 구원을 청했다. 송나라는 중이가 망명할 때 후대한 나라였으므로, 진문공은 군대를 이끌고 송나라를 구원하러 떠나게 된다. 이때 가신 구범이 진언하기를, "초나라는 조나라를 속국으로 삼고 위나라와 혼인관계를 맺고 있으니, 만일 우리 군대가 조나라와 위나라를 공격하면 초나라 군대는 송나라에서 물러날 것입니다."

이에 진문공은 군대를 이끌고 조나라와 위나라를 공격하였다. 조나라의 공공은 예전에 진문공을 희롱했던 적이 있었으므로, 진문공은 조나라를 철저히 짓밟고(다만 중이에게 식사와 보물을 제공했던 이부기의 영지는 무사했다.), 다시 군대를 위나라로 돌려 위나라를 공격했다. 위나라도 진문공을 냉대한 나라였으므로 철저히 보복당했으며, 특히 농부가 흙으로 식사를 대접했던 오록지방은 처참하게 유린당하고 말았다.

상황이 이렇게 되자, 초나라의 성왕은 군대를 회군하려고 한다. 그는 원래 진문공에게 호의를 가지고 있었기 때문이다. 그러나 장군 자옥이 회군에 끝까지 반대하자, 성왕은 자옥에게 군대를 나눠 준 뒤 나머지를 거느리고 회군하였다. 한편 진문공도 송·제·진(秦)의 군대와 연합하여 초나라의 북진을 저지하려 하였으므로, 두 군대가 초나라와 송나라의 중간지점인 성복에서 크게 싸우게 되니, 이를 성복의 대전이라고 한다. 이 싸움에서 진문공은 예전의 약속대로 3사를 후퇴한 뒤 계속 추격해오는 초군을 격파하여 큰 승리를 거두었다.

이 승전을 들을 주양왕은 진문공의 개선군을 위해 천토라는 지방까지 친히 나와 마중하였다. 이에 진문공은 이 천토에서 제·노·송·채·정·위·거 등의 제후들과 회맹하여 맹주가 되니, 이를 천토의 회맹이라고 한다. 이로써 진문공은 패자(覇者)가 되었다.

또한 초장왕(楚莊王)은 목공(穆王)의 아들로 성은 웅(熊)이고, 이름은 려(侶)이다. 즉위 초기에 귀족들의 발호(跋扈)와 주변 이민족의 도발을 다스리고 내정을 개혁하고 상벌을 분명히 함으로써, 군신은 화목하고 백성들은 평안하게 생업에 종사할 수 있었다.

즉위 후 신하들에게 '간언하는 자는 처형하겠노라' 고 공표하고 3

년간 정사를 돌보지 않고 주색에 빠졌는데, 오자서(伍子胥)의 선조인 오거(伍擧)와 소종(蘇從)이 잇달아 간언한 끝에 황음(荒淫)을 끝내고 정사를 돌보았으며, 그동안 보아왔던 부패한 신하들을 몰아내고 죽음을 무릅쓰고 간언한 신하들을 중용(重用)하여 내정을 다졌다. '불비불명(不飛不鳴)'이라는 고사성어는 여기서 유래하였다. B.C. 611년 용(庸)나라를 정벌하였고, B.C. 608년 송나라를 굴복시켰으며, B.C. 606년에는 낙양(洛陽) 부근까지 쳐들어온 육혼(陸渾)의 융족을 토벌하였다. 이때 장왕은 중원을 제패할 야심을 품고 군대를 낙수(洛水)의 강변에 주둔하였는데, 주(周)나라 정왕(定王)이 대부 왕손만(王孫滿)을 보내 노고를 치하하자 장왕은 그에게 주나라 왕실에서 보관하고 있는 구정(九鼎)의 크기와 무게를 물었다. 구정은 천자국(天子國)에 대대로 전하는 9개의 솥을 가리키는데, 중원을 지배하는 왕권의 상징물이다. 장왕의 속내를 간파한 왕손만이 솥의 크기와 무게보다는 덕(德)이 중요하며 천명이 아직 주나라에 있다고 답하였고, 이에 장왕은 군대를 철수시켰다. '문정경중(問鼎輕重)'이라는 고사성어는 여기서 유래하였다. 이후 B.C. 601년 서(舒)나라를 정벌하였고, B.C. 598년 진(陳)나라를 공격하여 군주인 영공을 죽인 하징서(夏徵舒)를 잡아 거열형(車裂刑)에 처하였다. B.C. 597년에는 정(鄭)나라를 공격하여 양공의 항복을 받았는데, 이때 원군으로 출병한 진(晉)나라 군대를 필(邲)에서 대파함으로써 패자(覇者)의 지위를 확고히 하였다. B.C. 594년에는 장왕이 제(齊)나라에 보낸 사신이 송(宋)나라를 지나가다가 피살당하자 송나라를 공격하였다. 이에 약소국인 송나라는 진(晉)나라에 구원을 청하였는데, 초나라의 위세에 눌린 진나라가 원병을 보내지 않았으나, 장왕은 송나라를 멸망시키지는 않고 포위를 풀고 철군하였다.

　이처럼 당시 가장 강력한 군사력을 지니고 중원의 패권을 장악하고 진(陳)나라와 정나라 등 오랜 전통을 지닌 나라를 공격하였으나 나라를 빼앗지는 않았다. 제나라 환공(桓公), 진나라 문공(文公)에 이어 춘추시대의 세 번째 패자(覇者)의 지위에 올랐다. (네이버 백과)

- **조위곤횡(趙魏困橫)** : 조(趙)와 위(魏)는 (지세(地勢)상 가장 진(秦)에 근접하여 진(秦)의 위력에 압도되어) 장의(張儀)의 연횡설(連橫說)로 인하여 미혹에 빠져서 곤란(困難)을 겪었다.

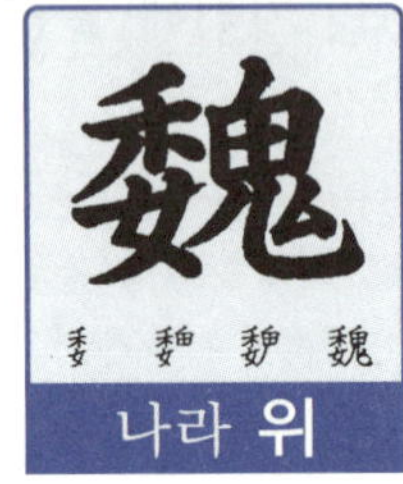

| 자원(字源) |

趙 달아나서(走) 같이(肖) 미쳐가는 것이나, 뜻으로는 쓰지 않고 **나라이름**과 사람의 **성**으로 쓴다.

魏 본래는 외(鬼)와 위(委)가 합한 형성자(形聲字)니, 《설문(說文)》에 "외(巍)는 고야(高也)"라 하였으니, 즉 높은 것이다. 뒤에 후인(後人)이 산(山)을 빼고 **나라이름**으로 쓴 것이다.

困 나무(木)가 둘러져 쌓여(口) 있으니, **곤한** 것이다. 위로는 햇볕을 쬐지 못하고 아래로는 수분을 흡수하지 못함은 곤(困)이고, 몸(躬)이 구멍(穴)에 든 것은 궁(窮)이다.

横 목(木)과 황(黃)의 합자니, 누른(黃) 나무(木)로 만든 대문에 빗장처럼 **가로놓인** 것이다.

에세이

합종설은 중국의 전국시대, 소진(蘇秦)이 주장했던 외교 이론의

하나이다. 서쪽의 강국인 진(秦)나라에 대항하기 위하여 남북으로 있던 한(韓), 위(魏), 조(趙), 연(燕), 제(齊), 초(楚)의 여섯 나라가 동맹하여야 한다는 것이고, 연횡설은 중국 전국시대, 진(秦)나라를 중심으로 동서(東西)의 여섯 나라를 연합하려고 한 장의(張儀)의 정책이다.

소진(蘇秦)은 하남성(河南省) 낙양(洛陽) 사람으로, 장의(張儀)와 함께 귀곡자(鬼谷子)에게 교육을 받았다. 처음에 진(秦)나라의 혜왕(惠王)을 비롯하여 제후 밑에서 유세를 하였으나 채용되지 않았다. 강국인 진나라와 한(韓)나라 두 나라가 서로 교전하고 있어 산동지방의 제국들은 진나라의 침략을 두려워하고 있던 때이므로, 연(燕)나라의 문후(文侯)에게 6국 합종(合縱)의 이익을 설득하여 받아들여졌다. 다시 조(趙) · 한(韓) · 위(魏) · 제(齊) · 초(楚)의 여러 나라를 실복하는 네도 성공하여, B.C. 333년 연나라에서 초나라에 이르는 남북선상(南北線上)의 6국의 합종에 성공하였다.

이로써 혼자서 6국의 상인(相印, 재상의 인장)을 가지게 되었고, 스스로 무안군(武安君)이라 칭하여 이름을 떨쳤다. 이 때문에 동방으로 진출을 꾀하고 있던 진나라는 십수 년간 그 진출을 저지당했다. 그러나 그의 합종책은 장의 등이 헌책한 연횡책(連橫策)에 패배하여 실패했다. 그 후 연나라의 관직에 있다가 다시 제나라에 출사했으나, 제나라 대부(大夫)의 미움을 사 암살당하였다.

소진은 일개 서생(書生) 출신으로 지모변설(智謀辯舌)로써 공명부귀를 얻어 그 이름을 천하에 떨쳤기 때문에 진나라를 위해 연횡책(連衡策)을 썼던 장의와 함께 전국시대 책사(策士)의 제1인자로 병칭(並稱)되고 있다. 그의 동생 소대(蘇代) · 소여(蘇厲)도 역시 유세가로서 알려졌다.

• **가도멸괵(假途滅虢)** : 길을 빌려서 괵(虢)나라를 멸하였고,

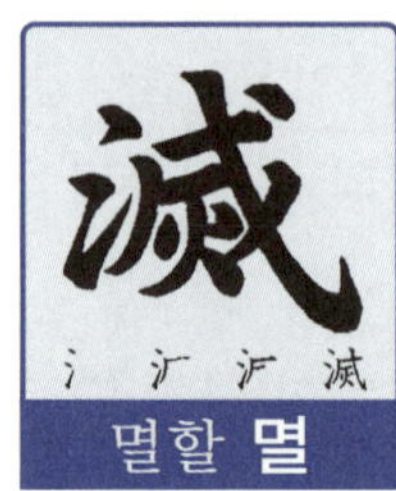

| 자원(字源) |

假 사람(亻)이 빌린(叚) 것은 자기의 것이 아니니 **가짜**이다.

道 수(首)와 착(辶)의 합자니, 머리(首)로는 목적지를 생각하면서 발로는 가는(辶) **길**이다. 도(途)와 통용하는 것이다. 따라서 인생이 가는 길, 즉 **진리**라는 뜻도 된다.

滅 혈(威)은 술(戌)과 화(火)의 합자니, 화기(火)는 술(戌)방에 와서 없어지는 뜻인데, 수(氵)를 덧붙였으니, 물(氵)이 더욱 **불을 끄는**(멸하는) 뜻이 되었다.

虢 호(虎)와 율(孚)이 합한 형성자(形聲字)이니, 원래의 뜻은 호랑이가 발톱으로 움켜서 할퀸 자국을 뜻하나, 이곳에서는 **나라이름**으로 쓰인다.

에세이

　진(晉)의 헌공(獻公)이 괵국(虢國)을 정벌하려고 모신(謀臣) 순식(荀息)의 계략에 의하여 수극(垂棘)의 토산(土産)인 명옥(名玉)과 굴

산(屈産)의 명마(名馬)를 우국(虞國) 군주에게 보내어 환심을 산 뒤에 진(晉)의 병마(兵馬)가 도로를 통과할 것을 청하였다.

이때에 우국(虞國)의 신하 궁지기(宮之奇)가 불가(不可)함을 간했으나, 우(虞)나라 임금이 듣지 않고 도로를 빌려주니, 진병(晉兵)은 마침내 그 나라를 통과하여 괵(虢)을 멸망시키고 돌아오는 길에 드디어 우(虞)도 격파하였다.

임진왜란 시에 일본의 풍신수길이 중국을 치려고 한다면서 우리나라에 길을 빌려달라고 하였다. 그러나 조선은 길을 빌려주지 않으니, 풍신수길은 마침내 조선을 침범하였다. 이는 풍신수길이 이 문장 가도멸괵(假途滅虢)에서 지혜를 얻어서 길을 빌리자고 한 것이다. 이를 보면, 한 나라를 보위(保衛)하려면 첫째, 국방을 튼튼히 해야 한다. 국방이 튼튼하지 않으면 임진왜란처럼 백성이 도륙을 당하고, 조선말의 고종처럼 외세에 시달리는 수치를 당하며, 마침내는 나라까지 내어주는 꼴이 되고 마는 것이다.

조선 말의 상황을 보면 민비와 흥선군이 서로 권력을 잡기 위해서 모든 술수를 다 동원하다가 결국에는 나라를 망치는 경지에 이르렀으니, 정치하는 자들의 우매한 권력욕은 결국 나라까지 망치는 지경까지 가게 되는 것이니, 이 얼마나 무서운 욕심인가!

평시에는 누가 간신이고 누가 충신인지를 잘 모른다. 그러나 사리사욕에 눈이 먼 자는 잘 보이는 것이니, 이런 자들은 절대 표를 주어서는 안 되는 것이다. 행여 지역이 같다거나 혈연, 학연이 같다는 이유로 표를 주게 되면 나라를 망치는 행위가 되는 것이니, 나도 모르게 나라를 망치는 일에 일조를 하고 말게 되니, 눈을 크게 뜨고 좌고우면(左顧右眄)해야 한다.

●**천토회맹(踐土會盟)** : 제후(諸侯)들이 천토(踐土)에서 회맹(會盟)[10]하고 주왕실(周王室)에 복종할 것을 맹서하였다.

| 口 | 卫 | 政 | 踐 | 一 | 十 | 土 | 人 | 侖 | 侖 | 會 | | 日 | 明 | 盟 |
밟을 **천** / 흙 **토** / 모을 **회** / 맹세 **맹**

| 자원(字源) |

踐 족(足)과 전(戔)의 합자니, 발(足)로서 땅을 찧는(戔) 것은 즉 **밟는** 것이다.

土 위의 ㅡ은 지면(地面)이고 아래의 ㅡ은 땅속인데, ｜은 그 땅속에서 식물이 지상으로 나오는 곳 즉 **땅**이다. 식물이 나는 흙(土)과 또(也) 다른 것까지 합한 것은 지(地)다.

會 사람들이 **모여서**(△) 마음의 창(罒)을 열고 말하는(曰) 것이다. 의사교환을 위한 모임은 회(會)고, 나무(木)에 새(隹)같은 모임은 집(集)이다.

盟 《주례(周禮)》에 제후들이 모여 신명(明)에게 그릇으로 희생을 드리고 **맹서**하는 것이다. 국가가 서로 맹서함은 맹(盟)이고, 개인이 홀로 맹서함은 서(誓)다.

10) 천토(踐土)에서 회맹(會盟):《春秋左氏傳 僖公4年》천토의 맹약은 진 문공이 노나라 희공(僖公), 제후(齊侯), 송공(宋公), 채후(蔡侯), 정백(鄭伯), 위자(衛子), 거자(莒子)와 맺은 맹약이다. 이때 문공은 위후(衛侯)의 무도(無道)함을 징계한 다음에 제후들과 주나라 왕실을 돕는다는 내용의 맹약을 맺었다.《春秋左氏傳 僖公28年》

주(周)나라 때 읍(邑)과 읍 사이, 또는 나라(몇 개의 읍이 합쳐 이루어짐)와 나라 사이에 분쟁이 생기면 질서를 유지하기 위하여 그 나라 읍의 대표자가 모여 약속을 정하고 맹약(盟約)을 하였다.

춘추시대로부터 주(周)나라의 권위가 쇠퇴하게 되니, 제후의 실력자가 회맹(會盟)을 도맡아 관리하였는데, 질서를 바로잡는다는 구실로 침략을 은폐하여 작은 나라를 예속시키기도 했다. 회맹이 제대로 기능을 발휘한 것은 진한(秦漢)의 통일국가가 성립되기까지이지만, 그 뒤에도 1004년 송(宋)나라와 요(遼)나라 사이에 맺어진 '전연(澶淵)의 맹(盟)' [11] 등은 이 전통을 계승한 것이다.

일제와 조선이 맺은 을사보호조약[12]은 일제가 무력을 앞세워 강제적으로 맺은 조약이다. 그런데 조선은 왜 이런 조약을 맺은 것인가. 군신이 모두 바보들만 있어서인가! 물론 이는 군신 모두 바보들이

---

11) 전연(澶淵)의 맹(盟): 요나라의 성종(聖宗)은 모후 승천태후(承天太后)의 섭정하에 야율휴가(耶律休哥) 등 명신의 보좌를 받아 국력을 강화하여 대군을 이끌고 남하, 송나라 영토 내에 들어가 황허강변의 찬저우〔澶州: 河南省〕의 북성(北城)을 포위하였다. 송(宋)나라 제3대 황제 진종(眞宗)은 재상 구준(寇準)의 권유에 따라 몸소 군대를 이끌고 찬저우의 남성(南城)으로 출진하였다. 이 송나라측의 강경한 태도에 요나라도 화의를 맺기로 하고 첫째, 송을 형으로 하고, 요를 아우로 하는 대등조약을 맺고 둘째, 송나라에서 해마다 은 10만 냥, 명주 20만 필을 세폐(歲幣)로서 요에 보내고 셋째, 양국 간의 국경은 현상을 유지한다는 맹약을 성립시켰다. 그 후 송·요 두 나라 사이에는 평화가 오래 계속되고 통상이 개시된 결과 요나라는 크게 번영하였다.

12) 을사보호조약: 1905(광무 9)년에 일본이 한국의 외교권을 빼앗기 위하여 강제적으로 맺은 조약.

었지만, 결론적으로 말하면 조선이 힘이 없어서이다.

　조선의 말기는 권문세가의 세도정치(勢道政治)[13] 시대로, 노론(老論) 중에도 안동 김씨의 집권으로 인한 폐해가 제일 심하였다. 특히 김좌근의 애첩 나합의 행위가 백성들의 원성을 제일 많이 쌓았다고 하니, 나합과 김좌근의 이야기를 들어보자.

　조선조 철종조에 안동 김씨들의 세도정치가 극에 달했을 때, 안동 김씨 수장인 영의정 김좌근의 소실 나합(羅閤)은 본래 지방의 기생 출신인데, 지방에서 명기(名妓)로 명성이 자자하다 보니, 서울의 세도가인 안동 김문의 수장격인 김좌근이 호기심이 생겨 한양으로 불러 올렸는데, 기교가 특별하여 아예 소실로 들어앉히고 늙은 김좌근 자신의 노욕(老慾)을 즐기는 도구로 사용했다고 한다.

　나합(羅閤)은 그 여인의 이름이 아니고, 당시 관직 중에 합하(閤下)라고 해서 정1품의 고관들에게만 붙여주는 칭호가 있었는데, 김좌근의 눈에 들어 소실로 들어앉은 그 여인이 지방 방백들의 벼슬자리를 제 맘대로 주물럭거리는 바람에, 나합의 고향이 전라도 나주(羅州)인지라, 나주의 첫 자인 나(羅)자에다가 합하(閤下)의 합(閤)를 따서 나합(羅閤)이라고 했다고 한다.

　철종시절은, 당시 조정을 휘어잡은 안동 김씨들이 세도정치를 하느라 막대한 정치자금이 필요한 때인지라 매관매직이 아무렇지도 않게 벌어지던 때였고, 지방의 방백으로라도 나갈 야심이 있는 벼슬아치 지망생들은 권력의 실세인 안동 김씨의 수장인 김좌근 애첩 나합에게 뇌물을 주면서 청탁을 하는 것이 가장 효과가 좋았다고

---

13) 세도정치(勢道政治) : 조선시대, 왕의 신임을 얻은 신하나 외척이 강력한 정치적 권세를 잡고 나라를 다스리던 비정상적인 정치 형태.

한다.

　김좌근과 나합의 일화 하나를 보면,

　"영감! 집 대청에 앉아 도성(都城)을 굽어보고 싶은데, 아래채가 높이 솟아있고 그리고 집 앞의 집들이 높아서 앞을 가리므로 답답하기 그지없습니다. 그 집들을 허물어서 앞이 트이게 하고 도성 안을 굽어볼까 합니다."고 하니, 아무리 소실에게 빠진 김좌근이라지만, 그런 무지막지한 청을 허락할 수가 없었다.

　그렇다고 안 된다고 딱 부러지게 말은 못하고 수염만 쓰다듬으며 헛기침만 해대는데, 나합이 제 목적을 달성키 위하여 적극적 공세를 펼치기 시작했고, 급기야 적극적 공세에 견디지 못한 김좌근은 말도 안 되는 나합의 청을 들어주느라 아래채의 네 기둥을 서너 자씩 잘라내어 지붕 높이를 주저앉히며, 집 앞쪽의 민가 몇 채를 사들여 철거하여 앞을 트이게 해줬다고도 한다.

• **하준약법(何遵約法)** : 소하(蕭何)는 한고조(漢高祖)와 같이 약법삼장(約法三章)[14]을 정하여 준행하니라.

| 자원(字源) |

何 《설문(說文)》에는 '하(何)는 담(儋)이니, 인(亻)을 따르고 가(可)는 음이다.'라고 했으나, 옳은(可) 사람(人)이 **어찌** 아래가(下) 될까! 문의하는 데는 하(何)고, 반문하는 데는 해(奚)다.

遵 존(尊)과 착(辶)의 합자니, 높은(尊) 사람을 길(辶)로 **따라가는** 것이다. 표준을 따라서 감은 준(遵)이고, 가는데 따르는 것은 수(隨)다.

約 사(糸)와 작(勺)의 합자니, 실(糸)로써 하나(一)로 싸(勹)서 단단히 **묶는** 것이다.

法 수(水)평적인 질서를 위해서 제악을 제거(除去)하는 수단으로 규정한 **법**인데, 또 물(氵)이 흘러가는(去) 것처럼 변화되는 사회정세에 따라 개정하라는 뜻도 있으니, 음은 법이다.

---

14) 약법삼장(約法三章) : 중국 한(漢)나라 고조가 진(秦)나라를 멸한 후 셴양(咸陽) 지방의 유력자들에게 약속한 3조(三條)의 법. 사람을 죽인 자는 죽이고, 남을 상해하거나 절도한 자는 벌하며, 그 밖의 진(秦)의 모든 법은 폐한다는 것이다.

소하(蕭何)[15]는 중국 전한 때 한신(韓信)과 장량(張良), 조참(曹參)과 함께 한고조(漢高祖)의 개국공신이다. 진(秦)나라의 하급관리로 있으면서 일찍이 고조 유방이 무위무관(無位無官)일 때부터 접촉을 가졌다. 유방이 진나라 토벌의 군사를 일으키자 종족 수십 명을 거느리고 객원으로 따르며 모신(謀臣)으로 활약하였다. 진나라 수도 함양(咸陽)에 입성하자 진나라 승상부(丞相府)의 도적문서(圖籍文書)를 입수하여 한(漢)나라 왕조 경영의 기초를 다졌다.

한나라 유방(劉邦)과 초(楚)나라 항우(項羽)의 싸움에서는 관중(關中)에 머물러 있으면서 고조를 위하여 양식과 군병의 보급을 확보했으므로, 고조가 즉위할 때에 논공행상(論功行賞)에서 으뜸가는 공신이라 하여 찬후(酇侯)로 봉해지고 식읍(食邑) 7,000호를 하사받았으며, 그 일족 수십 명도 각각 식읍을 받았다. 뒤에 한신 등의 반란을 평정하고 최고의 상국(相國)에 제수되었다. 재상 시절 진나라의 법률을 취사(取捨)하여 《구장률(九章律)》을 편찬하였다.

약법삼장은 법삼장(法三章)이라고도 한다. B.C. 206년 한나라 고조(高祖)가 진(秦)나라 군사를 격파하고 처음으로 함양(咸陽)에 들어갔을 때 지방의 유력자와 법삼장을 약속한 사실을 가리킨다.

---

15) 소하(蕭何) : 중국 전한 때 고조 유방의 재상. 한나라 유방과 초나라 항우의 싸움에서는 관중에 머물러 있으면서 고조를 위하여 양식과 군병의 보급을 확보했으므로, 고조가 즉위할 때에 논공행상에서 으뜸가는 공신이라 하여 찬후로 봉해지고 식읍 7,000호를 하사받았으며, 그 일족 수십 명도 각각 식읍을 받았다.

"사람을 살해한 자는 사형에 처하고, 사람을 상해하거나 남의 물건을 훔친 자는 죗값을 받는다."고 하는 내용으로, 그 밖의 진나라의 무자비한 법은 모두 없앴다고 한다. 한신과 소하의 고사를 한번 보자, 한신은 처음에는 초(楚)의 항우(項羽)의 군대에 가담하였으나 중용되지 못하자, 초나라와 대적하는 한(漢)의 유방(劉邦)의 수하로 들어갔다.

거기서도 인정받지 못하고 하급 군관에 머물러 있었는데, 유방의 참모인 소하가 한신의 재능을 알아보고 유방에게 천거하여 대장군으로 삼게 하였다. 이후 한신은 능력을 발휘하여 한나라가 초나라를 물리치고 중원을 통일하는 데 일등공신이 되었다.

한나라가 중원(中原)[16]을 통일한 뒤에 한신의 군사력은 황실(皇室)의 경계 대상이 되었다. 이때 어떤 자가 황후인 여후(呂后)에게 한신이 모반을 꾀한다고 고해 바쳤다. 여후는 한신을 불러들이려 하였으나 그가 응하지 않을 것을 우려하여 소하(蕭何)와 상의하였다. 소하는 한신이 반란을 평정한 공을 치하한다는 핑계를 대고 그를 속여 궁궐로 들어오게 하였다. 한신이 입궁하자, 여후는 그에게 모반죄를 씌워 죽였다. 이 고사는 송(宋)나라 때 홍매(洪邁)가 지은 《용재속필(容齋續筆)》에 실려 있는데, "한신이 대장군이 된 것은 소하가 천거했기 때문이요, 이제 그가 죽음을 맞이한 것도 소하의 꾀에 의한 것이다. 그래서 항간(巷間)에서 '성공하는 것도 소하에게 달려 있고, 실패하는 것도 소하에게 달려 있다.' 라는 말이 떠돌게

16) 중원(中原) : 중국 한족(漢族)이 일어난 황허강(黃河江) 중류의 양 기슭 지역. 지금의 허난성(河南省)과 산둥성(山東省) 서부, 허베이성(河北省)의 동부를 포함한다.

되었다.(信之爲大將軍, 實蕭何所薦, 今其死也, 又出其謀. 故俚語 有
成也蕭何 敗也蕭何之語)”라고 하였다. 여기서 유래하여 ‘성야소하,
패야소하(成也蕭何 敗也蕭何)’라는 고사(故事)가 생겼다. (네이버 백
과사전)

• **한폐번형 (韓弊煩刑)** : 한비(韓非)는 번거롭고 가혹한 형벌을 펼친 폐해가 있다.

| 자원(字源) |

韓 주대(周代)에 제후의 국명(國名)이나, 이 땅의 국호로는 기자(箕子)의 말왕(末王)인 준(準)이 위만(衛滿)에게 쫓겨 남하해서 마한(馬韓)을 세운 데서 시작되었으니, 마한은 북방의 위만조선을 배반한 남방의 **나라**라는 뜻으로 되었다.

弊 두 손(廾)으로 매를 쳐서(攵) 포목이 **떨어진**(㡀) 것이다.

煩 사람은 머리에(頁) 화기(火)가 치밀면 **번거로운** 것이다. 두뇌가 번잡한 것은 번(煩)이고, 정신으로 고민하는 것은 뇌(腦)다.

刑 개(幵)와 도(刂)의 합자니, 廾는 정(井)의 변자로써 정연한 질서를 뜻하고, 도(刂)는 칼로서 물건을 끊는 것이다. 사회의 질서를 위해 죄인을 **처단**하는 것이다.

에세이

한비(韓非)[17]는 중국 전국시대 때의 사상가로 법가(法家)의 대표적 인물이다. 원래 한(韓)나라의 왕족(王族)출신이니, 진시황을 도와 중국을 통일하는데 큰 공을 세웠던 이사(李斯)와 함께 순경(荀卿)[18] 즉 순자(荀子)에게서 동문수학했다.

도가(道家), 유가(儒家), 묵가(墨家)의 사상을 흡수하여 뒤에 법가 사상을 집대성하였다. 조국 한(韓)나라의 쇠약함을 한탄하며 한왕(韓王)에게 여러 번에 걸쳐 변법(變法)을 간했으나 받아들여지지 않았다.

변설(辨說)에 능하지 않아 등용되지 못했으나 현실 분석과 대책에 뛰어나 탁월한 저서를 남겼다. 순자의 성악설을 계승하여 군신, 부자, 부부관계 등 인간의 일체의 행위가 이기적인 동기에서 나온다는 인성이기설(人性利己說)을 주장하였다. 도를 모든 사물이 운동하는 객관직 법칙으로, 이(理)를 구체적 사물이 운동하는 특수법치으로 보고, 양자(兩者)는 불가분(不可分)의 관계이며, 다 같이 사물 속에 존재하면서 부단히 변화하는 것으로 보았다. 이를 통해 인류 사회 역사가 끊임없이 변화하며, 그 변화에 따라 법률이나 제도도 변해야 한다는 진보적인 역사관을 피력하였다.

또한 유가적(儒家的) 덕치(德治)를 바탕으로 한 인정(仁政)을 시대 착오라고 비판하고, 주관적인 지(智)나 신(信)이 아니라 객관적인 법과 세에 의존하는 신상필벌(信賞必罰), 실무본위(實務本位)의 법

---

17) 한비(韓非) : 중국 춘추시대 말기의 법가(法家) 사상가(B.C. 280~B.C. 233). 한(韓)나라의 공자(公子)로, 이사(李斯)와 함께 순자에게 배워 법가(法家)의 사상을 대성하였다. 뒤에 진(秦)나라의 시황제에게 독살당하였다. 저서에 《한비자(韓非子)》가 있다.

18) 순경(荀卿) : 중국 전국시대, 조(趙)나라의 사상가(B.C. 298?~B.C. 238?). 이름은 황(況)이다. 예의를 가치 기준으로 인간의 성질을 교정할 것을 주장하고 맹자의 성선설(性善說)에 대하여 성악설(性惡說)을 주장하였다. 저서에 《순자(荀子)》가 있다.

치를 주장하였다.

상앙(商鞅)[19]은 법(法)을, 신불해(申不害)[20]는 술(術)을, 신도(愼到)[21]는 세(勢)를 도모하였으며, 노자(老子)의 무위허정(無爲虛靜)을 근본으로 군주의 통치술을 제시하였다. 현실정치에 대한 그의 견해는 진시황의 천하통일에 영향을 주었다. 화평사신으로 진나라에 갔을 때 진시황이 그를 등용하려 하였으나 이사(李斯)와 요가(姚賈)의 무고(誣告)로 옥사하였다. 한비자는 모두 55편으로 전한 초기에 정리되어 지금까지 전해 내려오고 있다.

이 문장은 법가가 진시황의 천하통일에는 많은 도움을 주었으나 번거로운 형벌의 폐해가 있다는 말이니, 정치는 유가(儒家)에서 말하는 것처럼 덕으로 다스려야 하는데, 한비(韓非)는 유가인 순자(荀子)에게서 공부를 하였으나 유가의 덕치를 버리고 법치를 주장하였다.

---

19) 상앙(商鞅) : 중국 진나라의 정치가. 효공 밑에서 법제, 전제, 세제 따위를 크게 개혁하여 진 제국 성립의 기틀을 마련하였다.

20) 신불해(申不害) : 전국시대 한(韓)나라 사람으로 소후(昭侯)를 15년 동안 도왔으며, 그가 살아 있는 동안 국치병강(國治兵强)하여 한나라를 침공하는 자가 없었다. 그의 학문은 황로(黃老)에 근본하여 형명(刑名)을 주장했다. 보통 신자(申子)라 불리며 법가(法家)의 조(祖)가 된다. 《史記 卷63》

21) 신도(愼到) : 조(趙)나라 사람. 4세기 무렵 제(齊)나라의 선왕(宣王) 때 직하(稷下)의 학사(學士)가 되었다. 그의 사상에는 도가적(道家的) 색채도 있으나 법가(法家)로, 법(法)은 물론 세(勢), 즉 권세를 중시한 점에 특색이 있다. 《한비자(韓非子)》에 있는 '용(龍)은 구름을 타면 훌륭하지만 구름을 잃으면 지렁이와 다름없다'라는 설은 그 일단을 나타낸다. 저서에 《신자(愼子)》 12편(한나라 때 42편으로 증가)이 있었으나, 송(宋)나라 때에 없어져 현재 5편만 남아 있다. 《군서치요(群書治要)》에는 진(晉)나라 때 주석(註釋)을 단 7편만이 남아 있다.

• **기전파목(起翦頗牧)** : 진장(秦將)인 백기(白起)와 왕전(王翦)과 조장(趙將)인 염파(廉頗)와 이목(李牧) 등은 모두 명장이니,

| 자원(字源) |

起 달아나려고(走) 하는 자기(己)는 반드시 **일어나는** 것이다. 무엇을 하려고 원인이 되는 일어남은 기(起)고, 여럿이 힘을 모은 결과로 일어남은 흥(興)이다.

翦 전(前)과 우(羽)의 합자니, 《설문(說文)》에는 '전(翦)은 깃이 나는 것이니, 우(羽)를 따르고 전(前)의 성(聲)이다.'고 하여 본의(本義)는 **깃털**이다. 또 《설문(說文)》에 '전(翦)은 **화살의 깃**이라'고 하였다.

頗 피(皮)는 경사진 것을 뜻한 글자니, 머리(頁)가 한쪽으로 경사진(皮) 것이다. 귀를 **기울이고** 들을 만치 심한 것이다.

牧 우(牛)와 복(攵)의 합자니, 소(牛)를 매로 치(攵)면서 놓아서 **먹이는** 것이다. 식물(食物)을 맡아서(司) 기름은 사(飼)다.

에세이

백기(白起)는 전국(戰國)시대 진(秦)나라 미(郿) 땅 사람이다. 진소

왕(秦昭王) 때에 무안군(武安君)에 봉해졌으며, 싸움에 이겨 빼앗은 성이 무릇 70여 개나 되었다. 그는 조(趙)나라 군사를 격파하고 항복한 조나라 군사 40만을 묻어 죽였다. 그 후에 응후(應侯) 범수(范睢)와 틈이 생겨 관직을 파면당하고 다시 사사(賜死)되었다. 《史記 卷73》

왕전(王翦)은 진나라의 명장(名將)으로 조(趙)와 연(燕)을 평정하는 데 큰 공을 세운 사람이다. 이때 시황이 이신(李信)이라는 젊은 장수의 용맹스러움을 높이 샀는데, 초를 치려고 하면서 병사가 얼마나 필요하겠느냐고 묻자, 이신은 20만 명이면 된다고 하고 왕전은 60만 명이 아니면 불가능하다고 하였다. 시황은 왕전이 늙어서 겁을 내는 것이라고 여겨 이전을 보냈는데, 이전이 초나라 군사에게 크게 패하고 달아나니, 시황이 그제야 왕전에게 사과하고 60만의 병력을 주어 보냈다. 이에 왕전이 초나라 군사를 크게 격파하였다. 《史記 卷73 王翦列傳》

염파(廉頗)는 전국시대 조(趙)나라의 명장(名將)이다. 혜문왕(惠文王) 때에 제(齊)나라를 쳐서 상경(上卿)에 임명되었고, 효성왕(孝成王) 때는 진(秦)나라의 공격으로부터 성을 굳게 지켰으나 진나라의 이간으로 조괄(趙括)과 교체되었다. 조괄이 진나라 장군 백기(白起)에게 죽음을 당한 후 연(燕)나라의 공격을 받자, 다시 기용되어 연나라를 대파하고 평신군(平信君)에 봉해졌다. 《史記 卷81 廉頗藺相如列傳》

이목(李牧)은 전국시대 조(趙)나라의 명장이다. 일찍이 흉노(匈奴)를 크게 격파하여 그들로 하여금 다시는 조나라를 침범하지 못하게 하였고, 또 진군(秦軍)을 크게 무찔러 그 공으로 무안군(武安君)에 봉해졌다. 《史記 卷81》

• **용군최정(用軍最精)** : 군사를 지휘하고 작전(作戰)함이 가장 정묘(精妙)하였다.

| 자원(字源) |

用 갑골(甲骨)문자나 전자(篆字)에는 卅 이렇게 썼고, 《설문(說文)》에는 중(中)과 복(卜)의 합자라고 했으니, 점(卜)이 맞으면(中) 그를 **쓰는** 것이다.

軍 전차(車)로써 앞을 덮어(冖) 무장을 하고 나아가서 전쟁을 하는 **군사**이다. 무기(斤)를 두 손(卅)으로 잡은 것은 병(兵)이다.

最 왈(曰)과 취(取)의 합자니, 취(取)하겠다고 말(曰)하는 것은 여럿 중에서 **가장** 나은 것이다. 여럿 중에서 가장은 최(最)고, 선한 가운데 가장은 태(太)다.

精 미(米)와 청(靑)의 합자니, 쌀(米)이 푸른(靑) 빛이 나게 **정한** 것이다. 쌀 같은 동일(卒)한 물은 수(粹)고, 실(糸) 같은 자연(屯) 색은 순(純)이다.

에세이

전쟁에 있어서는 군을 총지휘하는 장수의 전략이 성패를 좌우한다. 그러므로 《삼국지연의》에서 제갈량의 신출귀몰하는 전략은 참으로 대단하고 통쾌하다. 그러나 이는 중국의 전쟁이고, 우리나라의 전사(戰史)에서도 이보다도 오히려 더 훌륭한 성과를 거둔 장수들이 많다. 그러므로 이곳에서는 고구려 을지문덕의 살수대첩과 6·25전쟁 때 유엔군총사령관 맥아더의 인천상륙작전을 소개하고자 한다.

수(隋)나라는 양제(煬帝)의 총 지휘 아래 612년(영양왕 23)에 대규모의 군단을 편성하여 고구려를 침공하였다. 이때 육군은 고구려의 주요군사거점인 요동성(遼東城 : 지금의 遼陽)을 공격하면서, 다른 한편으로는 우중문(于仲文)·우문술(宇文述) 등을 지휘부로 한 30만 5000명의 별동부대를 구성하여 해군과 더불어 고구려의 국도인 평양성을 공격하고자 하였다.

별동대가 압록강 서쪽에 집결하였을 때, 을지문덕은 왕명을 받들어 거짓 항복을 청하여 적진으로 들어가 군량이 부족한 수나라군의 약점을 간파하고 돌아와서 수나라군의 군사력을 약화시키기 위한 작전으로 수나라 군대와 충돌 때마다 패주하는 척하면서 평양성 부근까지 유인하여 수나라 군대를 극도로 지치게 만들었다. 또한 전의(戰意)를 상실하고 후퇴의 구실을 찾던 수나라 군에게 시(詩)를 써서 보내면서 퇴각할 것을 종용했으니,

신 책 구 천 문
神策究天文　신통한 계책은 천문을 헤아리며

묘 산 궁 지 리
妙算窮地理　묘한 꾀는 지리를 꿰뚫는구나!

전 승 공 기 고
戰勝功旣高　싸움마다 이겨 공이 이미 높았으니

지 족 원 운 지
知足願云止　족한 줄 알아서 그만둠이 어떠하리.

고 하면서, 수양제에 대한 영양왕의 알현 등을 조건으로 거짓항복을 청하여 퇴각의 구실을 만들어 주는척하면서 일대 반격전을 전개하였다.

살수(薩水 : 지금의 청천강)를 건너는 수나라 군을 배후에서 공격, 수장 신세웅(辛世雄)을 죽게 하고 불과 2,700명만을 살려 보내는 대전과를 거두어, 수나라군의 총퇴각과 고구려의 승리를 가져다 준 결정적인 계기를 만들었다. 이를 '살수대첩' 이라 한다.

6 · 25전쟁이 일어난 후 조선인민군은 남진(南進)을 계속하다 국제연합군의 참전으로 낙동강에서 교착상태를 맞게 되었다. 이에 맥아더의 총지휘하에 있는 국제연합군은 조선인민군의 허리를 절단하여 섬멸힌디는 계획을 세워 첫 작전으로 인천상륙작전을 감행하게 되었다.

제1단계로 9월 15일 오전 6시 한 · 미 해병대는 월미도에 상륙하기 시작하여 작전개시 2시간 만에 점령을 끝냈다. 2단계로 한국 해병 4개 대대, 미국 제7보병사단, 제1해병사단은 전격공격을 감행하여 인천을 점령하고 김포비행장과 수원(水源)을 확보함으로써 인천반도를 완전히 수중에 넣었다.

마지막 제3단계로 한국 해병 2개 대대, 미국 제1해병사단은 19일 한강을 건너 공격을 개시하고 20일 주력부대가 한강을 건너 26일 정오에는 한국 해병대가 중앙청에 태극기를 게양함으로써 작전을 끝냈다.

- **선위사막(宣威沙漠)** : 진장(秦將)인 백기(白起)와 왕전(王翦)과 조장(趙將)인 염파(廉頗)와 이목(李牧) 등은 그 위세를 북방의 사막에까지 선포(宣布)하였고,

| 자원(字源) |

宣 면(宀)과 선(亘)의 합자니, 亘은 하늘에서 땅으로 일광(日光)이 퍼져나가는 것인데, 면(宀)은 집이라. 집의 위신을 세상에 **펼치는** 것이다. 베를 땅에 펴는 것은 포(布)다.

威 월(戌)과 여(女)의 합자니, 약한 여자(女)에게 큰 도끼(戌) 둘렀으니, 그의 세력이 대단한 것이다. 그는 위태한 것으로 **위협**하기 때문에 음은 위다.

沙 수(氵)와 소(少)의 합자니, 물(氵)이 작으니(少) **모래**가 보이는 것이다. 사(砂)와 같이 쓴다.

漠 수(氵)와 막(莫)의 합자니, 물(氵)이 없는(莫) 모래밭은 **사막**이다.

에세이

이곳의 사막은 북방의 사막을 말하는데, 중국은 예부터 북방의 사막지역에 사는 민족인 흉노(匈奴)를 두려워하였다. 그래서 진(秦)의

시황제는 북방에 만리장성을 쌓아서 북방의 침범을 막으려고 무척 힘을 썼고, 그 뒤 전한(前漢)의 원제(元帝)는 왕실의 딸을 흉노에 보내면서까지 화해정책을 실시하였다. 그러므로 그때에 흉노에 보내진 왕소군의 이야기를 아래에 기재한다.

왕소군은 중국 4대 미녀 중의 한 사람으로, 이름은 장(嬙)이고, 자(字)는 소군(昭君)이니, 남군(南郡)의 양갓집 딸로 한나라 원제(元帝)의 후궁으로 들어갔으나 황제의 사랑을 받지 못하였다. 당시 흉노(匈奴)의 침입에 고민하던 한나라는 그들과의 우호 수단으로 중국 종실의 딸을 보내어 결혼시키고 있었다.

B.C. 33년 왕소군은 원제(元帝)의 명으로 한나라를 떠나 흉노의 왕인 호한야선우(呼韓邪單于)에게 시집가 연지(閼氏)[22]가 되었고, 아들 하나를 낳았다. 호한야가 죽은 뒤 호한야의 본처의 아들인 복주루선우(復株累單于)에게 재가하여 두 딸을 낳았다. 이러한 소군의 설화는 세월이 흘러감에 따라 윤색되고, 흉노와의 화친정책 때문에 희생된 비극적 여주인공으로 전하여 온다.

후한(後漢) 때의 책인 《서경잡기(西京雜記)》에 의하면, 대부분의 후궁들이 화공(畵工)에게 뇌물을 바치고 아름다운 초상화를 그리게 하여 황제의 총애를 구하였다. 그러나 왕소군은 뇌물을 바치지 않았기 때문에 화공은 왕소군의 미모를 추하게 그렸으므로 제왕의 선택을 받지 못하였다. 그러므로 결국에는 오랑캐의 아내로 보내는데 뽑히게 되었다. 소군이 말을 타고 떠날 즈음에 원제가 보니 절세의 미인이고 태도가 단아하였으므로 크게 후회하였으나, 이미 어쩔 수

---

22) 연지(閼氏) : 예전에, 흉노의 왕 선우의 비(妃)를 이르던 말.

없는 일이었다. 이에 원제는 크게 노하여 소군을 추하게 그린 화공 모연수(毛延壽)를 참형(斬刑)에 처하였다는 유명한 일화가 있다.

《소군사(昭君辭)》《명군탄(明君歎)》이라는 한나라의 악부(樂府)가 가장 오래된 것이고, 그녀를 소재로 한 희곡으로는 원(元)나라 때의 마치원(馬致遠)이 지은 《파유몽고안한궁추잡극(破幽夢孤鴈漢宮秋雜劇)》이 가장 유명하다. 진나라의 석계륜(石季倫)이 지은 《왕명군사병서(王明君辭并序)》가 있고, 당(唐)나라 이후 이백(李白)과 백거이(白居易) 등 많은 시인들이 그녀를 소재로 시를 읊었다. 또 돈황(敦煌)에서 발굴된 《명비변문(明妃變文)》에 의하여 당말 오대(五代) 시대부터 구비문학(口碑文學)의 소재가 되었음이 밝혀졌다.

● **치예단청(馳譽丹靑)** : 한(漢)의 선제(宣帝)는 공신 11인을 기린각(麒麟閣)에 그려 붙였고, 후한(後漢) 명제(明帝)는 공신 28인을 남궁운대(南宮雲臺)에 그려 붙여서 그 명예를 주마(走馬)가 달리는 것처럼 후세에 전달되게 하였다.

| 자원(字源) |

馳 마(馬)와 야(也)의 합자니, 말(馬)이라(也)는 것은 **달리는** 것이다. 타동적으로 달리는 것은 치(馳)고, 자동적으로 달리는 것은 주(走)다.

譽 여(與)와 언(言)의 합자니, 말(言)로 들어 올려(擧)주는(與) 것은 즉 **기리는** 것이다. 말로 돕는 것(贊)은 찬(讚)이다,

丹 丹은 광물을 파내는 정(井)이고, 丶은 그 속에서 파내는 주사(朱砂)니 이것이 **붉은** 것이다. 가장 붉은 것은 적(赤)이고, 조금 붉은 것은 홍(紅)이다.

靑 主(生)과 月(丹)의 합자니, 붉은(丹) 구리에서 나는(主) **푸른빛**이다. 청백색은 벽(碧)이고, 청황색은 녹(綠)이고, 청홍색은 창(蒼)이고, 청적색은 감(紺)이다.

단청(丹靑)을 한 기린각(麒麟閣)[23]과 남궁운대(南宮雲臺)에 공신들의 초상을 그려 붙여서 많은 사람들이 보게 하였고, 또한 후인들이 보고 기리게 하였으니, 명예가 달리는 것이다.

단청은 선사시대 신에게 제사를 지내거나 제단을 꾸미는데 그림을 장식하거나 제사장(祭祀長)의 얼굴에 색칠을 하는 일 등에서 비롯되었다고 한다. 단청은 신비감을 주고 잡귀를 쫓는 벽사(辟邪)의 뜻도 있고 위엄과 권위를 표시하기도 하다. 한국은 삼국시대에 활발하게 유행하였다.

고구려 시대의 고분벽화를 보면, 쌍영총(雙楹塚)·사신총(四神塚)·강서(江西) 우현리대묘(遇賢里大墓)·안악(安岳) 제2호분 등에 비천(飛天)·연꽃·인동초·구름·불꽃 등 다양한 문양이 그려져 있다. 백제의 단청은 공주 송산리(宋山里)의 고분벽화이고, 다른 하나는 부여 능산리(陵山里)의 고분벽화이다. 전자는 전건축(塼建築)으로 진흙을 칠하여 밑바탕을 만든 다음에 주작도(朱雀圖)를 그렸으며, 후자는 돌방무덤〔石室墳〕으로 돌에 직접 사신도(四神圖)와 비운연화도(飛雲蓮花圖)를 그렸다.

신라의 단청에 관한 자료는 고분에서보다 문헌에서 쉽게 찾아볼 수 있다. 《삼국사기》 권33 〈옥사조(屋舍條)〉에 따르면 5색이 진골(眞骨)계급부터 사용이 금지되었다고 하는데, 이것은 상위 계급인

---

23) 기린각(麒麟閣) : 기린각은 한선제(漢宣帝)가 곽광(霍光), 장안세(張安世), 소무(蘇武) 등 공신(功臣) 11인의 초상을 그려서 걸게 했던 전각(殿閣) 이름으로 전하여 기린각에 초상을 걸었다는 것은 곧 국가에 공훈을 세워 공신에 책록된 것을 말한다.

성골(聖骨), 즉 왕궁에서만 5색을 사용하였다는 뜻이다. 이는 조선시대의 단청이 왕궁을 위시한 관아건축에만 사용되고 민간에는 금지되었던 일과 일맥상통한다.

조선시대에는 단청에 등황색을 많이 써서 밝고 화려하며 문양도 다양해진다. 이것은 간결한 고려의 주심포(柱心包) 집에 비하여 복잡한 조선의 다포(多包)집이 장식적으로 흐르는 건축구조와도 일맥상통한다.

제 11 장　제국(帝國)

구주우적(九州禹跡)·백군진병(百郡秦幷)·악종항대(嶽宗恒岱)·선주운정(禪主云亭)·안문자새(雁門紫塞)·계전적성(鷄田赤城)·곤지갈석(昆池碣石)·거야동정(鉅野洞庭)·광원면막(曠遠綿邈)·암수묘명(巖岫杳冥)

• **구주우적(九州禹跡)** : 중국 구주(九州)의 땅은 우왕(禹王)이 홍수를 다스린 구획(區劃)의 종적(蹤迹)이고,

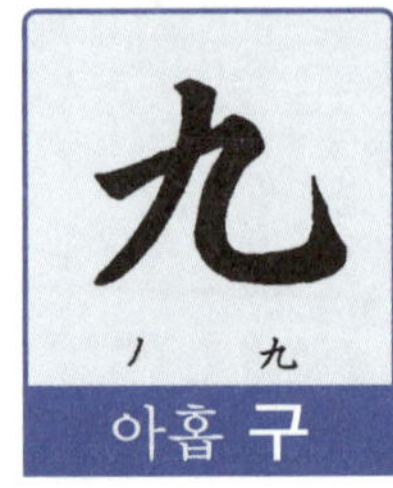

| 자원(字源) |

九 굴곡의 형(形)을 표현한 극수(極數), 즉 **아홉**의 지사자(指事字)이다.

州 물이 흐르는 내(川) 가운데에 드러난 **땅**이니 거주(住)하는 곳이다.

禹 벌레의 머리(甶)와 짐승의 발(内)을 합한 동물이나, 동물로써는 쓰지 않고 하(夏)나라 시조인 **임금의 시호**로 쓴다.

跡 족(足)과 역(亦)의 합자니, 발(足)로 밟고 간 뒤에 또한(亦) 남은 **자국**이다. 실행한 종적은 적(蹟)이고, 유공(有功)한 사람은 적(績)이다.

에세이

우(禹)임금의 홍수 이야기는 《서경(書經) 요전(堯典)》에 나오는데, 곤(鯀)이 치수를 9년을 했고 《사기》 하 본기에, 곤의 아들인 우(禹)가 치수를 13년을 했다는 기록이 나온다. 따라서 이 홍수는 약 22년

이상 지속되었다는 것을 말해준다. 당시 대지는 바다가 되어 버렸고 사람들은 거주할 땅이 없었다.

《맹자(孟子)》 등문공장(滕文公章)에는 '당시 요 시절에는 물이 역행하여 중국을 범람함으로써 뱀과 용이 있을 곳은 있어도 사람이 있을 곳은 없었다' 고 기록되어 있다.

《서경(書經) 요전(堯典)》에는 '세찬 홍수가 밭을 가르고 산을 품고 능을 덮었다, 넓고도 넓어 하늘까지 닿았다' 고 하였다. 그리고 《서경(書經) 대우모(大禹謨)》에는 '강수를 경계하라' 는 기록이 있는데, 이는 하늘이 홍수로써 사람을 다스린다는 뜻으로서 하늘까지 닿는 이러한 홍수의 발생 원인을 간접적으로 설명한다고 하겠다.

중국의 역대 왕조는 군왕이 바로 나라의 사표로서, 군왕의 한마디와 행동은 신하와 백성들의 도덕과 행동에 깊은 영향을 주었다. 그러나 대우(大禹)는 중국 역사상 덕행으로 상당히 숭상 받은 군왕인데, 그가 치수(治水)할 때에 '세 번 집 앞을 지났으나 사안(事案)이 너무 급하여 들어가지 않았다.' 는 고사가 최고의 칭송을 받는다. 그로 인해 당시 중국의 백성들은 대홍수 중에서 구함을 받았다.

구전(口傳)하는 말에 의하면, '산의 골짜기가 생긴 것이 우(禹)임금이 9년 홍수를 다스리면서 물을 빼기 위하여 손으로 산을 훔쳐 내린 것이 골짜기가 되었다.' 고 하니, 4500년 전의 전설이 오늘날까지 전해오는 것이다.

• **백군진병(百郡秦并)** : 상고(上古)로부터 삼대(三代)까지는 봉건제(封建制)이었으나, 진시황 26년에 천하를 합병하여 일백 군(郡)을 두었다.

| 자원(字源) |

百 일(一)과 백(白)의 합한 회의(會意)자니, 일(一)은 숫자로 **백**을 뜻하고 백(白)은 음을 뜻하였다.

郡 군(君)과 읍(阝)의 합자나 '소국과민(小國寡民)하던 옛적에 임금(君)이 통치하던 읍(邑)이라. 지금은 읍(邑)을 중심한 지역이 **군(郡)**이다.

秦 夫(용)은 용(舂)의 약자로 벼(禾)를 절구(臼)에 찧는 것이다. 음은 진이니, 주대(周代)에 서북방의 **국명**으로서 천하를 통일하였으니, 구라파에서 중국을 china라고 함은 진(秦)의 음역이다.

并 《설문(說文)》에 '병(并)은 두 사람(二人)이 방패(干)를 가지고 **아울러** 있는 것이라.'고 하였다.

에세이

  춘추시대 말기가 되자, 각국 사이의 싸움이 격화하여 일반 서민에게도 군역(軍役)을 부과할 필요가 생김에 따라 이를 반대하는 서민의 저항을 누르고 국왕으로서의 지배권 확립을 강화하여 징발(徵發)과 징세(徵稅)를 강행하기 위하여 중앙으로부터 관리를 파견하고, 현을 재편성하고 직할화(直轄化)하여 지배하게 되었다. B.C. 350년 진(秦)나라 효공(孝公)이 상앙(商鞅)의 건의를 받아들여 나라 안의 작은 촌락을 합쳐 41현을 설치하였다는 기록은 그 예라 할 수 있다.

군(郡)도 현(縣)과 거의 같은 경로로 내려왔으며, 본래는 군과 현 사이에 통속관계가 없었으나, 군은 변경지역에 설치된 경우가 많았다. 또 통할지역이 넓었기 때문에 군 안에 몇 개의 현이 설치되면서 통속관계가 발생하였다. 이어 B.C. 221년에 진(秦)나라 시황제(始皇帝)는 중국을 통일하자 전 영역에 현을 설치하고 전국을 36군으로 구획하여 통치하였다. 이것이 중국 군현제의 시초로, 이후 시대에 따라 차이는 있었으나 지방통치의 이념은 청대(淸代)까지 거의 2000년 동안 군현제(郡縣制)가 존속하였다. 한국의 군현제도는 《삼국사기》에 의하면 505년(지증왕 6)에 국내에 주(州)와 군(郡), 현(縣) 등의 제도를 정하고, 실직주(悉直州, 三陟)를 설치하여 이사부(異斯夫)를 군주(郡主)로 삼은 기록이 있다.

주(州)와 군(郡), 현(縣) 등의 제도를 실시하기 이전에는 52읍륵(邑勒) 제도가 실시된 것으로 보인다. 통일 전의 신라는 전국을 5주(五州)로 나누고, 주 밑에 군·현을 두고 촌주(村主)를 통하여 농민을 직접 다스렸다.

통일신라시대에는 중앙에서 주에는 총관(摠管), 군에는 태수(太守), 현에는 현령(縣令)을 파견하여 다스렸다. 현의 예하단위인 촌(村)은 자치단위로 운영되고, 천민집단인 향(鄕)과 소(所), 부곡(部

曲)등이 따로 있었다. 통일신라시대의 행정구역을 보면 9주, 117군, 293현의 지방 행정체제를 갖추었다.

고려시대 지방행정기구는 군현제도로 운영되었다. 성종(成宗) 이전은 서경(지금의 평양)과 대도독부(大都督府) 기타 북부의 여러 진(鎭)을 제외한 이외의 주·부·군·현에는 중앙으로부터 상주관의 파견이 없고 단지 지방 호족으로 조직된 반 독립적 자치(自治)에 맡겨져 있었다. 다만, 수시로 징수관(徵收官)의 관원이 중앙에서 출장 형태로 파견 순회하였다. 983년(성종 2)에 12목(牧)을 설치하면서 지방행정에 대한 통제와 중앙집권화를 위하여 지방관을 파견하여 상주하게 하고, 소관 주·군·현 내의 모든 향직(鄕職)을 감독하게 하였으나 관할구역에 대한 수효는 알 길이 없다.

995년에는 전국을 10도(道)로 나누고 10도 소관 내의 행정구역은 128주, 449현, 7진(鎭)으로 나누어 확고한 지방행정체제를 갖추게 되었다. 1018년(현종 9)에는 전국 행정구획에 대한 3차 개혁을 단행하여 전국을 4대도호부(四大都護府), 8목(牧), 56지주군사(知州郡事), 28진장(鎭將), 20현령(縣令)의 제도로 정비하였다.

성종 때 실시한 10도제(十道制)는 당(唐)의 10도제를 형식적으로 모방하여 명칭만 붙인 것이어서 행정구역으로서의 구실은 전혀 못하였다. 그리고 5도제(五道制)가 전국적으로 성립된 것은 예종·인종 이후인데, 도의 책임자인 안찰사(按察使) 역시 지방행정제도의 장관과는 무관하였다.

고려시대의 지방행정기구는 중앙에서 지방관이 파견된 주군(主郡, 領郡)·주현(主縣, 領縣)이 있고, 지방관이 파견되지 않는 속군(屬郡)과 속현(屬縣)이 있었다. 지방행정은 중앙정부와 직접 연결된 주군과 주현이 외관이 파견되지 않는 속군·속현을 간접적으로 지배하고 있었다. 이와 같은 군현제도는 종전에 대호족과 그의 지배를 받던 작은 호족 간의 상하 주속(主屬)의 관계가 군현제의 편성 때에 군현 상호 간의 주속(主屬)관계로 전환된 것으로 보인다. 고려시대의 군현제도는 주군·주현보다는 속군·속현의 수가 더 많았고, 군현제의 편성은 신분적 구조 위에 형성된 점이 있고, 그리고 중앙에서 파견한 외관을 기준으로 구성된 점이 특징을 이루었다.

조선시대의 군현제도를 보면 백성에 대한 향리나 토호의 사적 지배를 막고 중앙집권을 강화하기 위하여 모든 군현에 수령을 파견한 일원적 지배체제를 갖춘 것이 특징이다. 조선시대의 외직(外職)은 전국을 8도로 나누고, 그 밑에 부(府)·목(牧)·군(郡)·현(縣)을 두었고, 군·현의 밑에 면(面)·이(里)를 두고, 오가작통법(五家作統法)24)을 두고 운영하였다.

도(道)에는 관찰사(觀察使)를 두고 모든 군현에 군수(郡守)와 현령(縣令)과 현감(縣監)을 중앙에서 직접 파견하였으며, 고려시대와는 달리 속군(屬郡)·속현(屬縣) 제도가 폐지된 것이 특징이다. 이와 같은 군현제도는 1894년 갑오개혁 때 8도를 23부로 개편하면서 폐지되고, 부(府) 밑에 군(郡)과 면(面)을 두게 되었다. (네이버 백과)

---

24) 오가작통법(五家作統法): 조선시대, 범죄자의 색출과 세금 징수 및 부역 동원 등을 효과적으로 시행하기 위해 다섯 집을 한 통(統)으로 묶던 호적 제도. 조선 초기부터 시행 논의가 있었으나 1485(성종 16)년과 1675(숙종 1)년에 이르러 시행되었다.

● **악종항대(嶽宗恒岱)** : 오악(五嶽)은 동은 태산(泰山), 서는 화산(華山), 남은 형산(衡山), 북은 항산(恒山), 중앙은 숭산(崇山)이니, 이 중에 조종(祖宗)은 항산과 태산이다.

| 자원(字源) |

嶽 산(山)과 옥(獄)의 합자니, 옥(獄)처럼 둘려 쌓인 산(山)이니, **큰 산**이다. 악(岳)과 같이 쓴다.

宗 면(宀)과 시(示)의 합자니, 신(示)을 모시는 집(宀)이다. 조선(祖先)의 사당을 모시는 **종가**(宗家)이다.

恒 심(忄)과 긍(亘)의 합자니, 마음(忄)이 한결같이 뻗쳐나가는 **언제나**라는 뜻이다. 마음이 일관함은 항(恒)이고, 행동을 일관함은 상(常)이다.

岱 대(代)와 산(山)의 합자인 형성자(形聲字)니, 《설문(說文)》에 '대(岱)는 대산(大山)이니, 산(山)을 쫓고 대(岱)의 음이다.'고 했으니, 곧 큰 산인 **태산**을 말한다.

에세이

필자는 항산(恒山)은 가보지 못했으나 대산(岱山) 즉 태산(泰山)은 두 번에 걸쳐 올라가 봤다. 공자께서 태어난 산동성 곡부(曲阜)에서 약 50여 리 떨어진 곳에 있다.

이 태산은 예부터 중국의 천자가 하늘에 제사를 올리던 곳으로, 높이가 1524m인 아주 유명한 산이다. 이곳에는 진(秦)나라 재상 이사(李斯)가 중국 천하의 문자를 통일하여 소전(小篆)이라는 글자로 만들고 이를 기념하여 "태산각석(泰山刻石)"을 태산의 커다란 바위에 새겼는데, 글자가 커서 멀리서도 뚜렷하게 보인다. 이 외에 바위마다 각자(刻字)한 글씨가 너무 많다. 4000여 년을 내려오면서 수많은 사람들이 바위에 흔적을 남긴 글씨들이므로 귀중한 문화유산이 된다.

필자는 2007년 11월에 지우(知友) 3인과 같이 태산에 올랐는데, 먼저 케이블카를 타고 정상부근에 내린 다음 천가(天街)를 거쳐서 상봉에 있는 옥황정에서 염리대왕께 인사를 하고 돌아왔다. 이곳에서 필자는 장시(長詩) 한 수를 지었으니, 다음과 같다.

작 일 출 한 성
昨日出漢城　　지난날 서울을 출발하여

멱 태 산 산 동
覓泰山山東　　산동의 태산을 찾았네.

조 조 승 세 차
早朝乘貰車　　이른 아침 세낸 차를 타니

동 행 사 인 동
同行四人同　　동행한 4인이 동석했네.

백 하 적 첩 첩
白霞積疊疊　　안개는 첩첩이 쌓였고

천 음 일 무 중
天陰日霧中　　구름 끼여 해는 안갯속에 있네.

향 고 등 삭 도
向高登索道　　높은 곳 향해 삭도(索道)를 탔고

天街訪廟宮　천가(天街)에서 묘궁(廟宮)을 찾았네.

寒風往往來　찬바람 이따금 불고

積雪知節冬　눈 쌓여 겨울임을 아네.

霧花樹樹發　무화(霧花)는 나무마다 피고

珊角林林容　산호 뿔은 나무들의 용모(容貌)라네.

登頂無四海　산정에 오르니 사해(四海)는 보이지 않고

閻王惟獨居　염라대왕만이 홀로 산다 하네.

開闢破天荒　개벽(開闢)으로 천황(天荒)을 깨니

羲黃文明初　처음으로 복희·황제가 문명한 세상 만들었네.

玉皇頂天家　옥황정의 하늘 집 있으니

太上老君廬　태상노군(太上老君)의 집이네.

素願訪此處　이곳 방문하는 것 평소 소원이었으니

耳順尙遲徐　이순(耳順, 60세)은 오히려 늦은 것이네.

- **선주운정(禪主云亭)** : 태산에서 천자가 봉선(封禪)을 하니, 주로 산내에 있는 운운산(云云山)과 정정산(亭亭山)에서 한다.

| 자원(字源) |

禪 《설문(說文)》에는 "선(禪)은 천제(天祭)니 시(示)를 따르고 단(單)의 소리이다."고 하였다. 단(單)과 시(示, 神)의 합자로 보면, 정신(示)을 단(單)일화 시키는 **좌선**이다. 신(仙)이 뇌는 방법이다.

主 왕(王)자 위에 점(ヽ)을 찍어서 **임금**(王)이란 뜻에 역점을 두었으니, 그는 나라의 **주인**이란 뜻이다.

云 본래는 구름을 상형한 글자이다. 구름은 증기가 부동하는 것이다. 공기를 파동하는 **말**이란 뜻으로 빌어서 쓰게 된 것이다.

亭 亩(高)와 정(丁)의 합자니, 높은(高) 곳에 서(丁) 있는 공각(空閣)이다.

에세이

봉선(封禪)은 천자(天子)가 태산에 올라 천지의 신령께 제사를 올리는 의식을 말한다.

사마천(司馬遷)의 아버지 사마담(司馬談)은 태사령(太史令)의 직책에 있으면서 무제(武帝)가 거행한 태산(泰山)에서의 봉선의식(封禪儀式)에 참석함을 허락 받지 못했다. 태사령은 천문 관측, 역법의 제정, 국가 대사와 조정 의례의 기록 등을 담당하는 관리였다. 그는 이것을 괴롭게 여긴 나머지 분사(憤死)하였으며, 아들 사마천에게 '사기(史記)'를 기술하라는 유지(有志)를 남긴다.

봉선(封禪)이 무엇이기에 사마담에게 평생의 한(恨)으로 남게 했는가? 봉(封)이란 옥으로 만든 판에 원문을 적어 돌로 만든 상자에 봉하여 천신(天神)에게 축원(祝願)하는 것이고, 선(禪)이란 토단을 만들어 지신(地神)에게 축원(祝願)하는 것이다. 즉 제왕(帝王)이 천지(天地)의 신께 제사지내는 의식을 말한다.

봉선(封禪)의 목적은 새로운 왕조(王朝)의 탄생과 왕위(王位) 교체(交替)의 정당성을 신명(神明)께 선포하는 것이다. 동시에 자신의 공업을 과시하는 의식이다. 이는 곧 왕권의 신성성을 표출하며, 한(漢)의 신하에게는 긍지와 자부심을 갖게 하는 의식인 것이다. 사마천은 태사령의 직책을 이어 받아 무제의 봉선의식에 참여하며 아버지가 못다 했던 한을 풀어야 했다. 그는 사기(史記)의 서(書)에 봉선서(封禪書)라 하여 봉선의 역사를 기록하였다.

서(書)는 정치와 문화, 제도 등을 기록한 문화제도사적인 서술이다. 한 분야에 대해 상고(上古)로부터 무제(武帝) 집권기까지의 유래와 변천을 적었다.

순(舜)에서 시작하여 무제(武帝)에 이르기까지의 봉선 의식은 끊이지 않았다. 봉선서에서 "자고(自古)이래로 천명을 받은 제왕이 어찌 봉선(封禪)을 행하지 않을 수 있겠는가?"라고 하였다. 이는 봉선(封禪)을 통해서 강력한 왕권에 신성성을 부여하며, 인간인 왕이 신

(神)이 되기 위해 치러야 하는 통과의례라 생각된다. 봉선을 행한 대표적인 장소는 태산(泰山)으로 역대 72명의 황제들이 제사를 지냈다. 그 중 진시황과 한무제의 봉선이 주목을 끈다.

진시황은 B.C. 219년 동쪽으로 순행(巡行)을 단행한다. 이때 순행에서 태산(泰山)에 올라 제단을 쌓고 천신(天神)과 지신(地神)에 제사하던 봉선의식을 행했다. 봉선은 오직 천자만이 지낼 수 있는 특권적 제사라는 점에서 사마천은 사기에서 봉선대전(封禪大典)이라고 표현하고 있다.

시황제의 봉선은 불로장생을 기원한 의식으로 여러 방사(方士)들의 농간과 유생(儒生)들을 배척한 독단적인 의식이었다. 진시황이 봉선제를 행한 다음, 하산하는 길에 폭풍우를 만나 나무 아래서 피신하는 일이 있었다. 이 광경을 지켜본 유생들은 그가 지낸 봉선제를 비웃있다. 이것은 소위 그 덕행이 갖추어지지 않고는 봉선의 예를 억지로 행할 수 없다며 사마천은 평가를 하고 있다.

한무제(漢武帝)는 귀신(鬼神)에게 제사함을 숭상하였다고 기술하고 있다. 무제는 제위 중 5회의 대규모 봉선을 거행했을 정도로 의식에 빠져 있었다. 이것은 무제 통치의 이면사를 그리려는 사마천의 의도가 아니었을까, 하는 생각이 든다.

무제는 전한(前漢)의 전성기를 누렸을 정도로 많은 업적을 남겼으며 황권(皇權) 또한 막강하였다. 그런 무제가 봉선과 방술에 빠져 방사(方士)의 농간에 놀아나는 모습을 여러 페이지에 기록한 것은 일종의 복수가 아니었을까? 무제는 공손홍, 이소군, 소옹, 난대 등 방사들을 가까이 했다. 방술과 불로장생설, 귀신을 부리는 그들의 거짓된 모습에 빠져 수많은 제사를 지내며 권력을 신비화하고 신격화 시켰다. 물론 무제가 단순히 봉선에 빠져 있는 것은 아니었다.

그는 교묘하게 신성성을 보여주기도 했다. 봉선대전에 대해 천지가 황제에게 지상의 통치권을 독점적으로 수여한다는 표징(標徵)을 보여주어야 의식의 효과가 극대화된다. 이를 고려하여 무제는 봉선대전에 맞춰 이국땅에서 가져온 기이한 새와 짐승을 태산에 풀어놓았다. 그리고 기린과 봉황이 출현했다며 천지가 감응해서 지상의 독점적 지배력을 인정한다는 것을 보여준 것이다.

전한(前漢) 이래로 봉선대전을 중요시했기에 사마천은 봉선서를 기술했을 것이다. 그는 태사령으로서 사마담이 갈망했던 봉선을 거행하였다. (네이버 백과)

• **안문자새(雁門紫塞)** : 안문(雁門)과 자새(紫塞)와

| 자원(字源) |

雁 엄(厂)은 나는 형상을 그린 것이니, 사람(亻)처럼 기후를 알고 날아(厂)가는데 질서가 있는 새(隹)는 **기러기**다.

門 문(門) 두 쪽을 닫아놓은 형상이다. 외쪽 분은 호(戶)인네, 두 쪽문이 **문**(門)이다. 동성(同姓)을 통칭해서는 문중(門中)이라 하고, 인가(人家)를 단칭해서는 호구(戶口)라 한다.

紫 차(此)와 사(糸)의 합자니, 이(此) 실(糸) 빛은 흑과 적의 간색이 제일이니, 일광(日光)에 나타난 칠색(七色) 중에는 **자색**(紫色)이 첫째인 것이다.

塞 実(건)은 집의 틈인데 토(土)는 흙이니, 흙(土)으로 틈을 **막는** 것이다.

에세이

중국 북방에는 운상(雲上)에 높이 솟은 고봉(高峰)들이 많은데, 이 고봉(高峰) 사이를 기러기가 왕래한다는 안문산이 있고, 또 서방(西

方)의 가욕관(嘉峪關)에서 동방의 산해관(山海關)에 이르는 만리장성이라는 장새(長塞)가 있어서 그 빛이 자색(紫色)이므로 자색(紫塞)이라 하였다. 아래에 안문산 토굴 속에서 1000년을 살아가는 선녀이야기를 하려고 한다.

중국 당나라 개원(開元) 연간의 오대산(五大山)에 많은 중〔僧〕이 모여든 일이 있었다. 대주(代州) 도독(都督)은, 중들이 자신들의 숫자가 많다는 것을 믿고 나쁜 행위를 할 기미가 보이자, 절을 가지고 있지 않은 중들은 죽이라고 병사들에게 명령하였다. 이때 중들은 사방으로 흩어지게 되었는데, 그들 가운데 법랑(法郞)이라는 중이 있었다. 그는 일행과 헤어져 안무산 깊숙이 숨어들었다. 깊은 산속을 헤매던 어느 날, 그는 간신히 사람이 몸을 들이밀어 숨길 수 있는 바위틈의 구멍 하나를 발견하였다. 그는 그곳에서 잠시 몸을 숨기기로 했다. 법랑은 피신하기 위하여 미리 마른 양식을 준비하였기 때문에 열흘 정도는 굶을 염려가 없었다. 그런데 동굴은 생각보다 훨씬 깊었다. 호기심에서 안으로 들어가 보니, 굴이 호리병처럼 생겨서 입구는 좁은데 그곳을 지나면서 점점 넓어졌다. 그리고는 마침내 동굴을 벗어나니, 해와 달이 중천에 떠있었고 거기에는 넓은 땅이 있었다. 유리알처럼 맑은 개울이 흐르고 온갖 나무들이 우거진 별천지가 나타났다. 참 이상한 곳이다. 생각하면서 발길을 옮기는데 앞에 풀로 지붕을 이은 초가가 보였다. 그 안에는 젊은 여인 셋이 풀잎으로 간신히 아래만 가린 채 이야기를 나누고 있었다. 모두가 젊고 살갗에 윤기가 흘렀다. 여인들은 법랑을 보자, 크게 놀라며 "당신은 사람입니까, 잔나비입니까? 옷을 입은 잔나비는 처음이지만…" 하고 물었다. 법랑은 기가 막혀서 "나도 사람이외다."고 하였다. 그러자 여인들은 깔깔 웃으며 "그런 묘한 인간이 어디 있습니까?"라고 말했다.

　법랑은 벌컥 화를 냈다. "너희들이야말로 인간이냐! 젊은 계집들이 거의 알몸이 되어서 창피한 줄도 모르고… 그렇다고 부처님을 모시는 내가 마음이 동할 줄 알았더냐." 그러자 여인들은 의아스러운 얼굴이 되어 물었다. "부처님이 누구시옵니까?" 법랑이 대충 부처님의 이야기를 들려주자, "별나게 착한 요괴도 있군요."라고 하며 고개를 끄덕였다. 다시 법랑이 그들에게 물었다. "그래, 너희들은 누구이며, 이곳은 뭐라고 하는 곳인가?" 그러자 여인들은 먼 기억을 더듬듯 말했다. "우리는 진(秦)나라의 백성인데, 몽염(蒙恬)장군에게 내몰려 만리장성을 쌓는데 동원되었지요. 남정네만으로는 인력이 모자라 아녀자들까지도 끌려갔던 것입니다. 우리 셋은 그 고초를 견딜 수 없어 탈출하여 이곳에 숨어들었습니다. 그러나 먹을 것이 있어야지요. 그래서 하는 수없이 이 근치인 초근(草根)을 먹을 수밖에 없었습니다. 그런데 그 풀들은 모두 선초(仙草)였지요. 그 덕택에 우리는 불로불사를 누리고 있는 것입니다. 이곳에 온 이후 얼마나 세월이 흘렀는지 모릅니다. 물론 바깥 세상에 나가본 일도 없습니다."

　진(秦)나라 때라면 무려 천 년 전의 일이 아닌가! 여인들은 법랑에게 선초를 먹고 살기를 간청했으나, 그것은 구역질이 나고 써서 도저히 입에 댈 수가 없었다. 법랑은 달포 가량 그곳에 머물렀으나 지니고 있던 마른 양식도 떨어져 바깥 세상에 나가 먹을 것을 가져오겠다고 하고 동굴을 나왔다. 얼마 후, 대주에 가서 식량을 한 짐 짊어지고 다시 안문산 깊숙이 찾아 왔으나, 다시는 그 작은 동굴을 찾아낼 수가 없었다. (네이버 백과)

• **계전적성(鷄田赤城)** : 새외(塞外)의 광막(曠漠)한 지역을 계전(鷄田)이라 하고, 또한 적성(赤城)이라 하여 치우(蚩尤)가 거주한 지역이 있다.

| 자원(字源) |

鷄 해(奚)와 초(隹)의 합자니, 어느(奚) 때를 아는 새(隹)는 **닭**이다. 초(隹)를 조(鳥)로 바꾸어 써도(鷄) 된다.

田 □은 경계선이고 십(十)은 다니는 길이니, 곡식을 경작하는 **밭**이다. 물을 대게 만든 밭은 답(畓)이고, 불을 태워서 만든 밭은 전(畑)이다.

赤 본시 대(大)와 화(火)의 합자였던 것이 변했으니, 큰(大) 불(火)은 **붉은** 것이다. 정적색은 주(朱)고, 적백 간색은 홍(紅)이고, 적흑 간색은 자(紫)다.

城 토(土)와 성(成)의 합자니, 흙(土)을 모아서 적군을 막도록 된(成) **성(城)**이다. 성(城)은 수도를 방비하는 것이니, 그밖에 못을 파고 또 둘러싼 외선은 곽(郭)이다.

《성호사설(星湖僿說)》 경사문(經史門) 여형(呂刑)[25]에 보면,

"옛날부터 교훈이 있는데 치우(蚩尤)가 최초로 난을 일으켰다."

고 하고, 이어서

"삼묘(三苗)의 백성은 착한 행동을 하지 않으므로 형법을 마련하여 다섯 가지의 학형(虐刑)을 사용했다."고 하였다.

그 주(注)에는 《국어(國語)》의 '소호(少昊)가 쇠해질 무렵에 구려(九黎)가 혼란을 일으키자, 백성과 귀신이 서로 뒤섞여서 집집마다 무당이 생기게 되었고, 나중에 와서 삼묘(三苗)가 다시 구려를 회복시켰다.'는 말을 인용하였다.

이 문맥(文脈)으로 본다면, 이 구려는 바로 치우의 나라였던 것이다. 공안국(孔安國)도 "구려의 임금 이름은 치우이다. 이 치우는 큰 안개를 잘 일으켜서 군사를 혼미하게 만들므로 헌원(軒轅)이 지남거(指南車)를 만들어 정벌했는데, 치우는 남쪽 도둑이었다. 남쪽을 향해 정벌하게 되었던 까닭에 이 지남거 제도를 만들었다. 이는 주공(周公)이 월상(越裳)에 지남거를 하사했다는 것과 같은 의미이다."라고 하였으니, 구려가 바로 삼묘였다는 것을 더욱 증거할 만하다.

지남거란, 지금 패철(佩鐵) 한복판에 지남침(指南針)처럼 만들었던 것인 듯하다. 이 지남침을 수레 속에 붙여서 수레 멍에와 직각이

---

25) 여형(呂刑):《서경》의 편명이다. 여후(呂侯)가 주 목왕의 명을 받고 하우(夏禹) 시대의 속형(贖刑) 제도를 본받으면서도 좀 더 가벼운 쪽으로 개편하여 포고한 형법이다.

되도록 하여 가는 방향을 구별할 수 있게 하였을 것이다.

《사기(史記)》 '오제본기(五帝本紀)'에는 다음과 같이 기록되어 있다. 신농씨(神農氏)의 세력이 쇠퇴함으로 인하여 세상이 어지러워지자 황제(黃帝)가 각지의 제후(諸侯)들을 정벌하였다. 하지만 치우(蚩尤)는 세력이 막강해 정벌할 수 없었다. 황제는 세력을 정비하여 우선 판천(阪泉)의 전투에서 염제(炎帝)를 복속시켰다. 그리고 치우가 굴복하지 않고 난을 일으키자 군사와 제후를 모아 탁록(涿鹿)[26]에서 전투를 벌여 치우를 죽이고 마침내 신농씨를 대신해 천자(天子)의 자리에 올랐다.

하지만 〈산해경(山海經)〉에는 황제와 치우가 싸운 곳이 기주(冀州)이며, 치우가 먼저 황제를 정벌해 왔다고 반대로 기록되어 있다. 〈산해경〉에 따르면, 치우가 병력을 이끌고 황제를 쳐들어오자, 황제는 응룡(應龍)으로 하여금 기주(冀州) 들판에서 그를 공격하게 하였다. 응룡은 물을 가두어 치우를 막으려 하였으나, 치우는 풍백(風伯)과 우사(雨師)에게 청하여 큰 비바람이 몰아치게 하였다. 황제는 천녀(天女)인 발(魃)을 보내 비를 멈추게 하여 마침내 치우를 죽였다. 이때 치우를 묶었던 차꼬와 수갑에 묻은 피에서 붉은 단풍나무[楓木]가 자랐다.

한편, 조선에서는 조선 후기 이후 치우를 자민족의 역사와 연관시켜 해석하려는 움직임이 나타났다. 조선 숙종 원년인 1675년 북애자(北崖子)가 저술했다고 전해지는 〈규원사화(揆園史話)〉에서 치우는 환웅(桓雄)의 명에 따라 황제와 탁록에서 전쟁을 벌여 승리하여

---

26) 탁록(涿鹿): 중국 상고 시대에 황제(黃帝)가 치우(蚩尤)와 이곳에서 싸워 치우를 죽였다고 한다.

여러 제후의 땅을 빼앗았다고 기록되어 있다. 계연수(桂延壽)가 1911년에 편찬했다고 전해지는 〈환단고기(桓檀古記)〉에서는 치우가 환웅이 세운 신시국의 자오지환웅(慈烏支桓雄)으로 황제와의 전쟁에서 승리한 뒤에 회대(淮岱)와 기연(冀兗)의 모든 땅을 신시의 영토로 삼았다고 기록되어 있다. 그러나 두 책 모두 위서(僞書) 논란과 함께 학계(學界)에서는 일반적으로 역사적 사료로서의 가치는 높게 평가되지 않으며, 사대주의적인 모화사상(慕華思想)을 비판하고 단군(檀君) 중심의 민족주의적 역사의식을 고취하는 데 목적을 둔 것으로 여겨지고 있다. (네이버 백과)

• **곤지갈석(昆池碣石)** : 중국 중에서 유명한 산택(山澤)의 호소
(湖沼)로는 곤명지(昆明池)가 있고, 갈석산(碣石山)이라는 험산(險
山)이 있다.

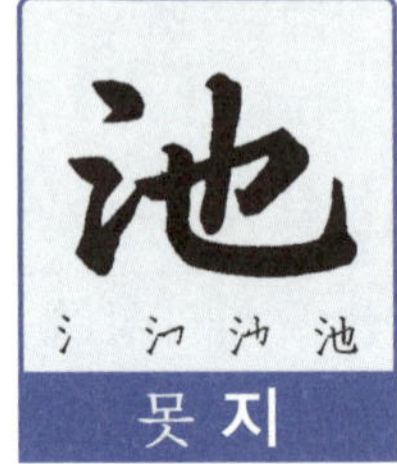
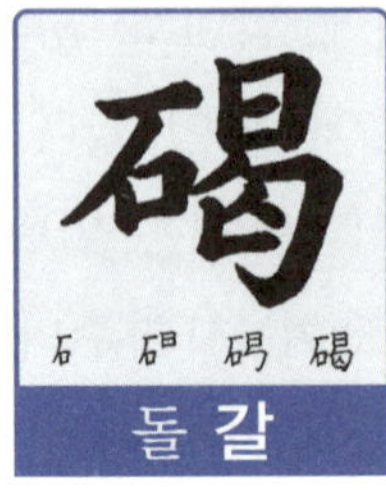

日 昆 昆 昆	氵 汋 沲 池	石 矼 碣 碣	一 厂 石 石
맏 곤	못 지	돌 갈	돌 석

| 자원(字源) |

昆 일(日)과 비(比)의 합자니, 햇빛(日)이 밝은 세계에는 만물이 즐비
(比)해 있으니, 곤(髠)에 통해서는 **형**이란 뜻이 되고, 또 곤(蜫)으로
통해서는 벌레란 뜻도 된다.

池 수(氵)와 야(也)의 합자니, 가두어서 작용을 하지 못해 힘(力)이 없
는(也) 물, 즉 **못**이다. 관개하는 못은 택(澤)이고, 늪으로 된 못은
소(沼)다.

碣 《설문(說文)》에는 「갈(碣)은 특별하게 서 있는 **돌**이고, 석(石)을 따
르는 갈성(曷聲)이다.」고 했으니, 특별히 연이어서 서 있는 바위 군
(群)을 말한다.

石 바위무덤(厂) 아래에 떨어진(口) 것은 **돌**이다. 그런데 곡식 십두(十
斗)를 일석(一石)이라 하니, 그는 묶어놓은 형상이 돌 같기 때문이
다.

한(漢)나라 무제(武帝) 때 곤명지를 팠는데, 지극히 깊은 곳이 다 먹물 같은 시커먼 재뿐이고 다시는 흙이 없었다. 온 조정 사람들이 다 이해하지 못하여 무제가 동방삭(東方朔)에게 물어보니, 동방삭이 말하였다.

"신(臣)은 어리석어서 그 일을 넉넉히 알 수 없습니다. 시험 삼아 서역인(西域人)에게 물어 보십시오."

무제는 동방삭이 모른다고 했기에 다른 사람에게 물어보는 것을 곤란하게 여겼다. 나중에 한(漢)나라 명제(明帝) 때에 이르러 서역의 도인(道人)이 낙양(洛陽)에 들어왔다. 그때 동방삭의 말을 기억하는 이가 있어서, 시험 삼아 무제 때의 먹물 같은 재에 대해서 물어보니 서역의 도인이 말하였다.

"불경(佛經)에 이르기를, 천지가 장차 파멸할 때 겁화(劫火)가 일어난다.'고 했으니, 이것은 겁화의 찌꺼기입니다."고 하였다.

곧 사람들은 동방삭의 말에 취지가 있음을 알았다.

위(魏)나라의 실질적 창업주인 조조(曹操)가 북방의 오환을 물리치고 개선하는 길에 갈석산(碣石山)에 오르면서 즉흥적으로 읊었다는 '관창해(觀滄海)'라는 시를 각자해 놓았다. 갈석산 중턱 바위에 새긴 이 시는 '동쪽으로 갈석산에 이르러 창해를 바라보니'라는 유명한 구절로 시작한다. 중국 하북성 서부 진황도시(秦皇島市)의 창려현(昌黎縣) 소재 갈석산은 발해만을 굽어보는 평야지대에 우뚝 솟아 있어 위압감을 주며, 그래서 역대 중국의 제왕들에게도 신악(神岳)으로 간주되기도 했다. 그러면 아래에 조조가 읊은 '관창해

(觀滄海)'를 싣는다.

동 림 갈 석 東臨碣石	동으로 갈석(碣石)에 임하여
이 관 창 해 以觀滄海	창해(滄海)를 바라보니
수 하 담 담 水河淡淡	물과 하수는 담담(淡淡)하고
산 도 송 치 山島竦峙	산도(山島)는 우뚝 솟았네.
수 목 총 생 樹木叢生	수목(樹木)은 울창하고
백 초 풍 무 百草豐茂	백초(百草)는 무성하네.
추 풍 소 슬 秋風蕭瑟	가을바람 소슬하니
홍 파 용 기 洪波涌起	넓은 파도 솟아오르네.
일 월 지 행 日月之行	해와 달이 운행하면서
약 출 기 중 若出其中	그 가운데에 나오는 듯하구나.
성 한 찬 란 星漢粲爛	별과 은하수는 찬란하니
약 출 기 리 若出其裏	그 속에서 나오는 듯하네.
행 심 지 재 幸甚至哉	다행히 이곳에 이르렀으니
가 이 언 지 歌以言志	언지(言志)를 노래하네.

• **거야동정(鉅野洞庭)** : 거야(鉅野)라는 광막(曠漠)한 습지(濕地)의 평야가 있고, 동정(洞庭)이라는 묘망(渺茫)한 큰 호수가 있다.

수 金 鉅 鉅
클 거

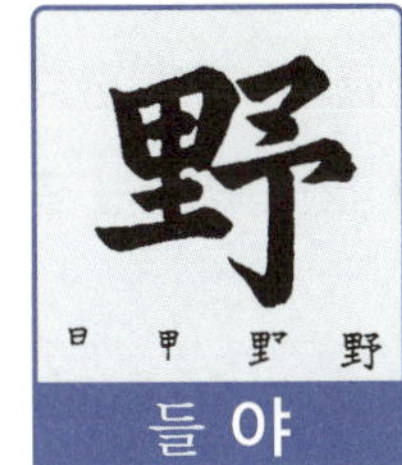

曰 甲 野 野
들 야

氵 汩 泂 洞
골 동

广 庄 庭 庭
뜰 정

| 자원(字源) |

鉅 《설문(說文)》에는 「거(鉅)는 크고 굳센 것이고 금(金)을 따르며, 거(巨)는 성(聲)이다.」고 했으니, **크고 굳센** 것을 말한다.

野 리(里)와 여(予)의 합자니, 나(予)의 마을(里)에서 농사짓는 전토(田土)는 각자 내(予)가 소유한 **들**이다. 임(林)자 아래에 토(土)자를 써도 동일한 글자(埜)이다.

洞 수(氵)와 동(同)의 합자니, 여러 골의 물(氵)이 같은(同) 내로 모이는 **동리**이다. 시냇가의 고을마을은 동(洞)이고, 전토(田土)가 있는 마을은 리(里)며, 수목(樹木)이 있는 마을은 촌(村)이다.

庭 엄(广)과 정(廷)의 합자니, 정(廷)은 정부의 조회하는 광장이라. 가정집(广)의 광장은 뜰이다. 따라서 전 가족이 모이는 광장이므로 **가정**이란 뜻이 되었다.

거야(鉅野)는 택수(澤藪)의 이름으로 산동성 거현(鉅縣) 북방에 위치하여 일명 대야(大野), 또는 거택(巨澤)이라 한다. 《사기(史記)》에 노(魯)의 애공(哀公)이 대야(大野)를 방문했다는 가록이 있는데, 이곳이 거야(鉅野)이다.

동정(洞庭)은 호남성 북부와 양자강 남안에 위치한 동정호(洞庭湖)를 가리킨다. '팔백리동정(八百里洞庭)'이라는 말이 전해 내려올 만큼 동정호는 크고 넓은데, 실제로는 중국에서 두 번째로 큰 담수호(淡水湖)이다. 호수 중에서 섬이 많아 풍광이 아름답고, 호숫가에 악양루(岳陽樓)를 비롯한 명승고적이 많은 곳으로도 유명하다. 그러면 아래에 두보(杜甫)가 읊은 등악양루(登岳陽樓)를 싣는다.

석문동정수 昔聞洞庭水	옛적 동정호란 이름 들었는데
금상악양루 今上岳陽樓	오늘 악양루(岳陽樓)에 올랐네.
오초동남탁 吳楚東南坼	오나라와 초나라는 동남으로 열렸고
건곤일야부 乾坤日夜浮	해와 달은 일야(日夜)로 떠오르네.
친붕무일자 親朋無一字	친한 벗이 하나도 없는데
노병유고주 老病有孤舟	병든 늙은이 고주(孤舟)에 있네.
융마관산북 戎馬關山北	군병(軍兵)들은 관북(關北)에 있으니
빙헌체사류 憑軒涕泗流	누각 의지하여 눈물만 흘린다네.

● **광원면막(曠遠綿邈)** : 구주(九州) 안에는 변새(邊塞)와 호소(湖沼) 등이 광원(廣遠)하게 계속되어 있어서 아득하게 멀고,

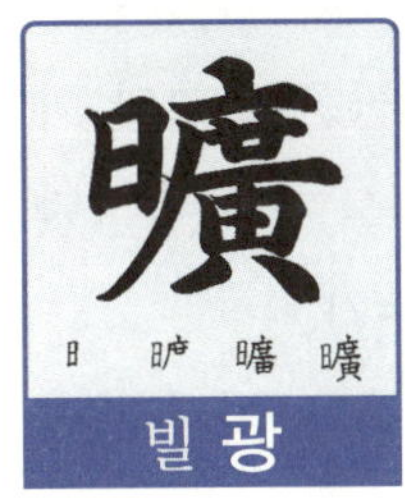

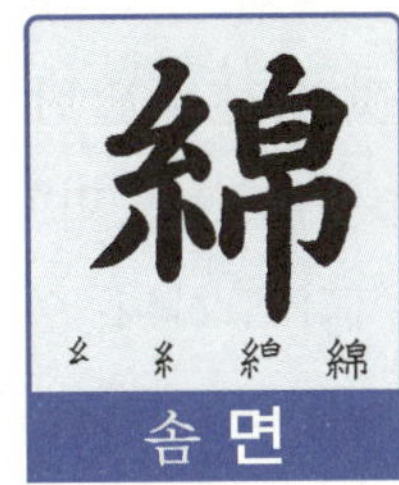

| 자원(字源) |

曠 일(日)과 광(廣)이 합한 형성자(形聲字)니, 《설문(說文)》에는 「광(曠)은 밝음이니, 일(日)을 따르고 광(廣)의 음이다.」고 하였으니, 해(日)가 **밝은** 것이다.

遠 원(袁)과 착(辶)의 합자니, 원(袁)은 옷이 긴 것이니, 가는 길(辶)이 긴 것은 **먼** 것이다. 간 길이 먼 것은 원(遠)이고, 본 길이 먼 것은 요(遙)며, 가깝고도 먼 것은 하(遐)다.

綿 사(糸)와 백(帛)의 합자니, 포백(帛)을 짜는 것은 실(糸)인데, 실을 만드는 **솜**이다.

邈 착(辶)과 모(貌)가 합한 형성자(形聲字)니, 《설문(說文)》에는 「막(邈)은 원(遠)이니, 착(辶)을 따르고 모(貌)의 음이다.」고 해서 **먼** 것을 뜻한다.

에세이

중국은 지형이 너무 넓어서 넓은 평야도 있고 높은 산도 많으며,

넓은 호수도 많고 한없이 넓은 초원(草原)도 늪지도 있다. 그러므로 우리 대한민국에서 보지 못한 많은 것을 볼 수가 있어서 좋다.

필자도 중국여행을 십수 번 했는데, 한 번은 대련에서 심양까지 자가용을 타고 여섯 시간을 달린 적이 있는데, 내내 산은 조그만 야산뿐 모두 넓은 들뿐이었다. 비행기를 타고 두 시간을 가도 평야만 보이는 곳이 중국이라고 하니, 이 어찌 넓다고 않겠는가!

그런가 하면, 심산으로 들어가면 온통 산뿐이고 들은 보이지 않아서 노벨문학상을 받은 펄벅의 《대지(大地)》에서는 산속으로 도망한 패잔병들이 첩첩산중에서 남쪽의 아군을 찾아서 헤매는 모습을 그린 것을 볼 수가 있다.

필자는 2010년에 소림사를 거쳐서 숭산(嵩山, 1440m)에 올랐는데, 산의 뒤쪽에는 바위가 모두 우뚝우뚝 서 있는 절경 중의 절경이었다. 소림사에서는 무술 시범을 보았는데 명성보다는 약간 실망하였다. 그러나 중국 오악(五嶽) 중의 중악(中岳)인 숭산에서는 우리가 생각했던 것보다 훨씬 더 아름다운 풍경을 볼 수가 있어서 좋았다.

이렇듯 중국은 땅이 하도 넓어서 높은 산, 깊은 호수, 넓은 초원 등 많은 것이 있다는 것이다.

▲ 숭산전경

• **암수묘명(巖岫杳冥)** : 심산유곡(深山幽谷)의 암석(巖石) 사이
는 굴혈(窟穴) 같아서 심오(深奧)하고 침울(沈鬱)할 뿐이다.

자원(字源)

巖 산(山)과 엄(嚴)이 합한 형성자(形聲字)니, 엄(嚴)한 산(山)은 온통
바위 덤이다.

岫 산(山)과 유(由)의 형성자(形聲字)니, 《설문(說文)》에 "수(岫)는 산
에 굴이 있는 것이고, 유(由)는 음이다."고 했으니, **산 굴**을 말한다.

杳 목(木)과 일(日)이 합한 회의자(會意字)니, 《설문(說文)》에 "묘(杳)는
어둔 것이고, 해가 나무 아래에 있다."고 했으니, 일(日)이 목하(木
下)에 있는 것은 해가 서쪽으로 져서 **어두워지는** 뜻이다.

冥 멱(冖)과 일(日)과 육(六)의 합자니, 태양(日)이 음수(六)에 걸려서
덮였(冖)으니 **어두운** 것이다.

에세이

이 문구는 중국의 장가계나 원가계 같은 곳을 말한 듯하다. 필자
가 10여 년 전에 이곳 장가계를 유람한 일이 있는데, 이 지구상에서

유일한 곳이라는 느낌을 받았다. 사진에서 보이는 바와 같이 사람은 감히 올라갈 수 없는 뾰쪽뾰쪽하게 돌출하여 하늘을 향하여 뻗어 올라간 봉우리들이 하루 종일 돌아다니면서 구경을 해도 다 구경하지 못할 정도로 많으니, 일설에는 금강산은 일만 이천 봉이라고 하는데 반하여, 이곳 장가계는 십이만 이천 봉이라고 한다.

원가계도 매한가지여서 필자는 장가계에서 하루 유람하고 그 다음날은 원가계를 유람한 기억이 있다.

▲ 장가계와 원가계

제 12 장 농정(農政)과 보신(保身)

● 치본어농(治本於農) : 정치는 농업에 근본하고

| 자원(字源) |

治 본래는 물 이름이었으나, 수(氵)는 평평한 수면이고, 이(台)는 일하는 나니, 내(台)가 무엇을 평하게 **다스리는** 것이다.

本 목(木)과 일(一)의 합자니, 초목의 원 뿌리를 점으로 표시한 것이고, 이는 즉 **근본**이다. 근거하는 것은 본(本)이고, 창시하는 것은 종(宗)이며, 으뜸이 되는 것은 원(元)이다.

於 본시는 까마귀(烏)를 상형한 것인데, 그 소리는 '아' 하니 음은 아로써 **탄성**으로 쓰고, 또 아가 우로 변음해서 우(于)로 통하여 장소를 표시하는 **전치사**가 되었으니, 지금은 '어'로 쓴다.

農 곡(曲)은 상세한 것이고 신(辰)은 계절의 때니, 상세(曲)하게 사시(辰)의 변화를 따라서 곡식을 가꿔서 수확하는 **농사**이다. 경작함은 가(稼)고, 수확함은 색(穡)이다.

에세이

　예부터 "농사는 천하의 대본(大本)이다."라고 했다. 왜냐하면 농사는 사람이 먹고사는 문제를 해결하는 가장 중요한 산업으로, 사람이 아무리 돈이 많은 부자라 할지라도 결국 먹고사는 문제는 농사의 결실로 얻은 곡식으로 해결한다. 그래서 태고(太古)적에 농사를 짓기 시작한 때부터 산업화가 되기 전까지는 농사가 가장 큰 산업이었으니, 고조선부터 근세조선까지는 농사가 가장 주된 국가의 산업이었다. 그러므로 농자천하지대본(農者天下之大本)이라고 했다.

지금은 산업화가 되어서 기업을 운영하여 물건을 많이 만들어서 세계에 내다 팔아서 그 남은 이익금으로 곡식과 식재료를 사서 음식을 해먹는다. 그러므로 돈만 있으면 누구나 잘살 수가 있는 편리한 세상이 되었다.

그러나 오늘과 같은 문명이 발달한 시대에서도 밥을 먹지 않고는 살 수가 없는 것이 우리 인간의 숙명이다. 그러므로 농사는 아직도 치도(治道)의 근본이 되는 셈이다. 그리고 요즘은 산업화의 부산물인 오염물질의 만연으로 인하여 아무거나 먹어서는 안 되는 세상이 되었고, 또한 공기와 물의 오염으로 인한 가지각색의 질병이 만연한다. 특히 질병에 약한 어린아이를 키우기가 매우 어려운 세상이 되었으니, 이는 각종 식재료의 오염에 의하여 다양한 질병에 노출되고 있는 것이다.

이러므로 필자는 매년 주말농장을 운영하여 우리 집에서 먹는 식재료는 거의 다 주말농장에서 해결을 한다. 자기가 먹을 채소를 직접 재배하여 먹으니, 이보다 더 안전하고 좋은 방법은 없다. 그러므로 우리 집의 근본은 주말농장이 된다.

● **무자가색(務玆稼穡)** : 그러므로 농사를 짓는 사람은 씨를 뿌리고 익은 곡식을 거두는 일에 힘써야 한다.

| 자원(字源) |

務 모(矛)와 복(攵)과 역(力)의 합자니, 창(矛)을 들고 매를 치는(攵) 감독을 받으면서 **힘(力)써 일하는** 것이다. 쉬지 않고 일함은 노(努)고, 면하려고 힘씀은 면(勉)이다.

玆 초(艹)와 사(糸, 絲)의 합자니, 풀(艹)이 실(絲)처럼 길게 자라나는 것이다. **이에** 시간적으로 자라나니 음은 자다. 공간적으로 이에는 원(爰)이고, 상대적으로 이에는 내(乃)다.

稼 화(禾)와 가(家)를 합한 형성자(形聲字)니, 《설문(說文)》에는 「벼(禾)를 심어 열매를 맺게 하는 것은 가(稼)고, 줄기와 마디를 화(禾)라 하고, 화(禾)와 가(家)의 음을 따랐다.」고 하였으니, 이는 벼(禾)를 **심는** 것이다.

穡 화(禾)와 색(嗇)을 합한 형성자(形聲字)니, 《설문(說文)》에는 「곡식을 **거두는** 것을 색(穡)이라 하고, 색(嗇)을 따른 음이다.」고 하였으니, 곡식을 **거두는** 것이다.

농사는 가색(稼穡) 즉 봄이 되면 씨를 뿌리고, 가을이 되면 익은 곡식을 거둬들이는 것을 때를 맞추어서 잘해야 한다. 만약 실농(失農)하여 봄에 씨 뿌릴 때를 잃고 가을에 거둬들일 때를 잃으면, 폐농(廢農)이 되어서 당장 먹고 살 곡식이 없게 된다.

그래서 조선시대에는 공역(公役)과 군역(軍役)을 할 때는 반드시 농사철을 피했다는 기록이 있다. 이렇게 국가의 일을 할 때도 농사를 중히 여겨서 그 시기에는 농사만 짓도록 하였으니, 이러므로 농자(農者)는 천하의 대본(大本)이 되는 것이다.

필자는 주말농장을 십수 년 경영했는데, 어느 해인가는 봄에 비가 오지 않아서 씨를 뿌려도 싹이 트지 않아서 매일매일 비가 오기만 기다렸는데, 비가 너무 늦게 와서 일반 삭물의 씨를 뿌리지 못하고 메밀의 씨를 뿌렸다. 그러나 이미 실기(失期)가 되었으니, 메밀이 싹을 트긴 했으나 꽃을 피우지 못한 시기에 가을의 추수의 시기가 왔으므로 수확을 거둬들이지 못한 경험이 있다.

실기(失期)라는 것은 농사에만 있는 것은 아니다. 자식을 키우는 데도 적절한 시기가 있으니, 제 나이에 학교에 들어가서 공부를 해야지, 만약 사정에 의하여 제때에 학교에 들어가지 못하고 나이를 많이 먹은 뒤에 들어가면 물론 학교는 졸업을 하겠지만, 이제는 취직하는 나이가 훨씬 넘었으므로 그 졸업장으로 취직하여 들어갈 곳이 없게 되는 것이다. 슬픈 일이 아닌가!

필자는 아들 둘을 두었는데 모두 공무원이 되었다. 그래서 며느리도 첫째는 시청의 공무원이고, 둘째는 초등학교의 교사이니 자식농사를 잘한 편에 속한다. 농사꾼은 진실하다. 왜냐면 재배하는 작물이 진실하기 때문에 그에게서 진실을 배운다. 공무원도 매한가지다. 국가에서 주는 월급을 받고서 매일매일 공무로 보답을 할 뿐이니 말이다.

• **숙재남묘(俶載南畝)** : 비로소 남묘에서 일을 시작하여

| 자원(字源) |

俶 인(亻)과 숙(叔)의 합자니, 《설문(說文)》에는 '숙(俶)은 착함이니, 음은 숙성(叔聲)이다.'고 하였다. 본의(本義)는 숙(俶)은 숙(淑)과 통하니, **비로소** 시(始)자와두 통한다고 하였다.

載 재(𢦏)와 거(車)의 합자니, 차(車)에 물건이 떨어지지 않게 장치해서 (𢦏) **싣는** 것이니, 음은 재다.

南 십(十)은 사방을 표시하는데, 위는 **남쪽**이고 아래는 북쪽이다. 그 북쪽의 음기가 남쪽의 양을 침범(羊)하려고 해서 그것을 덮어서 (冂) 양(陽)을 보호했다.

畝 원래는 전(田)과 십(十, 久)의 합자니, 십(十)보 평방되는 밭(田) 면적을 명칭하였던 것이 또 씨 뿌리는 뚝, 즉 **고랑**이란 뜻이 되어 十을 亠으로 하였다. 음은 묘니 싹(苗)이 나는 밭이다.

에세이

　곡식의 씨를 부리고 묘(苗)를 심는다는 것은 우리의 삶과 직접 연

관이 된다. 만약 봄에 씨를 뿌리지 않으면 가을에 수확을 할 수가 없다. 가을에 수확을 하지 못하면 겨울을 나지 못하므로, 이는 굶주림만이 기다릴 뿐이다.

6.25동란이 일어났을 때에 한창 모내기를 하던 시기였는데, 전쟁이 났으므로 긴급 상황에서 피난을 가면서 논에 벼의 묘를 뿌려놓고 피난한 사람은 나중에 돌아와서 어느 정도는 수확을 하였는데, 묘를 뿌리지 않고 피난한 사람은 가을에 돌아와서 한 톨의 쌀도 수확을 못했다는 말을 할머니께 들은 기억이 있다.

그러므로 파종을 한다는 것은 정말 귀중한 일이다. 이도 적기를 잘 찾아서 파종을 해야지 시기를 놓치면 풍성한 수확을 기대하기는 곤란하다.

사람을 키우는 교육도 이 농사와 똑같다. 우리가 아이들을 키울 때에 제때에 학교에 보내서 공부를 해야지, 이를 놓치면 자칫 공부를 해서 그것으로 생활을 영위하기는 곤란하게 된다. 왜냐면 사람이 살아가는 데는 자기의 나이와 비례가 되어서 그 시기를 놓치면 학문을 해서 얻을 수 있는 직장을 갖기가 매우 곤란하게 된다.

그러므로 공부도 시기가 있고, 파종도 시기가 있어서 그 시기를 적절하게 활용하는 사람만이 성공을 하는 것이고 잘사는 것이다. 독자 여러분은 이를 유념할 일이다.

• **아예서직(我藝黍稷)** : 나는 기장과 피를 심는다.

| **자원(字源)** |

我 수(手)와 과(戈)의 합자니, 손(手)에 창(戈)을 가지고 해치려고 오는 적을 막는 **나**다. 말하는 나는 오(吾)고, 싸우는 나는 아(我)니, 오 (吾)는 첫째고, 아(我)는 다음(亞)이라 음은 아다.

藝 예(埶)는 나무를 가지고(丸) 땅(坴)에다 **심는** 것인데, 또 초(++)를 덧붙이고, 또 운(云)자를 받쳐서는 심는 뜻 외에 **재주**라는 뜻도 되었다.

黍 화(禾)와 입(入)과 수(水)가 합한 회의(會意)자니, 공자(孔子)께서 말씀하시기를, "서(黍)는 술을 빚는 것이다."고 하였으니, **기장**을 물에 넣어 술을 만드는 것이다.

稷 화(禾)와 직(畟)의 합자니, 畟은 전(田)과 인(儿)과 치(夂)의 합자로 써, 전지(田)를 사람(儿)이 갈아가(夂)며 농사한 벼(禾)니, 일반 곡물 이나 특히 **기장**이다.

에세이

오곡은 '쌀, 보리, 콩, 조, 기장' 의 다섯 가지 곡식을 말한다. 기장과 피를 심는다고 했는데, 기장은 찹쌀처럼 매우 찰진 곡식이다. 피는 두 가지가 있으니, 일반적으로 부르는 피는 벼논에 잡초로 나는 피를 말하니, 이는 잎이 벼와 비슷해서 농사꾼이 아니면 잘 골라내지 못할 정도로 벼와 비슷한 잡초이고, 곡식의 피는 따로 있다.

정월 보름날에 오곡밥을 해 먹으면 한 해를 지나면서 질병에 들지 않고 무사히 지나간다고 한다. 이때는 집집마다 위에 기록한 오곡으로 오곡밥을 해 먹는 것이다. 필자도 어렸을 적에 보름날이 되어 밤에 보름달이 떠오르면 친구들과 같이 동네에 있는 여러 집을 돌아다니면서 오곡밥을 얻어다 놓고 먹은 기억이 아직도 생생한데, 지금은 이런 풍습을 볼 수가 없으니 매우 안타깝다. 그래도 집에서는 아내가 오곡밥에 다섯 가지 나물을 만들어서 남편에게 대접한다. 필자는 이를 늘 고맙게 생각하고 지낸다.

곡식에는 오곡만 있는 것은 아니다. 감자도 있고 고구마도 있으며, 수수도 있고 옥수수도 있다. 이들의 곡식 중에 감자와 고구마는 흉년이 들었을 때에 구황(救荒)식품으로 아주 뛰어난 식품이다.

1960년대는 '보릿고개'라고 해서 여름이 되면 먹을 식량이 없어서 밥을 굶은 사람이 얼굴이 퉁퉁 부어서 돌아다니는 것을 필자도 많이 봤다. 이때에 가나안 농군하고 김용기 교장은 말하기를,

"우리나라에서 '보릿고개'를 탈피하려면 고구마를 많이 심어서 이를 주식으로 해야 한다"고 역설하는 것을 필자가 그곳에서 교육을 받으면서 들은 기억이 있다.

고구마가 곡식 중에서 같은 평수에서는 제일 많은 수확을 한다고 해서 그렇게 말한 것이다. 그러나 박정희 대통령의 새마을 운동으로 인해서 이제는 '보릿고개'를 넘어서 세계 10대 경제대국이 되었으니 격세지감이 든다. 예부터 국민은 지도자를 잘 만나야 잘 살 수

가 있는 것이다. 현재를 사는 대한민국의 우리는 참으로 행복한 사
람들이다.

• 세숙공신(**稅熟貢新**) : (곡식이) 익으면 부세를 내고 새것을
  (나라에) 공물로 바치고

| 자원(字源) |

稅 화(禾)와 태(兌)의 합자니, 국가의 재정을 위해서 백성들이 농사지
은 벼(禾)를 즐겁게(兌) 내는 **세금**이다.

熟 사람이 가지고(丸) 먹는(享) 식물은 불(火)로써 **익힌** 것이다. 따라
서 태양열에 의해서 성숙되는 뜻도 되니, 음은 숙이다.

貢 공(工)과 패(貝)의 합자니, 공(工)력으로 만든 재물(貝)을 윗사람에
게 **상납하는** 것이다. 특산물을 바치는 것은 공(貢)이고, 부과된 것
을 바치는 것은 세(稅)다.

新 입(立)과 목(木)과 근(斤)의 합자니, 선(立) 나무(木)를 도끼날(斤)로
베어서 쓰는 것은 **새로운** 재목이다.

에세이

"사람은 사회적 동물이다."라고 어느 누가 말했듯이, 인간은 혼자
는 살지 못한다. 혼자서 농사를 지어 곡식을 생산하고 솥을 만들어

서 밥을 해 먹으며, 베를 짜서 옷을 해 입고, 외부에서 오는 도적을 혼자 막지는 못하는 것이다.

그러므로 나라의 일은 대통령께 맡기고 국방은 군인에게 맡기며, 농사는 농민에게 맡기고 생산은 기업인에게 맡기는 것이다. 그리고 나는 나의 일을 하면 된다. 그러나 남한테 많은 일을 맡겼으니, 나도 무엇인가 하나는 맡아야 하지 않겠는가! 그래서 그 나라의 국민이 된 사람은 누구나 세금을 국가에 납부하는 것이니, 이는 아주 옛날부터 지금까지 없어서는 안 될 제도인 것이다.

《맹자(孟子)》에 보면, 허행(許行)이라는 사람이 나온다. 허행은 춘추시대(기원전 770~403)의 등(藤)나라에 살면서 수십 인의 문인(門人)에게 농업생산에 익한 자급자족의 생활을 주장하였다.

허행의 무리들은 농업신(農業神)이며, 상고(上古)의 전설적인 제왕이기도 한 신농(神農)의 가르침이라고 하는 것을 기치로 삼이, 왕을 포함한 모든 사람이 자신의 노동을 하여 얻은 생산품으로 자신의 생활을 유지해야 한다고 설파하였다. 그리하여 봉건지주의 착취나 상인(商人)의 농민에 대한 이윤추구를 배척하면서 그에 저항하였다.

허행의 무리는 농업 생산에 필요한 공구를 생산하는 수공업자 역시 노동에 종사하는 자라 하여 그 존재의 의의를 인정하였다. 인간은 모두가 자신의 직접적인 노동에 의하여 자신의 생활을 충족시켜야 한다는 것이었으나, 맹자는 일에 반대하였으니, 어떻게 한 사람이 그 많은 것을 다 만들어서 입고 쓰고 사용할 수 있느냐! 이는 공상(空想)에 불과한 말이다, 라고 하였다.

● **권상출척(勸賞黜陟)** : 세금의 헌납에 공이 있는 사람은 포상을 하고 공이 없는 사람은 퇴출시킨다.

| 자원(字源) |

勸 황새(萑)가 나뭇가지(木)에 앉는 것이 저울대 권(權)자가 되었다. 가지 끝에 앉았는데 가지가 휘어지니, 그 안쪽으로 들어가기를 힘써(力) **권하는** 것이다.

賞 상(尙)과 패(貝)의 합자니, 공로를 숭상(尙)해서 물건(貝)을 주는 **상**이다. 사회적인 공로를 갚는 것은 상(賞)이고, 개인적인 은원(恩怨)을 갚는 것은 보(報)다.

黜 흑(黑)과 출(出)의 합자니, 마음이 검어(黑)서 현명하지 못한 자를 관직에서 **내쳐**(出) **파면**하는 것이다.

陟 부(阝)와 보(步)의 합자니, 언덕(阝)으로 걸어가는(步) 것은 즉 **오르는** 것이다. 높은 곳에 오름은 등(登)이고, 층계에 오름은 승(陞)이고, 기세가 오름은 등(騰)이고, 태양이 오름은 승(昇)이다.

에세이

요즘은 대한민국의 제19대 국회의원 선거를 앞두고 여야(與野) 각당에서 후보자에게 공천을 주고 있는데, 제18대에서 4년간 국회의 원 생활을 하면서 잘한 의원은 다시 공천을 주고, 잘못한 의원은 퇴출시켰으며, 그리고 그 지역에서 명망이 있고 깨끗하고 신선한 자를 뽑아서 공천을 주고 있다. 이런 것을 권상출척(勸賞黜陟)이라고 한다.

고려시대부터 조선에 이르기까지 청백리제도를 운영하여 청백리에 녹선(錄選)된 사람에게는 가문의 영광이 되게 하였으니, 그에 대한 내용은 다음과 같다.

관직 수행 능력과 청렴·근검·도덕·경효(敬孝)·인의 등의 덕목을 겸비한 이상적인 관료상이다. 고려시대에는 최영 등 소수 관료들에서 청백함이 칭송되고 있고, 자식들에게 청백한 관리가 되어 가문의 전통을 이으라고 당부하기도 하였다. 조선시대에는 제도적으로 청백리제도를 운영하였다. 의정부(議政府)·육조(六曹)의 2품 이상 당상관과 사헌부(司憲府)·사간원(司諫院)의 수장(首長)이 천거하고 임금의 재가를 얻어서 의정부에서 뽑았다.

조선 초·중기에는 생존자 가운데서 선발하여 염리(廉吏)로 대우하였고, 후기에는 염리로 녹선(錄選)되었다가 사망한 자나 사망한 자 가운데서 염명(廉名)이 높았던 관리를 청백리(淸白吏)로 녹선하여 우대하였다. 사림(士林)이 득세하던 시기에는 청백리 사상이 강화되어 많은 사람이 녹선되었으나, 후기에는 그 인원이 격감되었다. 청백리가 되면 후손들에게 선조의 음덕을 입어 벼슬길에 나갈 수 있는 특전도 주어졌다.

• **맹가돈소(孟軻敦素)** : 맹자는 본성(本性)을 도탑게 해야 한다고
하였고,

| 자원(字源) |

孟 자(子)와 명(皿)의 합자니, 그릇(皿)에다 음식을 먹이는 아이(子)가
맏이다.

軻 거(車)와 가(可)의 합자니, 《설문(說文)》에는 "가(軻)는 바퀴 가운데
에 끼우는 **굴대**이니, 음은 가(可)의 소리이다."고 하였다.

敦 향(享)과 복(攵)의 합자니, 매가 침(攵)을 받는(享) 것이니, **돈독**하
게 하려는 것이다

素 주(主, 生)와 사(糸)의 합자니, 생(生) 사(糸)의 본색이 **흰** 것이다. 흰
색은 모든 색의 바탕이 되니, 따라서 **본래**라는 뜻도 되는 것이다.

에세이

　율곡선생이 최립에게 준 서신에 보면, "주(周)나라가 망하고 나
니, 천하가 모두 사력(詐力, 기만과 폭력)을 쫓는데, 도(道)를 전한
자는 맹자 한 사람뿐이었다. 그러므로 맹자의 인욕(人慾)을 막고 천

리(天理)를 마음에 두라.(孟子遏人欲存天理)고 한 말씀은 공(功)이 우(禹)임금에 내려가지 않는다.(功不在禹下焉)”고 하였다.

뿐만 아니라 맹자의 성선설(性善說)과 호연지기(浩然之氣) 등은 악(惡)에서 선(善)으로 이끈 유명한 말씀이다.

필자가 공자의 부친인 숙량흘(叔梁紇)이 자식을 낳기 위해 빌었다는 니구산(尼丘山)에 갔는데 '맹모단기처(孟母斷機處)'라 쓰여 있는 비석을 보았다. 같이 간 사람이 '이게 무슨 말씀인가! ' 하고 묻기에 '맹자의 어머니가 베를 짜고 있는데, 공부하러 간 아들 맹자가 갑자기 돌아와 어머니를 뵙는 것을 보고, 맹자의 어머니는 자기가 짜고 있던 베를 칼로 자르고 맹자에게 말하기를, 「너의 공부가 이와 같다.」고 하니, 맹자가 그 자리에서 곧바로 공부하던 곳으로 돌아가서 더 열심히 공부하여 대철인(大哲人)이 되었다.'고 하는 맹모(孟母)의 공을 기록한 비석임을 발해준 기억이 있다.

덧붙여 말하면, 중국의 유사(有史) 이래 자식을 잘 가르친 어머니가 수없이 많지만 그중에서 맹모(孟母)가 으뜸이라는 말을 가이드한테서 들었다.

우리나라도 훌륭한 어머니가 어디 하나 둘 뿐이겠는가! 그러나 율곡의 어머니인 신사임당이 으뜸이라고 한다. 하지만 필자의 생각은 '이는 역사에 드러난 일일 뿐이고 숨어있는 훌륭한 어머니가 더 많으리라 생각한다. 신사임당은 기호학파와 노론에서 신처럼 떠받드는 율곡의 어머니이니만큼 더욱 존경의 대상이 되었지 않았나!' 하고 생각한다.

• **사어병직(史魚秉直)** : 춘추시대 위(衛)의 사관(史官) 사어(史魚)는 바르게 역사를 기술하였다.

| 자원(字源) |

史 중(中)과 예(乂)의 합자니, 공정(中)하게 글을 써(乂)야만 참다운 **역사**가 된다.

魚 물속에 사는 **고기**를 상형한 글자가 해서(楷書)로 변한 것이다. 물의 고기는 어(魚)고, 육지의 고기는 육(肉)이고, 물고기를 잡는 것은 어(漁)다.

秉 화(禾)와 수(手, ⺕)의 합자니, 손(手)으로 벼(禾)를 **잡**는 것이다. 잡는 자루는 병(柄)이고, 잡고 안 놓음은 집(執)이며, 잡고 있는 것은 병(秉)이고, 죄인을 잡는 것은 포(捕)다.

直 십(十)과 목(目)과 ㄴ의 합자니, 아무리 숨겨(ㄴ)도 열(十) 눈(目)이 보고 있으니, **바른** 것이다. 곧은 것은 직(直)이고 바른 것은 정(正)이다.

에세이

춘추시대 위(衛)나라 사어(史魚)가 현신(賢臣)인 거백옥(蘧伯玉)

대신 불초(不肖)한 미자하(彌子瑕)를 임금이 중용한 잘못에 대해 시간(屍諫)[27]하여 바로잡은 고사(故事)가 《공자가어》에 전하니, 《논어(論語)》에서 공자께서 말씀하기를,

"곧다, 사어여. 나라에 도가 있을 때에도 화살처럼 곧았으며, 나라에 도가 없을 때에도 화살처럼 곧도다.(子曰 直哉 史魚 邦有道 如矢 邦無道 如矢)"고 하였다.

우리나라 조선조 연산군 때에도 김일손의 사초(史草)로 인하여 사화(士禍)가 발생했으니, 이는 즉 김종직의 '조의제문(弔義帝文)'을 제자인 김일손이 사초(史草)에 넣은 것을, 김일손에게 원한이 있는 이극돈이 문제를 삼아서 사화를 일으킨 사건이니, 조의제문과 사건의 자세함은 다음과 같다.

김종직은 항우(項羽)에게 죽은 초나라 회왕(懷王), 즉 의제(義帝)를 조상하는 글을 지었는데, 이것은 세조에게 죽음을 당한 단종(端宗)을 의제(義帝)에 비유한 것으로 세조의 찬탈을 은근히 비난한 글이다.

"정축년(丁丑年) 10월 밀양에서 경산으로 가다가 답계역(踏溪驛)에서 잠을 잤다. 꿈속에 신선이 나타나서 '나는 초나라 회왕(懷王 : 의제) 손심인데, 서초패왕(西楚覇王 : 항우)에게 살해되어 빈강(彬江)에 버려졌다'고 말하고 사라졌다.

잠에서 깨어나 생각해보니 회왕은 중국 초나라 사람이고, 나는 동이(東夷)사람으로 거리가 만리(萬里)나 떨어져 있는데 꿈에 나타난 징조는 무엇일까? 역사를 살펴보면 시신을 강물에 버렸다는 기록이

---

27) 시간(屍諫) : 죽음을 무릅쓰고 임금에게 간언(諫言)함.

없으니, 아마 항우가 사람을 시켜서 회왕을 죽이고 시체를 강물에 버린 것인지 알 수 없는 일이다. 이제야 글을 지어 의제를 조문한다."고 하였다. (연산군 일기 4년 7월 17일)

이 글을 김종직의 제자인 김일손(金馹孫)이 사관(史官)으로 있을 때 사초(史草)에 적어 넣었다. 연산군이 즉위한 뒤 《성종실록(成宗實錄)》을 편찬하게 되었는데, 그때의 편찬책임자는 이극돈(李克墩)으로, 이른바 훈구파(勳舊派)에 속한 사람이었다.

그런데 김일손의 사초 중에 이극돈의 비행(非行)이 기록되어 있어 김일손에 대한 앙심을 품고 있던 중, 김종직의 '조의제문'을 사초 중에서 발견한 이극돈은 김일손이 김종직의 제자임을 기화(奇貨)로 하여 김종직과 그 제자들이 주류(主流)를 이루고 있는 사림파(士林派)를 숙청할 목적으로 '조의제문'을 쓴 김종직 일파를 세조에 대한 불충(不忠)의 무리로 몰아 선비를 싫어하는 연산군을 움직여 큰 옥사(獄事)를 일으켰다. 이것이 무오사화(戊午史禍)인데, 그 결과로 김종직은 부관참시(剖棺斬屍)를 당하였고, 김일손·권오복(權五福)·권경유(權景裕)·이목(李穆)·허반(許盤) 등이 참수(斬首)되었다.

•서기중용(庶幾中庸) : 맹자와 사어(史魚)의 질박함과 정직을 근본으로 하여 중용(中庸)의 상도(常道)를 행할 것을 바라고

| 자원(字源) |

庶 엄(广)과 炗(光)의 합자니, 옛적에 불을 발견했을 때에 불빛(灬)이 있는 집(广)에는 **여러** 사람이 모였다. 공존하는 여럿은 서(庶)고, 상대하는 여럿은 제(諸)다.

幾 잘 안 보이는 미소(幺)한 적의 동태를 지켜보는(戍) 것이니, 적군이 과연 **몇**이나 되는지 그의 움직임을 보는 것이다.

中 원(圓)의 중심은 一의 점이나, 방(方)의 중간은 ㅣ선이다. 횡방형(橫方形)을 이등분한 수선(垂線)이 가운데가 되니, 그는 중(重)요한 것이라 음은 중이다. 원의 중심은 앙(央)이다.

庸 경(庚)과 용(用)의 합자니, 경(庚)은 경(經)으로 통해서 불변하는 것인데, 용(用)은 그를 쓰는 것이라. **언제나** 변함없는 것이니, 음은 용(用)이다. 떳떳하게 쓰임은 용(庸)이고, 떳떳하게 있음은 상(常)이다.

에세이

중용(中庸)의 도(道)에 중(中)은 과불급(過不及)이 없다는 뜻이고,

용(庸)은 불역(不易)의 뜻이니, 공자는 말씀하기를,

 "군자(君子)는 중용(中庸)을 하고, 소인(小人)은 반중용(反中庸)이다."고 하였고,

 장구(章句)에서는,

 "중(中)은 편벽되지 않고 기울지 않으며 과불급(過不及)이 없는 이름이고, 용(庸)은 평상(平常)이다."고 하였으며,

 《논어》 옹야편에는,

 "중용(中庸)의 덕은 지극하니, 백성이 오랫동안 지속하는 사람이 적다."고 하여, 사람이 생활하면서 중용(中庸)의 삶을 살기가 지극히 어려움을 말했다.

 사실로 말해서 중용의 생활을 하기는 지극히 어려운 것이다. 그러나 사람이 중용(中庸)의 생활을 하면 사고가 없고 건강한 삶을 살 수가 있다. 그러면 중용이란 우리의 일상생활에서 무엇을 뜻하는가! 과(過)하지도 않고 불급(不及)하지도 않는 것이니 일례로, 밥을 먹으면 배가 너무 부르지도 않고 그렇다고 해서 배가 고프지도 않은 상태에서 수저를 놓는 것이니, 모든 일에서 가장 적당한 곳에서 그치는 것을 중용이라고 하는 것이다.

• **노겸근칙(勞謙謹勅)** : 항상 직무에 힘쓰고 겸손하며 삼가고 자신을 신칙한다.

자원(字源)

勞 불꽃(炏)이 연료를 소모하는 것처럼 덮여(冖) 있는 힘(力)이 소모되어서 **괴로운** 것이다. 힘쓰는 것은 로(努)고, 피로한 것은 로(勞)다.

謙 언(言)과 겸(兼)의 합자니, 자기의 마음과 남의 마음을 겸해(兼) 잡은 말(言)은 **겸손한** 것이다. 남을 구덩이에 빠뜨리는 말은 첨(諂)이다.

謹 언(言)과 근(堇)의 합자니, 근(堇)을 관(觀)의 약자로 보면 높은 사람을 뵙고 말씀(言)드리는데, **삼가는** 것이다. 진심(眞心)으로 혼자 삼감은 신(愼)이다.

勅 복(攵)과 속(束)의 합자니, 《설문(說文)》에는 "칙(勅)은 **경계**하는 것이니, 복(攵)을 따르고 속(束)의 음이다."고 하였다.

에세이

《시경(詩經)》 소아(小雅) 소민(小旻)에는

戰戰兢兢 전전긍긍하여

如臨深淵 깊은 연못에 임하듯

如履薄氷 얇은 얼음을 밟듯 한다.

고 하는 말이 있으니, 사람이 이 세상을 살아가려면 행동을 삼가고 조심해야 하니, 깊은 연못가에 다가가 서 있는 것 같이 옅은 얼음을 밟은 것 같이 조심하면서 살아가라고 했다. 옛적 군주(君主) 시절에는 권력이 임금 한 사람에게 쏠려있으므로 자칫 잘못하여 남의 무함(誣陷)에 걸리기라도 하면 죽음을 당하였다. 그리고 연좌에 걸려서 삼족(三族)이 멸함을 당하는 경우도 있었으니, 그래서 조심하며 살라고 했던 것이다.

그러나 요즘의 세상은 민주(民主)의 시대이고 법치주의를 엄격하게 실행하므로 옛날처럼 쥐도 새도 모르게 죽는 일은 없으나, 그렇지만 요즘도 너무 설치면 남의 미움을 받아서 앞이 잘 풀리지 않는 것이니, 자기의 인생행로에 결코 유익하지 않을 것이다.

그리고 열심히 일해야 직장과 상사의 신임을 받아서 출세를 하는 것이다. 그러나 더욱 중요한 것은 자신의 인격을 도야(陶冶)하여 훌륭한 사람이 되는 것이 가장 중요한 일이다. 요즘의 정치인들처럼 작년에 한 말이 오늘 다르고, 어제 한 말이 오늘 다르면 안 된다. 이런 사람은 결코 오래가지를 못한다. 사람은 시종여일해서 남들에게 믿음을 주어야 한다.

그러므로 한(漢)의 유방(劉邦)을 도와서 천하를 통일한 장량은 황석공에게 믿음을 주어서, 그에게서 병서(兵書)를 받아서 그 책으로

말미암아 천하를 통일하는 크나큰 공을 세웠으니, 만일 장량이 황
석공에게 믿음을 주지 못했다면, 어찌 천하를 통일하는 큰 인물이
되었겠는가!

●**영음찰리(聆音察理)** : 그 사람의 소리(말)를 듣고 그 말의 도
리를 살피고

| 자원(字源) |

聆 이(耳)와 령(令)이 합한 형성자(形聲字)니, 《설문(說文)》에, "령(聆)
은 **듣는** 것이니, 이(耳)를 따른 령(令)의 음(音)이다."라고 하였다.

音 음(言)자의 구(口)속에 一을 그어서 **소리**(말)의 마디를 뜻하였다.
《설문(說文)》에는 "마음에서 나오고 밖에 나와 마디가 있는 것을
일러 음(音)이라 한다."고 하였고, 또는 금석사죽포토혁목(金石絲竹
匏土革木) 등의 물건의 소리라고 했으니, 음은 음이다.

察 집(宀)에서 제(祭)사 지낼 때는 불결한 것이 없게 자세히 **살펴보는**
것이다. 깨끗하게 하기 위해 살핌은 찰(察)이고, 분간하기 위해 살
핌은 심(審)이다.

理 왕(王)과 이(里)의 합자로 보면, 임금이 마을을 **다스리는** 것이다.

에세이

이 구(句)는 남과 대화하는 것을 말했으니, 이는 사람이 밖에 나가

서 사회생활하는 것을 이야기한 것이다. 실상 남과 대화하는 것보다 더 어려운 것은 없다. 그러므로 예부터 속담에 "말만 잘해도 천냥 빚을 갚는다."고 했다.

사람은 성격에 따라 말의 표현이 다르게 들릴 수가 있다. 일례로, 무뚝뚝한 사람은 아무리 부드럽게 말을 하려 해도 그렇게 나오지 않고, 반면에 성격이 부드러운 사람은 또 너무 부드러워서 근엄해야할 때 근엄하지 못하니, 이러므로 말을 잘하는 것은 때와 장소를 가려서 말을 해야 하니 정말 어려운 것이다.

이 세상에는 여러 가지의 사람이 필요하다. 일례로, 양기(陽氣)가 성(盛)하여 힘이 센 자도 필요하고 음기(陰氣)가 성하여 힘이 약한 여인 같은 사람도 필요하다. 키가 큰 사람도 필요하고 키가 작은 사람도 필요하며, 결단력이 있는 것은 지도자의 덕목이니 앞장서서 일하는데 필요하고, 우유부단하여 순종만 하는 사람도 필요하니, 이는 남의 밑에서 순종하면서 일을 잘 한다. 그러므로 이 세상은 뚱뚱한 사람도, 홀쭉한 사람도 다 필요한 것이니, 뚱보는 음이 성한 사람이고 홀쭉한 사람은 양이 성한 사람이다. 그러므로 이렇게 다양한 사람들이 모여서 한 사회를 이루고 살아가는 것이다.

동양의학인 한방(韓方)에는 '관형찰색(觀形察色)'이라는 진찰법이 있다. 먼저 사람의 형태를 살펴서 음인(陰人)인지 양인(陽人)인지를 살피고 다음에는 얼굴과 몸의 색깔을 살핀다. 얼굴이 검으면 신장의 이상을, 푸르면 간장의 이상을, 누러면 위장의 이상을, 창백하면 폐장의 이상을, 붉으면 심장의 이상을 살피는 것이다. 그래서 고명한 의사는 얼굴만 보아도 무슨 병에 걸렸는지를 모두 알아낸다.

● 감모변색(鑑貌辨色) : 모습을 보고 용색(容色)을 분별한다.

자원(字源)

鑑 얼굴을 보는(監) 쇠(金)니, 옛적에는 쇠를 갈아서 **거울**을 만들었다. 자기를 감시하는 거울은 감(鑑)이고, 얼굴만 비추어보는 거울은 경(鏡)이다.

貌 본시 모(皃)는 사람(儿)의 얼굴(白)인데, 또 치(豸)변을 덧붙여서 짐승(豸)의 모양(皃)도 의미하는 동시에 모든 **모양**을 뜻한다.

辨 변(辡)은 두 죄인이 대립해 송사하는 것인데, ソ은 도(刀)의 변형으로 그의 시비곡직을 **판단하는** 것이다. 두 죄인이 서로 말함은 변(辯)이다.

色 ク(人)과 巴(卩)의 합자니, 사람(ク)의 마음에 있는 것이 병부(巴)처럼 맞게 얼굴에 나타나는 **빛**이다. 물건에 나타난 빛은 색(色)이고, 색이 보이게 밝은 빛은 광(光)이다.

에세이

　의약(醫藥)의 상식으로 '관형찰색(觀形察色)'이라는 말이 한의학의 용어에 있다. 무슨 말인가 하면, 의사가 환자를 볼 때에 형체(形

體)를 보고 용색(容色)을 살핀다는 말이니, 즉 형체를 본다는 것은 체형을 살피는 것이니, 사람을 보는 것은 오행에 맞춰서 다섯 가지의 형태로 구분하여 오장(五臟) 중에서 어느 장부가 약하고 어느 부위가 실(實)한가를 보는 것이고, 용색을 살핀다는 말은, 즉 얼굴의 빛을 오색(五色)으로 비춰보아서 어느 곳에 병이 들었는가! 또는 약한가를 살피는 것이니,

즉 얼굴빛이 백색(白色)이면 폐에 이상이 있고, 얼굴빛이 청색이면 간장의 이상을 보며, 얼굴색이 검으면 신장의 이상을 보고, 얼굴빛이 붉으면 심장의 이상을 보며, 얼굴빛이 황색이면 비장(脾臟, 위장)의 이상을 보는 것이다.

이상과 같이 사람의 장부에 있는 병은 외부로 표출되어서 사람의 얼굴에 모두 나타나는 것이다. 그렇기에 진찰을 잘하는 의사는 얼굴만 보아도 그 환자의 병을 집어내는 것이다.

이와 같이 사람을 대할 때도 상대의 용모와 형색을 살펴서 잘 대해야 한다는 논리이다.

•이궐가유(貽厥嘉猷) : 그 아름다운 계책을 끼치고

目 貝 貽 貽	厂 厥 厥 厥	士 壴 嘉 嘉	厶 猷 猷 猷
줄 **이**	그 **궐**	아름다울 **가**	꾀 **유**

| 자원(字源) |

貽 패(貝)와 이(台)의 합자니, 나(台)의 물건(貝)을 남에게 **끼쳐주는** 것이다. 손으로 줌은 수(授)고, 더불어 줌은 여(與)며, 선물로 줌은 증(贈)이고, 아래에 줌은 사(賜)다.

厥 엄(厂)과 궐(欮)의 합자니, 바위덤(厂)을 파(欮)면 나오는 것은 역시 돌 **그것**이다. 추상적인 그것은 궐(厥)이고, 구상적인 그것은 기(其)다.

嘉 주(鼓)와 가(加)의 합자니, 어떤 선행에 대해 고(鼓)무적으로 찬사를 가(加)하는 것이다. 즉 **좋다**는 말이다. 좋아하는 것은 호(好)고, 좋게 보이는 것은 가(佳)다.

猷 고서(古書)에서는 유(猷)와 유(猶)는 동일자(同一字)로 구별이 없으나, 후에 유(猷)는 '계모(計謀)', 유(猶)는 '사(似)'의 뜻으로 전이(轉移)하였다. 그리고 유자(猷字)의 해자(解字)는 설문(說文)에는 없다. 유(猶)자에 대해서는 설문에 '유(猶)는 원숭이의 족속이니, 견(犬)을 따르는 추(酋)음이다.'고 하였다.

옛적에는 60평생이라고 했는데, 이제는 100년 평생이라는 말이 나올 정도로 장수(長壽)한다. 예부터 우리의 선조들은 자신이 일생 동안 축적한 학문이나 기술 등을 문집(文集)이라는 책 속에 남겨서 후세에 전하였다. 우리나라는 이렇게 전한 책들이 무수히 많다.

그래서 농군은 농사짓는 방법을 전하고, 선비는 자신이 연구한 심오한 학문을 전하며, 기술자는 자신이 일생동안 축적한 기술을 전하고, 의사는 자신이 일생동안 환자를 돌보면서 축적된 의술을 후세에 전해서 후인들이 그것을 보고 더욱 자신의 기술을 더하여 사용한다면 나라도 발전하고 자신도 발전을 한다.

그러므로 본 문구(文句)는 이러한 일생을 통한 축적된 계책이나 기술, 또는 학문을 남기라는 것이니, 이것이 사람으로 태어나서 세상을 가장 알차게 사는 방법이라는 것이다.

옛적에 어떤 부자(父子)가 짚신을 만들어서 장에 나가 파는데, 아버지가 만든 짚신은 빨리 팔리는데, 아들이 만든 짚신은 잘 팔리지 않아서 아버지께 문의했으나 평시에는 가르쳐주지 않다가 죽을 때가 되어서 아들이 물으니, 그때가 되어서야 아버지는 '털 털 털' 하고 죽었다는 고사가 있다. 즉 털을 잘 다듬어서 만들라는 이야기다.

이렇게 자신이 터득한 기술은 남에게 가르쳐 줄 수 없는 귀중한 자산이지만, 그러나 사람이 죽고 나면 그만이니 일찍이 서책에 기록하여 후인에게 끼쳐주라는 내용이다.

- **면기지식(勉其祗植)** : 군주를 섬기는 자는 항상 과실이 없도록 경구(敬懼)하고, 그 몸에 적합한 실덕을 부식(扶植)할 것을 힘써야 한다.

| 자원(字源) |

勉 면(免)과 역(力)의 합자니, 무엇을 면(免)하려고 힘(力)을 **쓰는** 것이다. 사납게(厲) 힘씀은 려(勵)고, 종(奴)처럼 힘씀은 노(努)며, 직무에 힘씀은 무(務)다.

其 감(甘)과 기(丌)의 합자니, 상(丌) 위에 단(甘) 것은 그 어떤 물건이나 **그것은** 필요하다. 추상적인 그는 궐(厥)이다.

祗 저(氏)는 나무뿌리(氏)가 땅속(一)에 들어간 것이니, 사람이 자신을 낮추어서 천신(示)께 **공손히** 하는 것이니, 음은 지다. 대지(大地)의 신은 기(祇)니, 하늘의 신(神)의 상대이다.

植 나무(木)는 반드시 바르게(直) **심는** 것이다. 종자(種子)를 심는 것은 종(種)이다.

에세이 

　나라에 벼슬을 하여 조정에 나가 임금을 모시는 사람은 항상 자신을 돌아보아서 백성들에게서 비방을 받을 일을 해서는 안 된다. 만약 자신의 권세만 믿고 위세를 부리거나, 혹 사욕이 생겨서 나쁜 짓을 하면 금방 남이 알게 되고, 잇달아 백성들이 알게 되므로 비방을 받을 것은 불문가지이다. 그런데 자신만 비방을 받으면 끝이 아니고 이 비행이 자신이 모시고 있는 상사나 임금께 영향을 끼치게 되어서 자칫 국정에 막대한 위해를 끼치게 된다.

비근한 예로, 노무현 대통령 때에 그의 친형이 비리에 연루되어 구속되는 아름답지 않은 사태가 벌어졌고, 김대중 대통령 때는 대통령의 두 아들이 옥살이를 했으며, 김영삼 대통령 때는 그의 둘째 아들이 구속되어 실형을 받았고, 전두환 대통령 때는 그의 친동생이 구속되었으며, 이승만 대통령 때는 부통령인 이기붕의 일가족이 자신의 아들에 의해 총살을 당하는 끔찍한 일을 당했다.

현재 대통령인 이명박 대통령의 친형인 이상득 의원의 보좌관들이 부정에 연루되어 구속되는 일이 벌어지고 있으니, 모두들 전직 대통령 시절의 부정의 과정만 보고 정신을 차렸어도 자신들은 구속을 당하지는 않았을 텐데, 그러나 모두들 권력을 잡으면 정신이 이상해져서 올바른 상황을 파악하지 못하는 모양이다. 대통령을 보좌하는 사람들이 한결같이 비리에 연루되어 구속되니 하는 말이다. 이러한 행위는 이성을 가진 사람이 보면 바보같은 행위로 보이지만 권력의 핵심에 있는 당사자는 보이지 않는 것이니, 이러한 기미를 잘 보아서 비리에 빠지지 않는 안목을 가지려면 평소에 수신(修身)을 해서 자신의 몸에서 욕심을 빼내야 한다.

그래서 위의 구절 ‘면기지식(勉其祗植)’은 항상 자신을 경성(警醒)하고 덕을 쌓아서 임금께 좋은 이미지가 되게 힘쓰라는 절박한 메시지이다.

•**성궁기계(省躬譏誡)** : (유사(有司)가 되어서 존귀해지면) 세인(丗人)의 비방을 받으니, 이럴 때는 자신을 반성하고

살필 **성**

몸 **궁**

기롱할 **기**

경계할 **계**

| 자원(字源) |

省 소(少)와 목(目)의 합자니, 작은(少) 눈(目)으로 **살피는** 것이니 음은 성이고, 살피는데 너무 작은 것은 **생략**되니 음은 생이다.

躬 신(身)과 여(呂)의 합자니, 육체(身)의 척추(呂)라. 육체의 지주가 동작하는 것이니, 즉 **몸소** 무슨 일을 하는 것이다.

譏 언(言)과 기(幾)의 합자니, 남의 작은(幾) 결점을 말(言)해 **찌르는** 것이니, 음은 기(幾)다. 그른 점을 언(言)함은 비(誹)고, 옆사람을 언(言)함은 방(謗)이며, 고의로 뜯는 것은 훼(毁)다.

誡 언(言)과 계(戒)의 합자니, 계(戒)는 창(戈)을 두 손(廾)으로 들고 적이 올까를 경계하는 것인데, 언(言)을 붙였으니, 말로써 **경계**하는 것이다.

에세이

　국가의 관직에 앉은 사람은 국민들의 비방을 받으면 화를 낼 것이

아니라 자신이 무엇을 잘못했나를 생각하고, 자신의 부덕으로 인하여 비방을 받는다고 생각하고 반성을 하라는 말이다.

사람은 솔직담백해야 한다. 요즘 사람들은 자신의 비리를 알고 수사관이 조사를 하면 우선 아니라고 부정을 한다. 그리고 검찰에 불려가서는 꼬리를 내리고 비리를 인정을 하는 것을 많이 봐왔다.

일전에 프로야구계에서 승부를 조작했다고 하여 모인(某人)을 지목하자, 이 사람은 펄쩍 뛰면서 "나는 승부조작을 하지 않았다. 검찰에서 조사를 하면 밝혀질 것이다." 하고, 떵떵 거리던 선수가 막상 검찰에 불려가서는 승부조작에 관여했음을 인정하고 구속되는 것을 봤다.

프로야구 선수는 인기인인데, 어째서 그렇게 능청맞게 거짓말을 했는지는 모른다. 그러나 이 선수는 승부조작이라는 커다란 부정을 저지르고 이도 모자라서 야구팬들에게 매일 입만 열면 거짓말을 했으니 이제는 선수생활에 끝장이 난 것이다.

이러한 자신의 행위를 뉘우치는 일을 막으려면 증자(曾子)처럼 하루에 세 번씩 반성(一日三省)을 하며 살아야 한다. 이 문장은 이를 말한 것이다.

• **총증항극(寵增抗極)** : 임금의 총애가 더해지면 (주위의) 저항도 극에 달하다.

| 자원(字源) |

寵 면(宀)과 룡(龍)의 합자니, 집(宀)에 용(龍)이 있으면 보물로서 특히 사랑하는 것이다. 특히 사랑함은 총(寵)이고, 보통으로 사랑함은 애(愛)다.

增 토(土)와 증(曾)의 합자니, 증(曾)은 창(罒)을 열고(八) 말(曰)하는 것이 더욱 더해가는 것처럼 흙(土)을 높게 **더하는** 것이다.

抗 수(扌)와 항(亢)의 합자니, 높은(亢) 세력의 압박에 대해서 손(扌)으로 **반발**하는 것이다. 밑뿌리(氐)까지 이르도록 손(扌)으로 막는 것은 저(抵)다.

極 목(木)과 극(亟)의 합자니, 나무(木)가 빠르고(亟) 바르게 커서 일정한 **한도**까지 올라간 것이다.

에세이

《주역, 건괘》 구이효(九二爻)의 현룡(見龍)은 구오효(九五爻)의 비

룡(飛龍)과 중(中)으로 잘 맞는다. 구오효(九五爻)는 오늘날의 대통령에 해당하고, 구이효(九二爻)는 공부를 많이 한 오늘날의 박사정도인데, 뭍에 나와서 대통령과 친하게 궁합이 잘 맞으니, 앞으로 출세가도를 걷게 된다는 괘(卦) 효사(爻辭)의 내용이다.

이렇게 대통령이나 임금에게 신임을 받으면 직급이 올라가고 영달할 것은 불문가지이다. 이렇게 되면, 시기하는 자가 반드시 나타나서 중간에서 모함을 하고 발목을 잡는다. 이를 극복하면 영달이 오는 것이고 극복하지 못하면 쓰러진다.

우리가 잘 아는 이순신장군 같은 사람은 오직 나라를 지키고 백성을 구제하기 위해서 목숨을 걸고 싸웠지만, 선조는 이순신의 명성이 임금보다 더 성대(盛大)하므로 임금의 자리가 위태롭게 될 것을 생각하여 이순신을 잡아다 고문하고 백의종군하게 하였던 것이니, 그래서 속담에 '사촌이 땅을 사면 배가 아프다.'라는 말이 있는 것이다.

본 문장 '총증항극(寵增抗極)'은 자신의 앞길이 신작로처럼 훤히 뚫려있으면, 오히려 경계를 해서 자칫 중간에서 시기하고 무함(誣陷)하는 자들의 덫에 걸리지 말라는 예언적, 혹은 계시적인 문장이라고 보면 된다.

• **태욕근치(殆辱近恥)** : (높은 자리에 올라) 위태롭게 욕을 당하면 부끄러움에 가까우니

│ 자원(字源) │

殆 알(歹)과 태(台)의 합자니, 알(歹)은 해골이고 태(台)는 고관이다. 고관(台)이 해골(歹)처럼 나태하면 **위태한** 것이다.

辱 진(辰)은 3월이니 풀이 유약할 때고, 촌(寸)은 손으로 재는 치수(寸)니 유약하다(辰)고 인격을 재니(寸) **욕되는** 것이다.

近 근(斤)과 착(辶)의 합자니, 도끼(斤)로 끊는 것과 같은 짧은 길(辶)은 **가까운** 것이다. 객관적으로 가까운 근(近)은 원(遠)의 반대고, 주관적으로 가까운 이(邇)는 하(遐)의 반대다.

恥 이(耳)와 심(心)의 합자니, 자기의 과실을 듣는 귀(耳)에 마음(心)이 있으니, **부끄러움**이 있는 것이다.

에세이

  사람은 명예가 그 어느 것보다 귀중한 것이다. 그래서 그 명예를 손상하지 않으려고 힘을 쓰는 것이다. 수양대군이 조카인 단종의

선위(禪位)를 받아서 왕이 되었을 때에 죽음을 무릅쓰고 이를 원위치에 되돌리려는 사람들이 '사육신(死六臣)[28]'이다.

이때에 성삼문이나 박팽년 등이 죽을 것을 걱정하여 수양대군에게 붙었다면 평생 부귀권세를 누리며 잘 살았을 것이나, 이들은 의(義)를 부르짖으며 죽음을 선택하였으므로 몸은 비록 죽었으나, 자신과 가문은 영원히 충신이 되고 충신의 가문이 되어서 빛을 발하였다.

이명박 정부에서 멘토 역할을 한 최시중 방송통신위원장과 박영준 차관은 뇌물을 받고 지금 구속되어서 재판을 기다리고 있다. 아마도 자신이 뇌물을 받은 것을 시인하였으니 무죄가 되기는 매우 어려울 것이다. 대통령이 신임하고 막중한 자리에 임명하였는데, 무엇이 모자라서 뇌물을 받아서 자신을 임명한 대통령께 누를 끼치고 자신의 명예도 땅바닥에 떨어졌으니, 이 일마나 잘못된 일인가.

지난날의 신문에는 대한민국 저축은행 중 제10위인 미래저축은행 김찬경 회장이 회사가 금융위에 의해 정지될 것을 미리 알고 200억 원을 하루 전에 인출하여 어선을 타고 몰래 외국으로 달아나려다가 해경에 의해 붙잡혔다. 자기가 운영하던 저축은행에 저금을 한 일반 시민들은 자신이 맡긴 돈을 받지 못할까봐서 안절부절 하는데, 이들 예금자의 일은 팽개치고 자신만 자기 돈도 아닌 남의 돈을 몰래 인출하여 해외로 도망치려 했으니, 참으로 구제하기 어려운 사람이 은행을 맡아 움직인 것이니, 이는 생선을 고양이에게 맡긴 꼴

---

28) 사육신(死六臣) : 조선 세조 때 단종의 복위를 꾀하다가 실패하여 잡혀 죽은 여섯 명의 충신. 곧 성삼문(成三問), 박팽년(朴彭年), 이개(李塏), 하위지(河緯地), 유성원(柳誠源), 유응부(俞應孚)를 말한다.

이 되었다.

　이런 자들은 사정기관에서 미리 탐지하여 이런 큰일을 하지 못하도록 해야 하는데, 어째서인지 이런 사건이 종종 나오니 국가의 위신이 말이 아니다. 그리고 본인의 명예는 아예 찾을 수가 없는 자가 되고 말았다. 중형에 처하여 다시는 이 땅에서 이런 일을 하지 못하도록 해야 한다.

• **임고행즉(林皐幸卽)** : (속히 물러나) 야외수변(野外水邊)의 수림(樹林) 사이에 나가기를 바라라.

| 자원(字源) |

林 목(木)과 목(木)의 합자니, 나무와 나무가 모여서 숲을 이룬 것이다. 무슨 나무나 다수가 모인 것은 림(林)이고, 그중에서 더욱 우뚝 솟은 것은 삼(森)이다.

皐 흰 머리뼈와 네발짐승의 주검의 상형(象形)이니, 희게 빛나다의 뜻을 나타낸다. 전이하여 수면이 희게 빛나는 늪의 뜻을 나타낸다.

幸 호(夭)와 간(干)의 합자로써 대(大)가 토(土)로 변했으니, 침범하는 (干) 것을 분리(夭)시켜 줌이 다행인 것이다.

卽 皀(香)과 卩(節)의 합자니, 사람은 향기(皀)나는 마디(卩)로 나아간다.

에세이

본 《에세이 천자문》 전편의 253페이지에 '절의염퇴(節義廉退)'라는 구절이 있다. 즉 절개와 의리와 청렴과 물러남은 세상이 바뀌어도 이 말씀은 없어지지 않는다는 말이니, 본문에서는 이를 계승하여 군주의 총애를 받아서 열심히 충성하여 일을 해야 하지만, 그러나 옆의 시기와 무함(誣陷)을 받으면 벼슬을 그만두고 물러나와 고향으로 내려가서 자연과 벗하면서 후학을 가르친 옛적 선현(先賢)들의 삶을 말한 것이다.

필자의 16대조인 송정(松亭) 전팽령(全彭齡) 선생은 중종조에 현량과에 추천을 받아서 2등이라는 성적을 냈지만, 무슨 이유인지 전시(殿試)를 보지 않아서 출사(出仕)하지 못하였고, 1524년(중종 19) 별시문과에 병과로 급제하여 출사(出仕)하여 여러 관직을 두루 거쳤고 청백리(淸白吏)에 선정되었다. 말년에는 강원도관찰사와 예조참판에 제수되었지만 사직상소를 세 번씩 올리고 고향인 옥천으로 낙향하여 이남강 가에 양신정(養神亭)과 취원정(趣遠亭)을 짓고 백형인 송로(松老)와 중형(仲兄)인 송오(松塢)와 형제의 정을 나누면서 후학을 가르쳤다고 전한다.

물론 필자의 선조만 이렇게 한 것은 아니다. 조선조에서는 많은 인사들이 말년에는 이렇게 하는 것을 미덕으로 삼고 욕심을 꺾고 물러나와 정자를 짓고 자연을 벗한 현자들이 많은 것으로 알고 있다.

요즘은 대한민국 제19대 총선 국회의원 선거가 2일 앞으로 다가온 시점이다. 그러나 국회의원에 입후보한 인사들의 면면을 보면, 자기 당의 공천을 받지 못하자 무소속으로 출마한 인사들이 상당히 많다. 이들은 자기가 후보로 공천을 신청한 당의 후보에 너무나 큰 위협자이다. 왜냐면 자기가 가지고 있던 당의 표를 둘이 나누어 먹으니까 결국은 상대당 후보에게 떨어지게 될 것이 뻔하다.

이런 인사에는 대부분 나이가 많고 과거에 높은 자리에 앉은 인사

들이 많은 것을 볼 수가 있는데, 이는 노욕(老慾)으로 봐야 한다. 본
문의 말씀처럼 깨끗이 물러나와 산천을 벗하며 산다면 훨씬 멋진
삶이 될 것인데 말이다.

• **양소견기(兩疏見機)** : 한대(漢代)의 소광(疏廣)과 소수(疏受)는 세상 돌아가는 기미를 보고

자원(字源)

兩 丁(秤)의 양쪽에 각기 十二수의 중량을 넣고(入) 그것을 하나로 덮어(冂)놓은 二十四수를 지칭한 것이니, **둘을 하나**로 합칭하는 것이다.

疏 疋은 족(足)이고, 㐬은 유(㐬)니, 즉 깃(㐬)발(足)을 들어서 의사를 **통하는** 것인데, 그 상간은 먼 것이라. 먼 사람에게 의사를 통하는 **편지**하는 뜻도 된다.

見 목(目)과 인(儿)의 합자니, 사람이(儿) 눈(目)으로 **보는** 것이나, 또한 **보인다**는 뜻도 된다. 또 **나타난다**는 뜻으로서는 음이 현이다.

機 목(木)과 기(幾)의 합자니, 작은 작용(幾)으로서 큰 성과를 나타내는 나무(木)틀은 **기계**이다. 따라서 쇠로 만든 모든 기계를 통칭한다.

에세이

소광(疏廣)은 한(漢)나라 선제(宣帝) 때 태자태부(太子太傅)를 지

냈고, 소광의 조카인 소수(疏受) 역시 태자소부(太子少傅)가 되어 삼촌과 조카가 모두 태자의 스승이 되는 영예를 누렸다. 얼마 뒤에 소광은 소수에게 '만족할 줄 알면 욕된 일을 당하지 않고, 그칠 줄 알면 위태롭지 않다.(知足不辱, 知止不殆)' 라고 하며, 이제 그만 벼슬에서 물러나자고 말하였다.

소수도 그 말을 따라, 두 사람은 선제에게 주청하여 관직에서 물러났다. 소광과 소수는 고향으로 돌아온 뒤에 황제로부터 하사받은 재물로 매일 주연을 베풀고 친지들을 청하여 함께 즐겼다. 이에 어떤 사람이 그렇게 돈을 다 써버릴 것이 아니라 자손들을 생각하여 전답(田畓)을 사두라고 권하였다.

그러자 소광은 이렇게 말하였다.

"나라고 자손들의 훗날을 생각하지 않겠는가? 다만 우리 집안에 대대로 물려받은 전답이 있으니, 자손들이 힘써 경작한다면 보통의 생활수준은 누릴 수 있을 것이다. 이제 거기에 재물을 더하면 자손들에게 게으름을 가르치는 결과가 될 것이다.

현명한 사람이 재물을 많이 가지면 그 뜻이 손상되고, 어리석은 사람이 재물을 많이 가지면 그 과오가 더욱 많아지기 마련이다. 하물며 부자는 뭇사람들의 원한의 대상이 되기 마련이니 나는 자손들의 죄를 더하고 원한을 사게 하는 일을 하고 싶지 않다. 또 이 황금은 황제께서 늙은 신하를 은혜로 돌보셔서 하사한 것이니, 고향의 종족과 함께 즐기며 내 여생을 다하는 것이 또한 옳은 일이 아닌가?" 라고 하였다.

• **해조수핍(解組誰逼)** : 벼슬을 그만두었으니 누가 핍박하겠는가!

자원(字源)

解 각(角)과 도(刀)와 우(牛)의 합자니, 소(牛) 뿔(角)을 칼(刀)로 쳐서 잡아서 나눈다는 뜻이고, 또한 소를 해체한다는 뜻으로 **푼다**는 뜻이 되었다.

組 사(糸)와 차(且)의 합자니, 실(糸)의 날에 또(且)한 씨로서 한 덩어리로 **짜는** 것이다. 실을 짜서 쌓은 것은 적(績)이고, 포백을 이어 짜는 것은 직(織)이다.

誰 언(言)과 추(隹)의 합자니, 새(隹)를 말(言)하면 모두 다 같이 보이니 **누가** 누군지를 모르는 것이다. 말하는 누구는 수(誰)고, 행하는 누구는 숙(孰)이다.

逼 복(畐)과 착(辶)의 합자니, 복(畐)은 부(富)와 복(福)인데, 그것이 가(辶)버렸으니 생활의 곤궁함이 **다가오는** 것이다.

관직에 나가기도 어렵고 관직을 그만두기도 어려운 것이다. 요즘은 공무원이 국민선호도 제1위라 한다. 공무원이 되는 길은 사법고시나 행정고시를 거치거나 7급 공채와 9급 공채를 거쳐서 국가나 해당 지방청의 임명을 받아야 한다. 공무원은 한 번 임명을 받으면 대과(大過)가 없는 한 정년퇴직할 때까지 근무할 수가 있어서 비교적 안정적인 삶을 영위할 수가 있어서 좋아하는 것이다.

오늘날 한국직업사전에 따르면, 현재 우리나라의 직업 수는 1만 2306나 된다고 한다. 그러나 옛적 군왕제도하에서는 사농공상(士農工商)으로 분류하여 선비는 과거를 거쳐서 관료가 되고, 나머지는 농사를 짓거나 장사를 하거나 장인(匠人)이 되어서 농기구나 생필품을 만드는 직업정도이었다.

그러므로 가장 고급직장인 관료를 그만 두기가 쉬운 일은 아니었다. 여기에 권세까지 겸했다면 더욱 그만 두기가 어렵고, 또한 임금의 두터운 신임을 얻었다면 더욱 그만 두기가 어려운 것이다. 그러나 본문의 소광(疏廣)과 소수(疏受)는 태자태부(太子太傅)와 태자소부(太子少傅)의 직책에 있으면서 황제의 신임을 한몸에 받고 있었으니 더욱 벼슬에서 물러나기가 어려웠을 것이다 그러나 이를 과감히 해조(解組)했으므로 천자문의 작자는 천자문에 골라 넣어서 위 두 사람의 행동이 옳았음을 증거하고 있다.

이는 의(義)를 숭상하는 군자가 관직에 있을 때에 일어나는 아름다운 미덕을 말한 것이다. 반대로 소리(小利)를 숭상하는 소인이 권력을 잡으면 일은 하지 않고 어디 이권(利權)이 없는가만 찾아다니니, 욕심의 냄새만 나지 양보하는 아름다움은 나지 않는 것이다.

오늘날은 학문이 소리(小利)를 배우는 학문으로 전락하여 소광과 소수 같이 남에게 양보하는 대의를 숭상하는 사람은 볼 수가 없다. 비근한 예로, 서화나 예술관계의 공모전을 들 수가 있는데, 이들은 수상자를 미리 선정해 놓고 대전을 치루니 심사위원의 눈에 든 자가 아니면 당선이 불가능하다. 시급히 개선되어야 할 문제지만, 점점 더 나빠지기는 해도 좋아질 기미는 없다. 왜냐면 소리(小利)의 학문을 배웠기에 이들은 언제나 나에게 이익을 추구하기 때문이다.

제 **13** 장 한거(閑居)

색거한처(索居閑處) · 침묵적요(沈默寂寥) · 구고심론(求古尋論) · 산려소요(散慮逍遙) · 흔주루견(欣奏累遣) · 척사환초(感謝歡招) · 거하적력(渠荷的歷) · 원망추조(園莽抽條) · 비파만취(枇杷晚翠) · 오동조조(梧桐早凋) · 진근위예(陳根委翳) · 낙엽표요(落葉飄颻) · 유곤독운(遊鯤獨運) · 능마강소(凌摩絳霄)

• 색거한처(索居閑處) : 한가한 곳을 찾아서 살며

| 자원(字源) |

索 무성한(屮) 초목으로 **새끼**(糸)를 꼬는 것이다.

居 시(尸)와 고(古)의 합자니, 움직이지 않고(尸) 옛날(古)부터 **살고** 있는 것을 의미하였다. 계속해서 사는 것은 거(居)고, 어느 곳에 사는 것은 주(住)며, 살아 움직이는 것은 활(活)이다.

閑 문(門) 앞을 수목(木)이 막는 것이니 복잡한 외계를 차단했으므로 **고요한** 것이다. 한(閒)으로도 쓰니, 문(門)틈으로 달이 비칠 때도 고요하기 때문이다.

處 쇠(夊)는 편안히 걷는 것이고, 궤(几)는 기대서 앉는 상이니, 걸어 가다가(夊) 앉아 기대서(几) 머물러 있는 것인데, 범(虍)처럼 유력하게 **사는 곳**도 뜻하니 음은 처다.

에세이

필자가 중국의 소주(蘇州)에 있는 풍교진(楓橋津)에 갔는데, 그 옆에 있는 마을을 보니, 이층으로 지은 기와집이 호숫가에 한적하게

줄지어있는 것을 보니 참으로 고(古)스럽고 보기가 좋아서 사진을
찍으면서 걸어본 기억이 난다. 이런 곳에서 살아봤으면 하고 생각
을 하였다. 여기 풍교진(楓橋津)에서 당(唐)의 장계(張繼)가 풍교야
박(楓橋夜泊)이라는 시를 지었다고 한다. 이 시는 지금도 인구(人
口)에 회자(膾炙)되는 매우 좋은 시이니, 그러므로 여기에 싣는다.

월 락 오 제 상 만 천 月落烏啼霜滿天	달은 지고 까마귀 우니 천지에 찬 서리가 내리고
강 풍 어 화 대 수 면 江楓漁火對愁眠	강풍교 고깃배 불빛 바라보며 시름에 겨워 조는데
고 소 성 외 한 산 사 姑蘇城外寒山寺	고소성 밖 한산사에서 울리는
야 반 종 성 도 객 선 夜半鐘聲到客船	한밤중 종소리가 객선에까지 들리누나.

▲ 풍교진

●**침묵적요(沈默寂寥)** : 무언(無言)을 지키고 수양(修養)하니 이곳은 적요(寂寥)하다.

| 자원(字源) |

沈 수(氵)와 용(冘)의 합자니, 물(氵)에 엎어지니(冘) **잠기는** 것이다.

默 흑(黑)과 견(犬)의 합자니, 사람만 보면 짖는 개(犬)가 암흑(黑)한 밤에는 사람이 안 보이니 **잠잠히** 있는 것이다.

寂 본래는 면(宀)과 숙(尗)의 합자로써 콩(尗)이나 먹고 사는 가난한 집이 아무소리 없이 고요한 것인데, 후에 우(又)를 덧붙였으니 더욱 **고요함**이다.

寥 면(宀)과 요(翏)의 합자니, 바람소리(翏)만 나는 집(宀)이니, 아무도 없는 **쓸쓸**하고 **고요한** 집이다.

에세이

여유당 정약용 선생이나 추사(秋史) 김정희 선생은 모두 오랫동안 벽지(僻地)에서 귀양살이를 했다. 그렇기에 고요하고 적막한 곳에서 심신을 수양하고 학문에 전념하여 타의 추종을 불허하는 학문과

▲ 함양 거연정

예술을 창안하였던 것이다.

만약 이들 두 선생이 벼슬에서 물러나지 않고 계속 조정에 남아있었다면 아마도 이러한 업적은 이루지 못했을 것이다. 그러므로 새옹지마(塞翁之馬)²⁹⁾라는 말이 이에도 해당이 된다.

29) 새옹지마(塞翁之馬) : 북방 국경 근방에 점을 잘 치는 늙은이가 살고 있었는데 하루는 그가 기르는 말이 아무런 까닭도 없이 도망쳐 오랑캐들이 사는 국경 너머로 가버렸다. 마을 사람들이 위로하고 동정하자 늙은이는 "이것이 또 무슨 복이 될는지 알겠소" 하고 조금도 낙심하지 않았다. 몇 달 후 뜻밖에도 도망갔던 말이 오랑캐의 좋은 말을 한 필 끌고 돌아오자 마을 사람들이 이것을 축하하였다. 그러자 그 늙은이는 "그것이 또 무슨 화가 될는지 알겠소" 하고 조금도 기뻐하지 않았다. 그런데 집에 좋은 말이 생기자 전부터 말타기를 좋아하던 늙은이의 아들이 그 말을 타고 달리다가 말에서 떨어져 다리가 부러졌다. 마을 사람들이 아들이 절름발이가 된 데 대하여 위로하자 늙은이는 "그것이 혹시 복이 될는지 누가 알겠소" 하고 태연한 표정이었다. 그런 지 1년이 지난 후 오랑캐들이 대거하여 쳐들어왔다. 장정들이 활을 들고 싸움터에 나가 모두 전사하였는데 늙은이의 아들만은 절름발이어서 부자가 모두 무사할 수 있었다.

우리나라의 지방 각지에는 옛적 조선시대에 지은 정자들이 수없이 많다. 이는 모두 선현들이 벼슬에서 물러나서 만년(晚年)을 산수(山水)와 벗하면서 심신을 수양하고 후학을 가르친 장소이다. 이들 정자가 있는 곳은 모두 경치가 아름다운 곳에 있다.

경남 함양의 화림계곡에는 거연정(居然亭), 동호정(東湖亭), 농월정(弄月亭) 등 많은 정자가 세워져 있다. 이곳은 덕유산의 자락으로 계곡이 무척 아름답고 물이 맑은 계곡인데, 길이는 60km에 이르는 곳에 많은 정자가 세워져 있다. 이러한 산수가 좋은 곳에서 우리의 선현들은 심신을 수련하면서 산수와 더불어 오유(傲遊)하였다고 한다.

• **구고심론(求古尋論)** : (한적하게 살면서) 고인(古人)의 도(道)를 찾아 구하여 이를 상론(詳論)하고

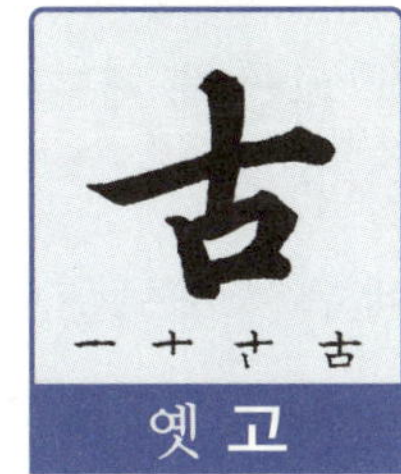

┃ 자원(字源) ┃

求 《설문(說文)》에는 구(裘)의 본자(本字)로 겉옷을 상형한 것이라 했으나, 차라리 인간이 사는 **요점**(丶)은 첫째(一) 물(水)이라, 입(口)은 물을 **구하는** 것이라 음은 구다.

古 시간이 흘러 내려오는(丨) 것을 말하는(口) 어떤 한계선(一)을 그어 그 **이전**을 지칭한 것이 아닐까!

尋 ⺕(⺸)와 공(工)은 좌(左)고, 𠂇와 구(口)는 우(右)가 되니, 좌우의 손을 쭉 펴서 치(寸)수를 재는 것이다. 이가 **한길**이란 뜻이 되는 동시에 치수를 **찾는** 것이다.

論 언(言)과 륜(侖)의 합자니, 질서(侖)있는 말(言)이다. 즉 **의론함**이다. 의리있는 말은 의(議)고, 체계있는 말은 강(講)이며, 혀로만 하는 말은 화(話)다.

에세이

《논어》의 〈위정편〉에 보면 "온고지신(溫故知新)"이라는 말이 있

다. 즉 옛것을 익히고 그것을 통해서 새로운 것을 안다는 말이다. 그러므로 천하의 대성인 공자(孔子)도 삼대(三代)를 이었다고 하였으니, 삼대는 즉 우(禹)의 하(夏)나라와 탕(湯)의 은(殷)나라와 문왕(文王)의 주(周)나라를 말한다. 이 세 나라의 제도와 풍속과 교육을 이어서 공자의 학문이 나왔다는 것이다.

이 세상의 역사는 옛것을 익히고 배워서 새로운 것을 창조하여 발전하는 것이다. 현대에 들어서 우리나라가 발전한 것을 보아도 처음에는 일본과 미국을 본받아서 제품을 만들어서 팔다보니, 어느덧 노하우가 생겨서 지금은 반도체에서 일본과 미국을 제치고 세계 제1의 기술을 보유하고 있지 않은가!

그래서 고전(古典)을 배우라 하고, 고전을 많이 읽은 자라야 그 쌓인 것 안에서 새로운 것을 창안해 내는 것이다. 세계 제1의 글인 훈민정음도 중국의 음운학을 연구하고 주역의 음양오행의 원리를 잘 적응시켜서 창제해 내니, 이 세상의 모든 언어를 흉내 낼 수 있는 한글이 된 것이다.

● **산려소요(散慮逍遙)** : 응체(凝滯)한 생각을 흩어 없애고 소요
(逍遙)하고 자적(自適)한다.

| 자원(字源) |

散 본시는 㯕과 복(攵)의 힙자로 썼으니, 벗긴 삼(㯕)을 매쳐서(攵) **흩**
은 것인데, 후세에 㯕(㐄)로 변해서 각색의 고기(月)를 매로 쳐서
(攵) **흩어진** 것이다.

慮 虍(虎)와 사(思)의 합자로, 범(虎)이 올까 생각(思)하면 겁이 나는
것이니, 장래를 **걱정하는** 것이다. 장래를 걱정함은 려(慮)고, 과거
를 생각함은 모(慕)다.

逍 착(辶)과 초(肖)가 합한 형성자니, 훈(訓)은 착(辶)을 따라서 **소**
요하는 것이고, 음은 초(肖)가 변한 것이다.

遙 요(䍃)와 착(辶)의 합자니, 가늘고 긴(䍃) 길로 가(辶)니 **멀리** 보이
는 것이다. 보기에 먼 것은 요(遙)고, 거리가 먼 것은 원(遠)이며,
가깝고도 먼 것은 하(遐)다.

　사람이 젊어서는 도회지에서 정열을 불태워서 일을 하고, 늙으면 고향에 내려가서 여생을 보내는 것을 조선조에서는 인생의 표본으로 삼아서 모든 사람들이 벼슬을 하다가 늙으면 고향에 내려와서 산수가 좋은 곳에 정자를 짓고 후학을 가르쳤다.

　필자의 친구 한 사람도 지금 나의 고향인 부여에 낙향하여 산다. 물론 필자의 도움을 받아서 그곳에 땅을 사고 집을 지어서 산다. 이 친구가 그곳에 사니, 뒤에 차관을 한 모 인사가 그 마을로 내려와서 산다고 한다.

　필자도 내려가고 싶지만 이렇게 하는 것도 다 팔자속이다. 왜냐면 필자는 유년과 장년시절은 많은 역경을 거치면서 자식 둘을 가르치기에 바빴다. 그러다보니 정작 내가 노년에 쓸 자금을 마련하지 못했다. 그러므로 지금 이순(耳順)의 중반인데도 한 가정을 책임지고 돈을 벌어야 하는 신세이니 어찌 낙향을 꿈꾸겠는가!

　이렇게 모든 사람들이 자기의 팔자대로 살아가는 것이니, 삶에 꼭 맞는 정답은 없는 것이다. 그러나 어디에서 산다 해도 명예를 중하게 여기고 살아야 한다. 자칫 명예가 손상되면 자기뿐 아니라 자식에게까지 불명예를 끼치게 되니 하는 말이다.

　여하튼 이 문단은 노년에 낙향하여 여유롭게 산수 간에 소요(逍遙)하며 사는 것을 최상의 삶이라 한 것이다. 물론 이 말은 옛날의 기준에 의한 말씀이다.

• **흔주루견(欣奏累遣)** : 기쁨은 중심에 모여들고 번루(煩累)함
은 밖으로 내보내고

| **자원(字源)** |

欣 근(斤)과 흠(欠)의 합자니, 자기의 흠(欠)을 끊는(斤) 것은 **기쁜** 일
이다.

奏 전문(篆文)에 무엇을 두 손으로 **드리는** 형상이나, 위대(大)한 윗
(二) 사람에게 예쁜(夭) 것을 드림이다. 언(言)과 악(樂)을 드림은
주(奏)고, 인물(人物)을 드림은 천(薦)이며, 성(誠)과 력(力)을 드림
은 헌(獻)이다.

累 본래는 루(畾)와 사(糸)의 합자니, 여러 덩어리(畾)를 실(糸) 하나로
묶는 것이다.

遣 虫은 귀(貴)의 윗부분이고 㠯은 이(以)의 고자(古字)니, 윗사람이
아랫사람에게 무엇을 **보내는** 것이다. 목적 있게 보냄은 견(遣)이고,
가는 것을 보냄은 송(送)이다.

사람은 행동거지(行動擧止)가 바르고 정확해야 한다. 만약 행위가 부정확하면 사람들의 신임을 얻지 못하고, 도리어 부정한 눈으로 바라보는 것이다.

이 어구(語句)는 《도덕경(道德經)》에 "知足不辱 知止不殆 可以長久"라 하여 '만족함을 알면 욕되지 않고, 그칠 줄을 알면 위태하지 않으며 명예가 장구(長久)하게 된다.'는 말이니, 자신의 처지를 잘 이해하고 욕심을 부리지 않아야 한다는 말이다.

사람이 권세를 가지고 있으면 자신은 부정(不正)에 얽매이지 않으려고 해도 주위에서 그냥 놓아주지를 않는다. 왜냐면 주위에 있는 사람들이 권세에 아부하여 좋은 자리에 앉아서 권세도 부리고 재물도 축적하려고 그렇게 하는 것이니, 이를 이길 수 있는 자는 많은 수양을 한 자라야 가능한 것이다. 그러므로 자신의 능력은 한 사발에 불과한데, 물통만한 자리에 앉으면 반드시 사고가 나는 것이다.

그래서 지도자의 논공행상이 매우 중요한 것이다. 인조반정 때에 논공행상에서 2등 공신에 밀린 이괄은 뒤에 반란을 일으켜서 한때 궁성을 장악했다. 이로 인해서 임금은 공주로 몽진하였고, 나라의 경제는 피폐하게 되었다.

인생사가 이렇게 앞길이 험난한 것이니, 그 누가 앞날을 보고 이 가시밭길을 잘 헤쳐 나가겠는가! 그러므로 욕심을 버리고 산수가 유려한 곳에 낙향하여 그곳에서 차연과 더불어 소요하면, 자신의 명예를 지킴은 물론 죄를 짓지 않아서 자손에게 반드시 서광이 있을 것이다.

● **척사환초(慼謝歡招)** : 슬픈 마음은 사절하니 환희의 마음이 찾아온다.

| 자원(字源) |

慼 척(戚)과 심(心)이 합한 형성자(形聲字)니, 훈(訓)의 **슬픔**은 심(心)을 따르고, 음은 척(戚)을 따랐다. 원래 척(戚)이 슬플 척자인데, 이 글자가 일가, 겨레로 쓰므로 심(心)을 더한 것이다.

謝 말(言)로 쏘아서(射) **거절하는** 것이다. 또한 자신(身)의 법도(寸) 있는 말(言)로써 남의 공덕을 보답해주는 뜻으로도 쓴다.

歡 관(雚)과 흠(欠)의 합자니, 황새(雚)가 서로 만나서 입을 벌리고(欠) 소리하면서 **즐거워하는** 것이다. 서로 즐김은 환(歡)이고, 가서 만나 즐김은 환(驩)이다.

招 수(扌)와 소(召)의 합자니, 손(扌)으로 **부르는**(召) 것이다. 손으로 부르는 것은 초(招)고, 입으로 부르는 것은 소(召)며, 큰소리로 부르는 것은 호(呼)다.

본구(本句)는 장협(張協)의 칠명(七命)에

낙 이 망 척
樂以忘慼　즐거움으로 슬픔을 잊고

유 이 졸 시
遊以卒時　오유(遨遊)하면서 시절을 마친다.

고 하는 문구에서 인용한 말이니, 장협(張協)은 진(晉)의 장재(張載)와 장화(張華)와 함께 삼장(三張)의 문인으로 불렸다. 우리나라 조선의 중기 4대 문장가의 한 사람인 장유(張維)가 장(張)·왕(王)[30]을 본받아서 북망행(北邙行)을 지었다고 하니, 아래에 싣는다.

배 망 산 하 련 파 타
北邙山下連坡陁　북망산 아래 연이은 경사진 구릉

유 류 만 목 구 분 다
纍纍滿目丘墳多　보이나니 위아래 온통 무덤 뿐

신 분 최 외 고 분 퇴
新墳崔嵬故墳頹　도톰한 새 무덤에 허물어진 옛날 무덤

일 일 단 견 상 거 래
日日但見喪車來　날이면 날마다 상여 메고 올라오네.

상 거 래 입 산 곡
喪車來入山曲　영구차(靈柩車) 산굽이 돌아서 오면

노 상 인 가 산 상 곡
路上人歌山上哭　길가에선 노랫소리 산 위에선 호곡(號哭)소리

30) 장(張)·왕(王) : 북망행을 지은 진(晉)나라 장협(張協)과 당(唐)나라 왕건(王建)을 말한다.

홍 정 분 자 고 십 척
紅旌粉字高十尺　열 자 넘는 붉은 만장(輓章) 바람에 펄럭펄럭

백 골 수 부 지 영 욕
白骨誰復知榮辱　백골이야 다시금 영욕을 어찌 알까

분 전 무 지 종 백 양
墳前無地種白楊　백양도 못 심을 비좁은 묘지

단 봉 숙 초 첨 신 상
斷蓬宿草沾晨霜　잡초만 무성히 아침 이슬 적시는데

호 리 주 면 석 상 상
狐狸晝眠石床上　여우와 살쾡이들 석상에서 낮잠을 자다.

견 인 주 입 심 총 장
見人走入深叢藏　사람 보면 도망가 수풀 속에 깊이 숨네.

고 대 가 무 춘 풍 란
高臺歌舞春風闌　높은 누대(樓臺) 흥겹게 노닐다가도 봄바람 어느새 잦아지는 법

천 금 난 매 구 전 단
千金難買九轉丹　그때 가선 천금 주고 구전단 사기 어려우리.

인 생 낭 작 백 년 계
人生浪作百年計　인생 백 년 아무래도 부질없는 일

북 망 산 전 수 동 서
北邙山前水東逝　북망산 저 앞의 물 유유히 흐르누나.

| 자원(字源) |

渠 수(氵)와 거(巨)와 목(木)의 합자니, 큰(巨) 나무(木)가 물(氵)에 떠서 들어갈 만큼 파서 만든 **도랑**이다. 파서 만든 작은 도랑은 구(溝)다.

荷 갑골문에서 하(何)자는 물건을 막대기에 걸어서 어깨에 **메고** 있는 형상인데, 초(艹)를 덧붙였으니 풀을 멘 것이다. 그처럼 큰 잎이 약한 줄기에 짐이 된 **연**(蓮)도 뜻하니, 음은 하(何)다.

的 백(白)과 작(勺)의 합자니, 희(白)고 둥근(勺) 판에다 한 점(丶)을 목표로 해서 활을 쏘는 **과녁**이다.

歷 사람이 가는 것은 지(之)고, 일월(日月)이 가는 것은 시(時)다. 시(時)가 가는 계통은 력(曆)이고, 지(之)하는 족적은 력(歷)이니, **지나간 경력**이다. 경력을 기록한 것은 사(史)다.

에세이

　벼슬을 버리고 낙향한 은자(隱者)가 사는 시골 연못에는 연꽃이 선명하게 피어있고 구원(丘園)에는 수림(樹林)의 가지가 쭉쭉 뻗어 있어서 은자(隱者)가 심신을 수양하기에 알맞은 실정을 말한 것이다.

중국에서는 연꽃이 활짝 피면 여성들이 배를 타고 연꽃을 따면서 채련가(採蓮歌)를 부른다고 한다. 우리나라에서는 볼 수가 없는 광경이다. 그러나 요즘은 우리나라의 지방정부에서 넓은 연못을 만들고 그곳에 연꽃을 심어서 관상하게 하는 곳이 많으니, 양평의 '세미원'과 부여의 궁남지 연꽃밭과 경주의 연꽃도 모두 볼만한 곳이다. 그러므로 아래에 조선조 문장가인 최경창[31] 선생의 채련곡을 싣고, 연이어 김광욱(金光煜)[32] 의 차채련곡운(次采蓮曲韻)을 싣는다.

---

31) 최경창 : 본관 해주(海州). 자 가운(嘉運), 호 고죽(孤竹). 박순(朴淳)의 문인. 문장과 학문에 뛰어나 이이(李珥)·송익필(宋翼弼) 등과 함께 팔문장으로 불리었고 당시(唐詩)에도 능하여 삼당파(三唐派)이라고도 일컬어졌다. 1568년(선조 1) 증광시문과(增廣試文科)에 급제, 대동도찰방(大同道察訪)·종성부사(鍾城府使)를 지냈다. 1583년 방어사(防禦使)의 종사관(從事官)에 임명되었으나 상경 도중 죽었다. 시와 서화(書畵)에 뛰어났으며 피리도 잘 불었다. 숙종 때 청백리(淸白吏)에 녹선(錄選)되었다. 문집에 《고죽유고(孤竹遺稿)》가 있다.

32) 김광욱(金光煜) : 본관은 안동(安東), 자는 회이(晦而), 호는 죽소(竹所). 생해(生海)의 증손으로 할아버지는 원효(元孝)이고 아버지는 형조참판 상준(尙寯)이며, 어머니는 이천우(李天祐)의 딸이다. 1606년 진사시에 제1인으로 합격하고, 같은 해 증광문과에 병과로 급제하여 승문원에 배속되었다가 검열·대교·봉교를 거쳐, 병조좌랑·정언·부수찬 등을 역임하였다. 1611년(광해군 3) 다시 정언이 되어 이언적(李彦迪)과 이황(李滉)의 문묘종사(文廟從祀)를 반대하는 정인홍(鄭仁弘)을 탄핵하였다.

채련곡(採蓮曲)

최경창(崔慶昌)

수 안 의 의 양 류 다
水岸依依楊柳多　강 언덕 길고 긴데 능수버들 늘어졌고

소 선 요 청 채 련 가
小船遙聽采蓮歌　연 따는 노랫가락 조각배에 들려오네.

홍 의 낙 진 추 풍 기
紅衣落盡秋風起　붉던 꽃 다 져서 서녘 바람 차가운데

일 모 방 주 생 백 파
日暮芳洲生白波　해 저문 물가에는 흰 물결만 이네.

차채련곡운(次采蓮曲韻)

김광욱(金光煜)

부 벽 루 전 연 수 다
浮碧樓前煙水多　부벽루 앞 대동강에 안개 자욱한데

도 가 상 화 채 련 가
棹歌相和采蓮歌　노 저으며 부르는 노래 채련가라네.

이 주 욕 향 남 당 거
移舟欲向南塘去　방향 틀어 남쪽 연못으로 가려 하는데

각 파 장 주 기 백 파
却怕長洲起白波　긴 모래톱에 흰 물결 이니 두려움 몰려오네.

• **원망추조(園莽抽條)** : 임원(林園)의 무성한 초목(草木)은 가지가 쭉쭉 뻗어서 장관이다.

| 자원(字源) |

園 위(囗)와 원(袁)의 합자니, 넓은(袁) 띵을 둘러싼(囗) 안에 수목을 심은 **동산**이다. 동물도 기르는 곳은 원(苑)이고, 삼림(森林)을 기르는 곳은 유(囿)다.

莽 원래 망(茻)과 견(犬)의 합자니, 개(犬)가 **풀**(茻) 가운데서 토끼를 쫓아내는 것이다.

抽 수(手)와 유(由)의 합자니, 들어있는 데서 말미암아(由) 손(扌)으로 **빼내는** 것이다. 필요한 것을 빼내는 것은 추(抽)고, 뛰어나게 빼내는 것은 발(拔)이다.

條 유(攸)와 목(木)의 합자니, 나무(木)가 크는 바(攸)에는 **가지**가 뻗어 나간다. 조문의 가지, 조리의 줄기라는 뜻도 되었다.

에세이

1950년 6 · 25전쟁을 겪은 뒤 50~60년대 우리나라의 산은 온통 빨간 황토만 보이는 민둥산 천지였다. 왜냐면 왜정(倭政) 36년을 겪고 뒤이어 전쟁을 치렀으니 국민들은 모두 초근목피로 근근이 연명하던 때인지라, 산에 가서 나무를 베어다가 방에 불을 때서 밥을 지어 먹고 산나물을 깨서 먹어야 했으니, 산의 나무가 남아있을 수가 없었다.

필자도 총각시절에는 아침에 산에 가서 나무를 한 짐 해서 짊어지고 집으로 와서 점심을 먹고 오후에 다시 산에 가서 나무를 한 짐 해서 지게에 짊어지고 집으로 온 일이 지금도 생생하다. 그리고 산에 가서 나물을 뜯고 약초를 캐서 시장에 가서 팔아서 학용품을 사서 쓴 경험도 있으며, 또 산전(山田)을 만들어서 그곳에 참깨를 심어서 수확한 일도 생각이 난다.

그 뒤에 새마을 운동이 시작되어서 '산을 푸르게'라는 목표 아래 사방(砂防) 사업을 줄기차게 벌여서 지금과 같은 푸른 산을 만들었다. 이는 모두 박정희 정부 때에 새마을 사업을 잘한 덕택이다.

지금 북한을 위성사진으로 보면 산이 온통 붉은색으로 보인다. 이는 우리나라의 50~60년대와 같이 경제가 어려워서 산에 가서 풀뿌리를 캐먹기 때문이다. 그러므로 국민은 지도자를 잘 만나야 잘 사는 것이고, 잘못 만나면 일평생 고생만 하는 것이다.

그런데 산이 우거지면 그 나무들이 뻗어낸 가지들이 쭉쭉 빼어나서 보기도 좋고 아름다운 것이니, 이 구절은 이러한 아름다운 광경을 말한 것이다.

● **비파만취(枇杷晩翠)** : 비파(枇杷)는 늦은 겨울에도 푸르고

| 자원(字源) |

枇 목(木)과 비(比)가 합한 형성자(形聲字)니, 목(木)은 **비파**를 뜻하고, 비(比)는 음이 되었다.

杷 목(木)과 파(巴)가 합한 형성자(形聲字)니, 목(木)은 **비파**를 뜻하고, 파(巴)는 음이 되었다.

晩 면(免)자는 토(兎)자에서 한 점이 떨어지고 일(日)자를 붙였으니, 해가 떨어져 저녁이 되어 일하기에는 때가 **늦은** 뜻이 되었다. 음(音)의 만은 면(免)의 변성이다.

翠 우(羽)와 졸(卒)의 합자니, 날개의 털(羽)이 모두(卒) 다 **푸른** 물새로서 수컷은 비(翡)고, 암컷은 취(翠)나 **푸른색**으로만 쓰이니, 음은 취다. 청백색은 벽(碧)이고, 청적색은 취(翠)다.

에세이

비파(枇杷)는 10월에 꽃이 피고 11월에 열매를 맺어 다음 해 5월에야 익는다. 꽃은 살구꽃 같은데 빛이 누르며, 열매가 포도처럼 맺

는다 한다. 비파(枇杷)라는 이름의 유래는 중국 의서(醫書)에서 잎이 비파라는 현악기를 닮아서 비파(枇杷)라고 불렸다는 설과 또 다른 기록에는 열매 모양이 비파와 비슷하기 때문에 붙여졌다고 전해진다.

2006년에 필자가 대한민국 경찰청의 초청을 받아서 "전규호서법전"을 열었는데, 그때에 백거이의 비파행을 초서로 써서 전시한 경력이 있다. 이 시는 비파 타는 여인의 기구한 일생을 너무나 생생하게 그린 걸작이다. 그래서 아래에 비파행의 전문을 싣는다.

심양강두야송객 潯陽江頭夜送客	심양 강가에서 밤에 나그네를 배웅할 때
풍엽적화추슬슬 楓葉荻花秋瑟瑟	단풍잎 갈대꽃 위로 가을바람 소슬하다.
주인하마객재선 主人下馬客在船	주인은 말에서 내리고 손님은 배 안에 있어
거주욕음무관현 舉酒欲飲無管絃	술잔 들어 이별주를 마시려 해도 풍악이 없구나.
취불성환참장별 醉不成歡慘將別	취한 마음 기쁘지 않고 이별의 슬픔만 처절한데
별시망망강침월 別時茫茫江浸月	헤어질 때 망망한 강에는 달빛만 어려 흐른다.
홀문수상비파성 忽聞水上琵琶聲	홀연 강물 위에 비파 소리 들려오니
주인망귀객불발 主人忘歸客不發	주인은 돌아올 것 잊고 나그네는 떠나가지 않았다.
심성암문탄자수 尋聲暗問彈者誰	소리를 찾아 타는 이 누군가 몰래 물었으나
비파성정욕어지 琵琶聲停欲語遲	비파 소리만 끊기고 말은 머뭇머뭇
이선상근요상견 移船相近邀相見	배를 옮겨 서로 가까이 가서 만나 달라 요청하며

添酒回燈重開宴
첨 주 회 등 중 개 연

술 더하고 등불 돌려 다시 주연을 베푸네.

千呼萬喚始出來
천 호 만 환 시 출 래

천 번 만 번 불러서야 겨우 나왔건만

猶抱琵琶半遮面
유 포 비 파 반 차 면

여전히 비파 안고 얼굴 반을 가리고 있다.

轉軸撥絃三兩聲
전 축 발 현 삼 량 성

축(軸)을 돌려 두세 번 줄을 퉁기니

未成曲調先有情
미 성 곡 조 선 유 정

곡도 타지 않은 소리건만 벌써 정이 담겼네.

絃絃掩抑聲聲思
현 현 엄 억 성 성 사

줄마다 억누르듯 타니 소리마다 애틋하여

似訴平生不得志
사 소 평 생 불 득 지

마치 한평생 못다 한 뜻을 호소하는 듯하다.

低眉信手續續彈
저 미 신 수 속 속 탄

눈썹 떨구고 손 가는 대로 이어서 퉁기고

說盡心中無限事
설 진 심 중 무 한 사

가슴속에 사무친 무한한 정을 덜어 놓는 듯하다.

輕攏慢撚抹復挑
경 롱 만 년 말 부 도

가볍게 눌렀다가 살짝 꼬집듯이 눌렀다가 둥둥 퉁기며

初爲霓裳後六么
초 위 예 상 후 륙 요

처음에는 '예상우의곡'을 타고 뒤이어 '육요'를 연주하니

大絃嘈嘈如急雨
대 현 조 조 여 급 우

굵은 줄은 조조하게 소나기 내리는 듯하고

小絃切切如私語
소 현 절 절 여 사 어

가는 줄은 절절히 속삭이는 듯하다.

嘈嘈切切錯雜彈
조 조 절 절 착 잡 탄

조조 절절 엇섞어 연주하니

大珠小珠落玉盤
대 주 소 주 락 옥 반

크고 작은 진주가 옥쟁반에 떨어져 구르는 듯하네.

間關鶯語花底滑
간 관 앵 어 화 저 활

꽃 사이를 나는 앵무새 노래같이 부드럽다가

유인천류빙하탄
幽咽泉流氷下灘 얼음 밑 흐르는 개울물같이 목메어 흐느끼듯

수천랭삽현응절
水泉冷澀絃凝絕 물줄기 차갑게 얼어붙은 듯 줄이 끊어지며

응절불통성점헐
凝絕不通聲漸歇 굳어버린 비파는 소리 내지 못하고 잠시 죽은 듯

별유유수암한생
別有幽愁暗恨生 새삼스레 가슴 깊이 묻혔던 슬픔과 원한이 복
받치는 듯

차시무성승유성
此時無聲勝有聲 이 순간 소리가 없음은 소리보다 낫다.

은병사파수장병
銀瓶乍破水漿迸 은 항아리 홀연 깨지고 술 쏟아지듯

철기돌출도쟁명
鐵騎突出刀鎗鳴 철갑 기병 돌연 나타나 창칼 소리 울리듯

곡종수발당심화
曲終收撥當心畫 곡이 끝나자 채를 거두어 가슴 앞에 그리고

사현일성여렬백
四絃一聲如裂帛 네 줄을 한 번에 퉁기니 비단 폭 찢는 듯하다.

동선서방초무언
東船西舫悄無言 동쪽 배 서쪽 배에는 숙연히 말이 없고

유견강심추월백
惟見江心秋月白 오직 강물 속 창백한 가을 달만 보인다.

침음방발삽현중
沈吟放撥挿絃中 침울히 채를 거두어 줄 가운데 꽂고

정돈의상기렴용
整頓衣裳起斂容 옷을 가다듬고 일어나 용모를 바로잡는다.

자언본시경성녀
自言本是京城女 스스로 하는 말이 본래 경성 여인으로

가재하마릉하주
家在蝦蟆陵下住 하마릉 아래 살았는데

십삼학득비파성
十三學得琵琶成 열세 살에 비파를 배워

명속교방제일부
名屬敎坊第一部 명성이 교방에서 제일이었고

곡 파 증 교 선 재 복
曲罷曾敎善才服　　곡을 끝내면 일찍이 비파의 명수들도 탄복했으며

장 성 매 피 추 낭 투
妝成每被秋娘妒　　꾸민 모습에 미녀들의 질투도 받았답니다.

오 릉 년 소 쟁 전 두
五陵年少爭纏頭　　오릉의 젊은이 다투어 예물 내었고

일 곡 홍 초 불 지 수
一曲紅綃不知數　　한 곡조마다 붉은 비단 헤아리지 못했어요.

전 두 은 비 격 절 쇄
鈿頭銀篦擊節碎　　금비녀 은비녀 가락 따라 맞추느라 부서졌고

혈 색 라 군 번 주 오
血色羅裙翻酒汙　　붉은 비단 치마 술 쏟아 얼룩졌지요.

금 년 환 소 부 명 년
今年歡笑復明年　　올해도 즐겁게 웃고 다음 해도 그렇게

추 월 춘 풍 등 한 도
秋月春風等閒度　　가을 달 봄바람 따라 한가히 보냈어요.

제 주 종 군 아 이 사
弟走從軍阿姨死　　남동생 군대 가고 계모 죽고

모 거 조 래 안 색 고
暮去朝來顏色故　　밤 지나 아침 되니 얼굴색도 시들었더군요.

문 전 랭 낙 차 마 희
門前冷落車馬稀　　문 앞 썰렁하고 말에서 내리는 사람들도 드물어져

노 대 가 작 상 인 부
老大嫁作商人婦　　나이 들어 시집가 상인 아내 되었지요.

상 인 중 리 경 별 리
商人重利輕別離　　상인은 이로움만 중히 여기고 이별을 가벼이 하니

전 월 부 량 매 다 거
前月浮梁買茶去　　지난달 부량으로 차 사러 떠났지요.

거 래 강 구 수 공 선
去來江口守空船　　강가를 오가며 빈 배 지키는데

요 선 월 명 강 수 한
繞船月明江水寒　　배를 감싼 밝은 달빛에 강물은 차갑네요.

夜深忽夢少年事　깊은 밤 홀연히 소시 때의 일을 꿈꾸어

夢啼妝淚紅闌干　꿈속에서 우니 화장 섞인 눈물 붉은 뺨으로 흐릅니다.

我聞琵琶已嘆息　나는 비파 소리 듣고 이내 탄식했고

又聞此語重喞喞　또 이 말 듣고 거듭 탄식했네.

同是天涯淪落人　똑같이 하늘가에 떠돌아다니는 사람이

相逢何必曾相識　서로 만났으니 지난날을 서로 알아 무엇하리

我從去年辭帝京　나는 지난해에 장안을 떠나

謫居臥病潯陽城　심양성에서 귀양 사는 병든 몸이건만

潯陽地僻無音樂　심양은 외진 곳이라 음악도 없어

終歲不聞絲竹聲　일 년 내내 관현 소리 듣지를 못했네.

位近湓江地低濕　사는 곳 분강 가에 가까워 땅 낮고 습하니

黃蘆苦竹繞宅生　누런 갈대와 억센 왕대가 집을 에워싸고 자라네

其間旦暮聞何物　그 사이에서 아침저녁으로 듣는 소리가 무엇이겠는가!

杜鵑啼血猿哀鳴　두견새 피 토하듯 우는 소리 원숭이 애절한 울음소리

春江花朝秋月夜　봄 강물에 꽃 핀 아침이나 달 밝은 가을밤

往往取酒還獨傾　때때로 술 사다 홀로 비스듬히 기울였네.

기 무 산 가 여 촌 적
豈無山歌與村笛 어찌 산 노래와 마을의 피리 소리 없었으랴만

구 아 조 찰 난 위 청
嘔啞嘲哳難爲聽 난잡하고 저속한 소리 듣기 어려웠네.

금 야 문 군 비 파 어
今夜聞君琵琶語 오늘 밤 그대의 비파 소리 들으니

여 청 선 악 이 잠 명
如聽仙樂耳暫明 신선의 음악 듣는 듯 귀가 잠깐 사이에 밝아졌
다네.

막 사 갱 좌 탄 일 곡
莫辭更座彈一曲 사양하지 마시고 다시 한 곡 더 타시면

위 군 번 작 비 파 행
爲君翻作琵琶行 그대를 위해 비파의 노래 지으리라.

감 아 차 언 량 구 립
感我此言良久立 나의 이 말에 감동하여 오랫동안 서 있다가

각 좌 촉 현 현 전 급
卻坐促絃絃轉急 물러나 앉아 줄을 재촉해 점점 빨리 타니

처 처 불 사 향 전 성
淒淒不似向前聲 처절하기가 이전 소리 같지 않아

만 좌 중 문 개 엄 읍
滿座重聞皆掩泣 앉아 있는 모든 사람 듣고는 얼굴 묻고 울었네.

취 중 읍 하 수 최 다
就中泣下誰最多 그중에서 누가 가장 많이 눈물 흘렸는가

강 주 사 마 청 삼 습
江州司馬靑衫濕 강주사마의 푸른 옷이 흠뻑 젖었네.

● 오동조조(梧桐早凋) : 오동잎은 일찍 시든다.

| 자원(字源) |

梧 목(木)과 오(五)와 구(口)의 합자니, 오(五)현으로 소리(口)가 잘나는 거문고를 만드는 나무(木)니, 즉 푸른 **오동나무**이다. 속이 빈 오동나무는 동(桐)이다.

桐 목(木)과 동(同)의 합자니, 속이 빈(同) 나무(木)인 **오동**이다. 목재(木材)로 쓰는 오동은 동(桐)이고, 푸른 종류의 오동은 오(梧)다.

早 전자(篆字)에는 일(日)과 갑(甲)의 합자로 썼으나, 차라리 해(日)가 수평선(一) 위로 떠오르는(ㅣ) 때는 **일찍**이다.

凋 빙(冫)과 주(周)가 합한 형성자(形聲字)니, 얼음(冫)이 어니 나뭇잎이 **시든**다. 주(周)는 음이다.

에세이

옛적에 딸을 나면 오동나무를 한그루 심었다고 한다. 왜냐면 딸이 자라서 시집을 가게 되면 그 오동나무를 베어서 장을 만들어서 시집을 보내려고 심은 것이다. 그리고 오동나무는 매우 가벼워서 이

나무로 거문고 등 악기를 만든다고 한다. 그래서 동(桐)자를 거문고 동자라고도 한다.

태평성대에 나온다는 봉황은 반드시 오동나무에 앉고 대나무 열매를 먹고 산다고 하는 이야기가 있다. 이만큼 오동은 예부터 신선(神仙)시한 나무이다. 그리고 오동잎은 모든 초목의 잎 중에서 가장 먼저 떨어진다. 그러므로 "계전오엽이추성(階前梧葉已秋聲)"이라는 주자(朱子)의 "우성(偶成)"이라는 시가 생각이 나서 아래에 기록한다.

소년이로학난성 少年易老學難成	소년은 늙기 쉽고 배움은 이루기 어려우니
일촌광음불가경 一寸光陰不可經	짧은 시간이라도 가벼이 해서는 안 된다.
미각지당춘초몽 未覺池塘春草夢	연못가의 봄풀은 겨울의 꿈도 채 깨지 못하였는데
계전오엽이추성 階前梧葉已秋聲	뜰 앞에 오동잎은 벌써 가을 소리 내는구나.

• **진근위예(陳根委翳)** : 가을이 되면 묵은 뿌리는 지면(地面)에 너부러져 있고

| 자원(字源) |

陳 阝(阜)는 둔덕인데, 동(東)은 그곳에 나무(木)를 펴서(申) 심었으니, 그것은 **진열한** 것이다. 한 줄로 벌림은 열(列)이고, 여러 줄로 베풂은 진(陳)이니, 진(陣)으로 통한다.

根 목(木)과 간(艮)의 합자니, 나무(木)가 그쳐(艮)서 서 있는 **뿌리**다. 땅속으로 들어간 뿌리는 근(根)이고, 땅 위에 서 있는 줄기는 간(幹)인데, 그것이 갈라진 것은 지(枝)다.

委 화(禾)와 여(女)의 합자니, 벼(禾)는 여자(女)에게 **맡겨** 음식을 만든다. 여럿이 일을 맡기는 것은 위(委)고, 위에서 짐을 맡기는 것은 임(任)이다.

翳 우(羽)와 예(殹)의 합자니, 깃(羽)으로 만든 일산(日傘)으로 **가리는** 것이고, 예(殹)는 음이다.

에세이

가을이 되어서 숙기(肅氣)가 찾아오면 모든 나뭇잎은 땅에 떨어진

다. 그러므로 산에 낙엽이 이리저리 나뒹굴고 있어서 지저분하고 무질서하다. 또한 곡식의 추수를 끝낸 들판에도 볏짚에서 나온 잎들이 이리저리 나뒹굴어서 황량한 산야(山野)가 된다. 여기에 더하여 낮에는 새가 와서 이리 젖히고 저리 젖히며, 밤이면 쥐들이 나와서 이리 끌고 다니고 저리 끌고 다니니 그저 황량할 뿐이다.

그리고 농부들은 논과 밭에 퇴비와 두엄을 뿌려서 다음 해의 농사를 대비하고, 또한 논과 밭을 갈아서 속에 있는 생땅을 뒤집는다. 이렇게 해서 생땅과 퇴비가 어울리면 금방 옥토(沃土)로 변하는 것이다.

농사꾼은 농사를 잘 지어야 훌륭한 농사꾼이다. 농부는 항상 흙과 친하게 지내야 하니, 몸에 흙이 떨어질 때가 없다. 이렇게 논밭에서 흙과 친한 농부는 가을에 풍성한 수확으로 보상을 받는 것이고, 그와 반내로 매일 몸만 씻고 흙을 묻히지 않는 농부는 가을의 수확이 적은 것이다. 이러므로 필자의 시 '초하(初夏)'는 농부가 나오는 시(詩)이므로 아래에 소개한다.

창 창 하 류 록 수 계 蒼蒼夏柳綠垂溪	푸른 버들가지 시내에 드리웠고
울 울 산 가 문 조 계 鬱鬱山家聞鳥鷄	울창한 산가(山家)엔 닭 울음소리 들려라.
춘 한 이 장 경 사 월 春旱已長經四月	봄 가뭄 길어 4월을 넘기니
농 부 대 우 희 심 저 農夫待雨喜心低	농부는 비 걱정에 희심이 적네.

• **낙엽표요(落葉飄颻)** : 낙엽은 떨어져서 바람에 휘날린다.

| 자원(字源) |

落 물(氵)이 흐르는 것처럼 풀잎(艹)이 각각(各) **떨어지는** 것이다. 붙은 것이 떨어짐은 낙(落)이고, 힘이 없어서 떨어짐은 타(墮)며, 땅 위로 떨어짐은 추(墜)다.

葉 본래 엽(枼)은 나무(木) 위에 **잎**이 핀(世) 것인데, 초(艹)를 붙였으니, **풀잎**도 총칭하는 것이다.

飄 표(票)와 풍(風)의 합자니, 바람에 **나부끼는** 것이고, 표(票)는 음이다.

颻 요(䍃)와 풍(風)의 합자니, 바람에 **나부끼는** 것이고, 요(䍃)는 음이다.

에세이

이 문구는 가을이 되어서 초목은 온통 낙엽이 되어서 바람에 이리 저리 휘날리는 모습을 묘사한 구절이다. 그러므로 레미드 구르몽의 '낙엽(落葉)' 을 아래에 실어서 감상하기로 하자.

시몬,
나무 잎사귀 져 버린 숲으로 가자
낙엽은 이끼와 돌과 오솔길을 덮고 있다.

시몬
너는 좋으냐? 낙엽 밟는 소리가
낙엽 빛깔은 정답고 모양은 쓸쓸하다.
낙엽은 덧없이 버림을 받고 땅 위에 있다.

시몬
너는 좋으냐? 낙엽 밟는 소리가
해질녘 낙엽 모습은 쓸쓸하다.
바람에 불려 흩어질 때
낙엽은 상냥스럽게 외친다.

시몬
너는 좋으냐? 낙엽 밟는 소리가
가까이 오라, 우리도 언젠가는 낙엽이리라.
가까이 오라, 벌써 밤이 되었다.
그리하여 바람이 몸에 스며든다.

시몬
너는 좋으냐? 낙엽 밟는 발자국 소리가
가까이 오라, 우리도 언젠가는 가련한 낙엽이리라.
가까이 오라, 벌써 밤이 되었다.
그리하여 바람이 몸에 스며든다.

시몬
너는 좋으냐? 낙엽 밟는 발자국 소리가

─레미드 구르몽의 '낙엽(落葉)' ─

• **유곤독운(遊鯤獨運)** : 곤(鯤)새는 자유로이 날개를 펴고 하늘을 높이 날고

 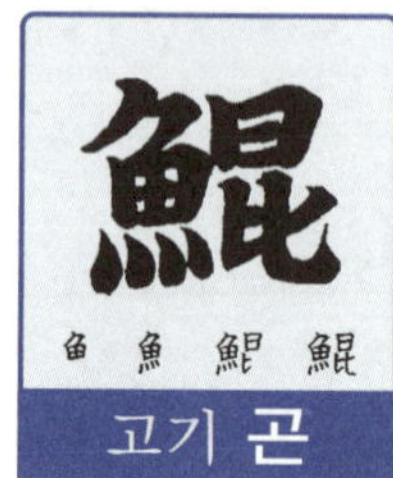  

자원(字源)

遊 유(斿)는 바람이 불어서 기가 펄럭이는 것이니, 사람이 그렇게 펄럭여 가(辶)며 **노는** 것이다. 자기의 마음으로 노력하지 않고 외력(外力)으로 움직이는 것이다.

鯤 어(魚)와 곤(昆)의 합자니, 오래 묵은 고기(魚)가 **곤새**가 되고, 곤(昆)은 음이 되었다.

獨 양(羊)은 떼를 짓는 것이나, 개(犭)는 **홀로** 사는 것인데, 촉(蜀)나라는 어두운 곳이라 촉견(蜀犬)은 더욱 홀로 있는 것이다. 버려져서 혼자 있는 것은 고(孤)다.

運 군(軍)과 착(辶)의 합자니, 군(軍)대가 가는(辶)데 전차를 **운행**하는 것이다. 사람의 **운명**도 의미한다.

에세이

상식적인 생각과 가치를 큰 소리로 비웃는 사상가가 있으니, 그는

장자이다. 그러면 아래에 장자의 통쾌한 변설을 소개한다.

《장자》 소요유(逍遙遊)에 곤(鯤)의 이야기가 있으니,

"북녘 검푸른 바다에 물고기가 있으니, 이름을 곤(鯤)이라고 한다. 곤의 크기는 몇천 리가 되는지를 알 수가 없다.

어느 날 이 물고기가 변신을 해서 새가 되니, 그 이름을 붕(鵬)이라고 한다. 이 붕새의 등의 넓이는 몇천 리가 되는지를 알 수가 없다. 온몸의 힘을 다해 날면 그 활짝 편 날개는 하늘 한쪽에 가득히 드리운 구름과 같다.

이 새는 바다가 움직이면 남쪽 끝의 검푸른 바다로 날아가려고 한다. 남쪽 바다는 하늘의 못 천지(天池)이다."고 하였고, 제해(齊諧)라고 하는 사람은 괴이한 일을 잘 알고 있는 사람이다.

제해(齊諧)는 이렇게 말하고 있다.

"붕(鵬)이 남쪽 바다로 날아 옮겨갈 때는 그 큰 날개로 바다의 수면을 3천 리나 치고서 회오리바람을 타고서 9만 리 꼭대기까지 올라간다. 그리하여 여기 북쪽 바다 상공을 떠나서 6개월을 계속 난 뒤에 비로소 한 번 크게 숨을 쉬는 것이다."라고 하였다.

공중에 떠 있는 아지랑이와 티끌은 천지 사이의 살아있는 생물들이 입김을 서로 내뿜는데서 생겨나는 현상이다. 하늘이 푸르고 푸른 것은 그 본래의 제 빛깔인가! 아니면 끝없이 멀고 멀기 때문일까! 붕(鵬)이 9만 리 꼭대기에서 아래를 내려다 볼 때에도 또한 이와 같을 것이다.

그런데 물이 괴어 쌓인 것이 깊지 않으면 큰 배를 띄울만한 힘이 없다. 그러니 한 잔의 물을 마루의 움푹 파인 자리 위에 엎지르면 기껏 티끌 정도가 그 위에 떠서 배가 되지만 거기에 잔을 놓으면 뜨지 못하고 바닥에 닿고 만다. 물은 얕고 배는 크기 때문이다. 바람

이 두껍게 쌓이지 않으면 큰 날개를 짊어져 띄울만한 힘이 없다. 그러므로 9만 리의 높이까지 올라가야만 붕의 큰 날개를 지탱할 만한 바람이 비로소 쌓이게 된다. 그런 뒤에 이제야 붕은 바람을 타고 푸른 하늘을 등에 진 채 갈 길을 막는 장애가 하나도 없게 된 뒤에 비로소 남쪽으로 날아가는 것을 도모하려고 한다.

매미나 비둘기가 이것을 비웃으면 이렇게 말한다.

"우리는 후닥닥 있는 힘을 다해 날아올라 느릅나무나 정자나무 가지 위에 머무르되, 때로는 혹 거기에도 이르지 못하고 땅바닥에 동댕이쳐지는 경우도 있을 따름이다. 그러니 무엇 때문에 붕새는 9만 리 꼭대기까지 올라가 남쪽으로 갈 필요가 있겠는가!"

가까운 교외의 들판에 나가는 사람은 세 끼니의 밥만 먹고 돌아와도 배가 아직 부르고, 백 리 길을 가는 사람은 전날 밤에 식량을 빻아서 준비해야 하고, 천 리 길을 가는 사람은 3개월 전부터 식량을 모아 준비해야 한다. 그러나 이 두 벌레가 이처럼 큰 것에는 큰 준비가 필요한 이치를 또 어찌 알겠는가!

작은 지혜는 큰 지혜에 미치지 못하고 짧은 수명은 긴 수명에 미치지 못한다. 무엇으로 그러함을 알 수 있는가! 조균(朝菌)은 한 달을 알지 못하고 쓰르라미는 봄, 가을을 알지 못하니, 이것이 짧은 수명의 예다.

초나라 남쪽에 명령(冥靈)이라는 나무가 있으니, 5백 년을 봄으로 하고 5백 년을 가을로 삼는다. 옛날 상고(上古)에 대춘(大椿)이라는 나무가 있었으니, 8천 년을 봄으로 하고 8천 년을 가을로 삼았다. 그런데 팽조(彭祖)는 지금 장수(長壽)로 유독 유명하여 세상 사람들이 그와 비슷하기를 바라니, 또한 슬프지 않은가! (이하를 더 보고 싶으면 《장자》 소요유(逍遙遊)를 읽어보시길…)

•**능마강소(凌摩絳霄)** : 붉은 하늘을 업신여긴다.

자원(字源)

凌 본래 릉(夌)은 높은 데로 올라서 넘는다는 뜻이다. 사람을 낮추어보는 것이니, 즉 **업신여기**는 것인데 뒤에 또 빙(冫)변을 덧붙였으니, 그는 상대자에게 냉정하기 때문이다.

摩 수(手)와 마(麻)의 합자니, 손(手)으로 삼(麻)을 삼는 것이니, 즉 **만지는** 것이다.

絳 사(糸)와 강(夅)의 합자니, **붉은** 실(糸)은 훈(訓)이고 강(夅)은 음이 되었다. 진홍빛을 가리킨다.

霄 우(雨)와 초(肖)의 합자니, 비(雨)가 내리는 **하늘**을 뜻하고, 초(肖)는 음이 되었다.

에세이

　이곳에는 사마상여의 대인부(大人賦)를 싣는다. 읽고 음미하면 '능마강소(凌摩絳霄)'의 기운을 느낄 수가 있을 것이다. 세상에 대인이 있어 중원에 살고 있었다. 저택은 만 리에 걸쳐 있으나 잠시 머물기에도 부족하였다. 속세의 각박함과 비좁음을 슬퍼하며 하늘 높이 날아 여행을 떠났다. 붉은 깃발에 흰 무지개로 만든 수레를 타고 구름을 타고 떠올라갔다. 격택성(格澤星)의 기운으로 긴 장대를 만들어 세우고 오색 빛을 그 끝에 매달았다. 북두칠성을 매달아 휘날리게 하고 혜성의 끝을 잡아 꼬리로 삼았다. 날개달린 용이 구름 수레를 타고 붉은 용, 푸른 용이 보좌하며 꿈틀거리며 오르락내리락 눈을 뜨고 혀를 토한다. 솟구치고 내달리며 번개 치듯 빠져가니 어느새 안개는 걷히고 구름은 흩어졌다.

신선들을 모두 초청하여 진인을 가려 뽑아 요광(瑤光)에 서서 자리를 정한다. 오제(五帝)를 길잡이로 삼고 능양을 시종으로 거느리며, 현명은 왼쪽에 함뢰는 오른쪽에 있고, 앞에는 육리, 뒤에는 휼황이 있다. 선인 정북교를 심부름꾼으로 삼고 선인 선문고에게는 하찮은 일을 시킨다.

기백에게는 약방을 맡기도록 하고 축륭에게 경호를 맡긴다. 그런 후 나쁜 기운을 제거하고 드디어 길을 떠난다. 대인인 나는 일만 대의 수레를 모아 오색구름으로 덮개를 삼고, 화려한 깃발을 앞세워 구망에게 시종들을 인솔토록 하여 구의산을 향한다. 행렬은 어지러이 뒤섞이고 번잡하게 달려간다. 뇌실에 들러 우레소리를 듣고 험난한 귀곡을 재빨리 빠져나가 팔방을 구경하고 사방의 구석을 꼼꼼히 살핀 후, 구강과 오하를 건너 염화산을 날아 건넌 후 약수에 배를 띄워 지나간다.

유사천 너머 총영산에서 휴식을 취하고 넘치는 물 위에서 노닐며 여와에게 비파를 타게 하고, 풍이에게 춤추게 하고, 어둠이 내리면 병예를 불러 풍백을 벌주고 우사를 형벌에 처한 후 서쪽으로 곤륜산의 아스라함을 바라보면서 옆에 있는 삼위산으로 달려간다. 하늘

문을 밀어 열고 천제의 궁전으로 들어가 옥녀를 태워 함께 돌아왔다. 낭풍산에 올라 멀리에서 그치니 까마귀가 홀연히 높이 날아 휴식하는 것과 같다. 음산을 낮게 돌아 날아오르고 눈앞에서 서왕모를 본다. 흰 머리털에 옥장식을 하고 굴속에 기거하는데, 세 발 달린 새가 그의 심부름을 담당한다. 오래도록 살아 이처럼 된다면 만세에 걸쳐 산다 하여도 그 기쁨이 부족하다.

수레를 돌려 돌아오는 길에 부주산을 날아 넘어 북쪽 유도에서 회식하고 북방의 밤기운을 마시고 아침 기운을 받아 영지를 씹고 경수의 꽃을 먹고 점점 높이 올라 천문의 기운을 꿰뚫고 뭉게뭉게 피어나는 구름을 건너 빗물구름과 수레를 달려 먼 길을 떠난다. 안개를 뒤로 하고 멀리 나아가 우주를 좁다 하고 천천히 깃발을 날리면서 북극으로 나간다.

기마병은 현궐에 남겨두고 하문을 빠져나가는데, 땅 아래는 싶고 멀어 보이지를 않고 위는 넓고 멀어 하늘이 없다. 눈이 핑핑 돌아볼 수 없고, 들으려 해도 귀가 멍멍하여 들리지 않고 허무를 타고 올라 초연해서 다만 벗도 없이 홀로 남아 있다.

제14장 식사(食事)

탐독완시(耽讀翫市) · 우목낭상(寓目囊箱) · 이유유외(易輶攸畏) · 속이원장(屬耳垣墻) · 구선손반(具膳飡飯) · 적구충장(適口充腸) · 포어팽재(飽飫烹宰) · 기염조강(飢厭糟糠) · 친척고구(親戚故舊) · 노소이량(老少異糧)

• **탐독완시(耽讀翫市)** : (한(漢)의 왕충(王充)[33]은) 독서를 즐기어서 서시[書市]에 가서

| 자원(字源) |

耽 이(耳)와 임(尤)의 합자니, 큰 귀(耳)가 아래로 길게 드리워(尤) 있는 도사가 마음속으로 법열을 **즐기고** 있는 것이다. 즐거움에 빠짐은 탐(耽)이고, 재물에 빠짐은 탐(貪)이다.

讀 언(言)과 매(賣)의 합자니, 다니면서 물건을 소리 내어 파는(賣) 것처럼 글을 말(言)로 **읽어가는** 것이다.

---

33) 왕충(王充) : 자 중임(仲任). 회계상우(會稽上虞, 저장성[浙江省]) 출생. 관료로서는 평생 불우하여 지방의 한 속리로 머물렀으나, 낙양(洛陽)에 유학하여 저명한 역사가 반고(班固)의 부친 반표(班彪)에게 사사하였다. 가난하여 늘 책방에서 책을 훔쳐 읽고 기억했다고 한다. 그는 철저한 반속정신(反俗精神)의 소유자로, 그 독창성에 넘치는 자유주의적 사상은 유교적 테두리 안에서 다듬어진 한대적(漢代的) 사상을 타파하고 언론의 자유를 내세우는 위진적(魏晉的) 사조를 만들어 내었다. 사상적 전환기에 선 선구자로서 그가 중국사상사에서 차지하는 지위는 크다. 대표적 저서에 전통적인 당시의 정치나 학문을 비판한 《논형(論衡)》(85편)이 있다. 그 밖에 《양생서(養生書)》, 《정무서(政務書)》 등을 저술하였다고 하나 현존하지 않는다. 후에 다시 관직에 나가 장제(章帝)의 부름을 받았으나 병으로 이루지 못하였다.

翫 습(習)과 원(元)의 합자니, 익숙(習)하게 **구경하는** 것이다. 음이 원 (元)에서 완으로 변한 것이다.

市 ╲과 잡(帀)의 합자니, 잡(帀)은 屮(之)자를 거꾸로 써서 갔다 왔다 함을 의미하니, 물품이란 점(╲)을 위해서 사람들이 복잡하게 붐비 는(帀) **시장**이다.

에세이

　이 구절은 왕충(王充)의 공부함을 문자화한 것이므로, 왕충의 전 생애를 간략히 기술하겠다.

　그는 동한(東漢) 사람으로, 자는 중임(仲任)이며 회계군 상우현에 서 태어났다. 왕충은 어려서 고아가 되었는데, 훗날 경사(京師)에 가 서 태학(太學)에서 공부하며 반고(班固)의 부친인 반표(班彪)에게 사 사하였다.

　빈한하므로 집안에 책이 없어서 항상 낙양의 서점가를 돌아다니며 책을 읽었는데 한번 읽으면 바로 암기하여 마침내 백가의 학설을 두 루 통달하였다.

　왕충은 논설을 좋아하였는데 처음 들으면 괴이하게 생각되나, 끝 내 이치가 담겨 있다고 여겼으며, 소인배 유학자들이 글자에만 집착 하여 진실을 잃었다고 여겼다.

　이에 문을 닫아걸고 은거하며 생각에 깊이 잠겼으며, 경조사에 참 석치 않고 창문이고 벽이고 할 것 없이 집안 곳곳에 붓과 먹을 준비 하여 두고 『논형』 85편 이십만 여 글자를 지어 사물의 같은 점과 다 른 점을 서술하면서 세속의 의심스러운 부분을 교정하였다. 어느 날

모(某) 자사(刺史)에게 발탁되어 치중(治中)이란 벼슬에 제수되었지만 사양하고 고향으로 돌아왔다. 친구 견이오가 상소를 올려 왕충이 재능과 학식이 출중하다고 추천하니, 숙종(肅宗)이 특별히 가마를 내려 초빙하였으나 병이 들어서 가지 못하였다. 나이 칠십에 이르러 기력이 쇠퇴하니 『양성서(養性書)』 16편을 지으면서 욕심을 절제하고 정신을 배양하여 스스로를 지켰다. 영원(永元) 년간에 병으로 집에서 숨을 거두었다.

• **우목낭상(寓目囊箱)** : 눈을 책 상자에 붙였다.

| 자원(字源) |

寓 면(宀)은 집이고 우(禺)는 꼬리가 긴 원숭이니, 집(宀)에 원숭이(禺)가 붙어서 사는 것처럼 임시로 객지에 **붙어 사는 집**이다. 객지에 붙어서 사는 사람은 교(僑)다.

目 갑골문자에는 **눈**을 가로로 그렸던 것을 세로로 변한 것이니, 음은 목이다. 눈 자체만 뜻하는 눈알은 목(目)이고, 대상에 그쳐서(艮) 보는 눈은 안(眼)이다.

囊 㠯은 속(束)의 변형이고, 巽은 양(襄)의 약자니, 무슨(襄) 물건을 속에 넣어서 그 입구를 묶는(束) **주머니**다. 밑이 안 막힌 자루는 탁(橐)이다.

箱 죽(竹)과 상(相)의 합자니, 대(竹)를 서로(相) 엮어서 만든 **상자**다. 뚜껑을 덮는 상자는 상(箱)이고, 뚜껑이 없는 광주리는 광(筐)이고, 엮어 맨 둥우리는 롱(籠)이다.

후진(後晉)의 이한(李瀚)이 지은 《몽구(蒙求)》[34]라는 책에 나오는 이야기다. "손강(孫康)은 집이 가난해서 불을 켜는데 쓰는 기름을 살 돈이 없었다. 그래서 그는 항상 눈[雪]의 빛으로 글을 읽었다. 그리고 그는 젊었을 때부터 청렴결백(淸廉潔白)해서 친구를 사귀어도 함부로 사귀는 일이 없었다. 뒤에 어사대부(御史大夫, 감찰원장)에까지 벼슬이 올랐다."고 한다.

"진나라 차윤(車胤)은 집이 가난해서 불을 켤 기름을 구할 수 없었다. 여름이면 비단 주머니에 수십 마리의 반딧불을 담아 비춰보면서 밤을 새워 공부를 계속했다. 그는 마침내 이부상서(吏部尙書)에 올랐다." 고 한다.

옛적에는 전기가 없었고 불을 켜려면 기름에 심지를 박고 불을 켜야 하는데, 이 기름을 사는데 많은 돈이 필요했다. 그러므로 해가 떨어지고 어두워지면 공부를 할 수가 없었다. 그러므로 옆집에서 새어나오는 불빛을 의지해서 공부도 하고 개똥벌레의 불빛에 의지

---

34) 몽구(蒙求) : 8자(字)를 한 구(句)로 하여 중국 역대의 뛰어난 인물과 그 행적을 소개하는 형식으로 구성되어 있다. 예를 들면, '왕융간요배해청통(王戎簡要裵楷淸通)' 등으로 한 구를 이루어 진(晉)나라 때의 인물 왕융(王戎)과 배해(裵楷)의 뛰어난 인품을 소개하고, 이를 통하여 역대의 사실(史實)을 아동에게 가르치는 방식을 취하고 있다. 한편, 조선시대도 일반 선비가문에서는 이 책을 아동용 교재로 널리 사용하였다. 조선 말기의 학자 홍익주(洪翼周)는 이 책에 자세한 주해를 붙인 『몽구주해(蒙求註解)』를 간행하였다. 『몽구주해』의 발문을 쓴 홍우경(洪祐慶)에 의하면, 『몽구』는 자구가 매우 간략하면서도 뜻이 깊어 일반 선비가문에서 매일의 학습서로 이용하였음을 알 수 있다.

해 공부를 해서 출세를 했다는 이야기다. 그러나 지금은 불빛이 없어서 공부하지 못하는 사람은 없다. 시간이 없어서 공부를 하지 못한다. 필자는 대학을 다닐 때에 이미 아내와 아들 둘을 거느린 가장이었고, 학원을 운영하는 학원장이었다. 그래서 전철을 타고 출퇴근을 하면서 공부를 해서 대학을 졸업하였다. 지금은 이순(耳順)의 중반에 대학원에 다니니 하나의 만학의 표본이 되기도 한다.

시끌벅적한 지하철 속에서도 책을 한참 읽다보면 정신은 이미 책속에 빠져서 주위에서 이야기하는 소리가 하나도 들리지 않고 공부가 잘 되는 것을 필자는 지하철 안에서 경험하였다. 도서관에 가서도 처음 한 시간 정도는 주위에서 소리가 들리지만 1시간만 집중해서 책을 읽다보면 온 정신은 책속에 빠져서 주위에서 벼락을 쳐도 들리지 않고 공부가 잘 되는 것을 깨달은 적이 있어서 이곳에 적는다.

● **이유유외(易輶攸畏)**: 군자는 쉽게 말하고 가볍게 움직임을 두려워하니

| 자원(字源) |

易 일(日)과 勿(月)의 합자니, 해(日)와 달(勿)이 서로 **바뀌는** 것이다. 서로 역(逆)하니 음은 역이다. 그러나 주야가 변화함은 자연이라 그는 **쉬우니** 음은 이다.

輶 《설문(說文)》에 "유(輶)는 경거(輕車)라고 했으니, **가벼운** 것이고 추(酋)의 음이 변이 되어 유가 되었다.

攸 《설문(說文)》에는 "유(攸)는 길게 흐르는 물이다." 하였고, 단주(段注) "당본(唐本)에서는 물의 흐름이 유유(攸攸)하다."고 하였다. 그리고 소(所)자와 비슷하므로 소(所)의 뜻인 **바**로 쓰기도 한다.

畏 田은 귀(鬼)의 약자이고, 𠂤은 화(化)의 변화한 것이니, 변화(化)해서 귀신(鬼)으로 나타난 것이다. **두려워서** 외(外)면하므로 음은 외다. 두려워서 공경하는 것은 공(恐)이고, 겁이 나서 살피는 것은 구(懼)다.

옛글에 임심이박(臨深履薄)이라는 말이 있다. 선비는 세상을 살아가면서 항상 조심해서 살아야 한다는 말씀인데, '깊은 연못가에 다다른 것같이 하고 엷은 얼음을 밟는 것처럼 조심하며 살라는 말씀이다.

그도 그럴 것이 옛적에는 봉건군주제하에서 살았으므로, 자칫 말을 잘못하거나 시(詩) 한 수를 잘못 지어도 '체제를 비판했느니, 또는 군주를 비판했느니' 하면서 핍박을 받는 경우가 비일비재했다. 그래서 군자는 전전긍긍(戰戰兢兢)하라고 했으니, 이 말은 조심하고 조심하라는 말씀이다.

이 구절의 주제는 사람이 가볍게 행동하지 말라는 말씀이다. 그렇나. 가볍게 행동하면 주위 사람들의 눈총을 받는디.

전에 이런 일이 있었다. 동방서법탐원회 1기들이 서법전을 열었는데, 서울대에서 교수생활을 다년간 하고 국회의원을 지낸 모씨가 와서 작품을 보고 하는 말씀이 자기가 아는 사람의 이름을 부르며 '모(某)의 작품이 제일 잘 썼네'라고 했다. 이 말을 듣는 순간 필자는 그 분의 가벼움을 생각하며 '재사(才士)는 가벼움이 병이야.'라고 하였는데, 그 후에도 그 분을 떠올리면 가볍다는 생각이 떠올라서 지워지지를 않는다. 그러므로 군자는 이러한 가벼운 행동을 하지 말라는 것이다.

●속이원장(屬耳垣墙) : 귀가 담에 붙어 있으니, (함부로 말을 하면 안 된다.)

| 자원(字源) |

屬 尸는 미(尾)의 약자니 꼬리고, 촉(蜀)은 딱 붙은 긴 벌레라. 긴 꼬리가 머리 위까지 올라와 몸뚱이에 딱 **붙어** 있으니, 이것이 부속된 것이다.

耳 귀를 상형한 것이 점차로 변화된 것이니, 음은 이다. 사람이 태중에서 오관(五官)이 형성되는 데는 귀가 최후로 되기 때문에 말을 끝맺는데서 **뿐**으로 쓴다.

垣 토(土)와 선(亘)의 합자니, 가옥의 주위를 흙(土)으로 둘러싼 **담**이다. 넓은 땅을 둘러싼 담은 원(垣)이고, 높게 쌓아서 집을 감춘 담은 장(墙)이다.

墙 토(土)와 색(嗇)의 합자니, 남이 보이지 않게 인색하게(嗇) 흙을 쌓아 둘러싼 **담**이다.

　속담에 '낮말은 새가 듣고 밤 말은 쥐가 듣는다.'고 했다. 물론 입을 조심하여야 한다는 말씀이다. 담에 귀를 붙인다는 것은 남들이 집안에서 하는 말을 다 들으니 말을 조심하라는 말이다.

　《중용장구》에 보면 계구신독(戒懼愼獨)이라는 말이 있다. 이는 "군자는 남이 보지 않는 곳에서도 경계하고 조심해야 하며, 남이 듣지 않는 곳에서도 걱정하고 두려워해야 한다. 숨기는 것보다 더 드러나는 것이 없으며, 미세한 것보다 더 나타나는 것이 없으니, 이런 까닭에 군자는 자기 혼자 있을 때를 삼가는 것이다.(君子戒愼乎其所不睹　恐懼乎其所不聞　莫見乎隱　莫顯乎微　故君子愼其獨也)"라고 하였다.

　김종직 선생은 항우(項羽)에게 죽은 초나라 회왕(懷王), 즉 의제(義帝)를 조상하는 글(조의제문)을 지었는데, 이것은 세조에게 죽음을 당한 단종(端宗)을 의제에 비유한 것으로 세조의 찬탈을 은근히 비난한 글이다. 이 글을 김종직의 제자인 김일손(金馹孫)이 사관(史官)으로 있을 때 사초(史草)에 적어 넣었다. 연산군이 즉위한 뒤 《성종실록(成宗實錄)》을 편찬하게 되었는데, 그때의 편찬책임자는 이극돈(李克墩)으로 이른바 훈구파(勳舊派)에 속한 사람이었다.

　그런데 김일손의 사초 중에 이극돈의 비행(非行)이 기록되어 있어 김일손에 대한 앙심을 품고 있던 중, 김종직의 '조의제문'을 사초 중에서 발견한 이극돈은 김일손이 김종직의 제자임을 기화(奇貨)로 하여 김종직과 그 제자들이 주류(主流)를 이루고 있는 사림파(士林派)를 숙청할 목적으로 '조의제문'을 쓴 김종직 일파를 세조에 대한 불충(不忠)의 무리로 몰아 선비를 싫어하는 연산군을 움직여 큰

옥사(獄事)를 일으켰다. 이것이 무오사화(戊午史禍)인데, 그 결과로
김종직은 부관참시(剖棺斬屍)를 당하였고, 김일손·권오복(權五
福)·권경유(權景裕)·이목(李穆)·허반(許盤) 등이 참수(斬首)되었
다.

　선비의 행동이 신중해야 한다는 것은 위의 '조의제문'에서 확연
함을 볼 수가 있다. 물론 상대가 책을 잡아 벌인 일이지만, 군자는
이를 사전에 차단하는 신중함을 가져야 한다. 특히 재사(才士)들은
더욱 더 신중에 유념하여 일생의 지표로 삼는 것이 좋을 것이다. 왜
냐면 재사(才士)는 재주가 넘치므로 자칫 경망함에 빠질 염려가 있
기 때문이다.

• **구선손반(具膳飡飯)** : 음식물을 갖추어서 밥을 먹는 데는

| 자원(字源) |

具 《정자통(正字通)》에는 '눈(目)으로 보는 것을 두 손(廾)으로 받쳐서 드는 것이다.'고 했으니, 물건을 고루 **갖추는** 것이다. 또한 **도구**라는 뜻도 있다.

膳 月(肉)과 선(善)의 합자니, 채소와 생선(肉)을 잘(善) 구비하여 **반찬**을 만드는 것이다.

飡 歹과 식(食)이 합한 형성자(形聲字)니, 《설문(說文)》에는 '손(飡)은 삼키는 것이니, 식(食)을 따르고 歹의 소리다.'고 했으니, 곧 **밥**이다.

飯 세끼 반복(反)해서 상식(上食)하는 것은 **밥**이다. 동양인의 주식은 반(飯)이고, 서양인의 주식은 빵이다.

에세이

　요즘은 세계가 한가족이라는 말처럼 미국이나 칠레, 유럽의 먹을거리가 우리의 식탁에 오르는 세상이다. 그뿐인가 우리와 가까이에

있는 중국이나 일본의 먹을거리도 우리의 식탁을 채운다. 중국은 주지하는 바와 같이, 자국에서 생산하는 식품을 자국민도 믿지 못하는 실정이고, 일본은 지난해 후쿠시마의 지진과 해일로 인한 원전(原電)의 방사선 유출은 아직도 다 해결되지 않고 있는 상황이다. 이러므로 일본에서 수입하는 수산물은 어디서 잡은 해물인지를 알지 못하므로 믿을 수가 없다.

그래서 필자는 올해도 주말농장을 구입해서 여러 종류의 채소를 심었다. 상추, 오이, 쑥갓, 치커리, 당귀, 들깨, 고추, 얼갈이배추, 시금치 등의 씨를 뿌렸는데 요즘 한참 싹이 나오는 중이다. 이렇게 손수 채소를 가꾸어서 식탁에 올리면 우선 믿을 수 있는 식품이라 좋고, 또 맛이 있어서 좋다.

그리고 식물을 기르는 맛은, 꼭 좋은 음식을 먹는 데만 있는 것은 아니다. 그 채소를 기르는 맛은 먹는 것보다도 오히려 더욱 좋다. 왜냐면 채소의 싹이 나오고, 잎이 나오고, 열매가 열고, 그 열매를 따는 맛은 그 어디에서도 얻을 수 없는 진귀한 자연의 교훈이기 때문이다.

자연과 더불어 산다는 것이 오늘을 사는 우리들에게는 얼마나 귀중한 것인지를 새삼 깨닫는다. 자칫 잘못하면 농약이 범벅이 된 채소를 먹을 수가 있고, 항생제를 마구 뿌려서 기른 물고기의 회를 먹을 수가 있는 세상이다.

오염된 도회지 근교의 개천에서 사는 물고기를 잡아다 음식점에 팔고 개소주를 내는 집에 파는 세상이니, 무엇을 믿겠는가! 그러므로 어린 애기가 아토피에 걸려서 고생을 하고, 갓 결혼한 부부가 아이를 생산하지 못하는 경우가 비일비재한 것이 요즘의 세상이니, 이는 본문 '구선손반(具膳飱飯)'의 차원을 넘어선 심각한 일이 아니

겠는가! 정신을 똑바로 차리고 눈을 크게 뜨고 있어도 속는 세상이
니, 세 번 네 번 생각하고 행동에 옮길 일이다.

• 적구충장(適口充腸) : 입에 맞는 음식을 창자에 채운다.

| 자원(字源) |

適 적(啇)과 착(辶)의 합자니, 하나뿐인 목적(啇)으로 **가는**(辶) 것이다. 당처(當處)에서 **맞히는** 것이니, 음은 적(啇)이다. 그곳으로 가서 맞춤은 적(適)이고, 둘이 서로 합함은 당(當)이다.

口 사람의 **입**을 상형한 것이다. 그는 절구(臼) 같기도 하니 음은 구나, 모든 구멍을 의미하니, 또한 통한다는 뜻도 있다.

充 厶(을)과 인(儿)의 합자니, 厶은 아이가 모태에서 거꾸로 나오는 것을 상형한 것인데, 그에 月(肉)을 붙이는 것은 기르는(育) 것이고, 그에 인(儿)을 붙인 것은 **채우는** 것이다.

腸 양(昜)은 양(陽)의 본 자이고, 月(肉)은 육체니 체내에 들어간 식물을 양(昜)기로 소화해가는 **창자**이다. 정신작용을 하는 내장은 장(臟)이다.

에세이

  우리 속담에 '사흘 굶으면 도적질 안 하는 사람이 없다.'는 말이 있다. 사람은 먹지 않고 사는 사람은 없다. 그것도 하루에 세 끼씩이나 먹어야 산다. 그리고 '금강산도 식후경'이라는 말도 있다. 이는 아무리 좋은 경치도 배불리 먹고 난 뒤에 봐야 아름답게 보인다는 말일 것이다. 사람이 배가 고프면 영양이 공급이 되지 않으므로 힘이 빠져서 움직이기가 어려운 것이다. 그러므로 음식을 먹어서 배를 채우는 일이 제일 급선무라는 말이다.

그러나 사람은 영(靈)과 육(肉)의 합체(合體)이다. 육체는 음식을 먹어서 영양을 공급하는 한편 영(靈), 즉 정신은 배가 부르면 오히려 흐려진다. 이는 마음의 양식이 되는 고전을 많이 읽고 건전한 생각을 끊임없이 해야 한다. 《주역》의 '자강불식(自强不息)'이라는 말은 아마도 건전한 생각을 끊임없이 하라는 말씀일 것이다.

필자도 이제 60대의 승반에 이르고 보니, 이제는 먹는 것보다는 배설하는 것에 더 신경을 쓴다. 왜냐면 요즘은 우리나라도 잘 사는 나라가 되었으므로 먹지 못해서 굶주리는 사람은 없다. 반면에 너무 많이 먹어서 병이 생기고, 그래서 그 병을 고치느라고 많은 돈을 쓰는 사람이 많다.

목욕탕에 가보면 젊은이건 노인이건 간에 모두 살이 쪄서 뚱뚱하다. 그러므로 땀을 많이 빼서 체중을 빼려고 노력하는 사람들뿐이고, 못 먹어서 비리 먹은 당나귀 같은 사람은 없다. 따지고 보면 뚱뚱한 사람이나 홀쭉한 사람이나 모두 문제가 있다. 왜냐면 뚱뚱한 사람은 음성(陰性)이 너무 강하고 홀쭉한 사람은 양성(陽性)이 너무 강한 것이니, 이는 모두 비대칭으로 한쪽으로 치우친 것이다. 그러므로 건강체는 뚱뚱하지도 않고 홀쭉하지도 않고 그저 적당한 체구라야 좋은 것이다. 이런 사람은 병도 없고 아픈 곳도 없는 사람이다.

• **포어팽재(飽飫烹宰)** : 배가 부르면 삶은 고기처럼 맛있는 음
식도 싫고

| 자원(字源) |

飽 식(食)과 포(包)의 합자니, 먹은(食) 음식을 가득히 싸고(包) 있는
것이므로 **배가 부른** 것이다. 배가 가득 찬 것은 포(飽)고, 싫도록
먹은 것은 염(饜)이다.

飫 식(食)과 요(夭)의 합자니, 젊은이(夭)처럼 많이 먹으니(食) **배가 부**
른 것이다.

烹 형(亨)과 화(灬)의 합자니, 불(灬)을 통(亨)해서 식물을 **삶는** 것이
다. 화기(火氣)가 물을 증발시켜 나가(前)는 것은 전(煎)이다.

宰 죄인(辛)을 제재하는 관청(宀)이란 뜻에서, 그를 주재하는 **정승**이란
뜻이 된 것이다. 임금을 받드는 정승은 승(丞)이고, 임금을 돕는 정
승은 상(相)이다.

에세이

비만은 건강의 최대의 적이다. 편하게 살면서 기름진 음식을 잘

먹으면 반드시 살이 찌는 것이다. 이렇게 뚱뚱한 사람은 비교적으로 운동에 게으르고 몸을 움직이는 것을 싫어한다. 이러한 사람을 음(陰)적인 사람이라 한다. 음인(陰人)은 몸에 습기(濕氣)가 많아서 먹기만 하면 살이 찐다. 어떤 사람은 물만 먹어도 살이 찐다고 하는 사람도 있다.

기름진 음식을 많이 먹어서 몸이 돼지처럼 뚱뚱한 사람은 반드시 당뇨병에 걸린다. 이는 성인이 걸리는 성인병인데, 요즘은 어린이도 많이 걸린다고 하니 아이를 키우는 부모는 조심하고 조심해야 한다.

글을 쓰다 보니 언뜻 춘향전에 나오는 변사또의 잔칫상이 생각이 난다. 왜냐면 이몽룡이 시를 지어서 그 잔치의 기름진 음식을 적어 놨으니까! 그러므로 아래에 암행어사 이몽룡이 쓴 시 한 수를 적는다.

금 준 미 주 천 인 혈
金樽美酒千人血　항아리에 든 좋은 술은 백성의 피요,

옥 반 가 효 만 성 고
玉盤佳肴萬姓膏　소반에 그득한 안주는 백성의 기름이라.

촉 루 낙 시 민 루 낙
燭淚落時民淚落　촛물 떨어지는 곳에 백성의 눈물 떨어지고

가 성 고 처 원 성 고
歌聲高處怨聲高　노랫소리 높은 곳에 백성의 원망 높다.

원래 춘향이는 기생이 아니므로 변사또가 수청을 들으라고 할 수가 없는 사람이다. 그러나 변사또는 자신의 권력을 남용하여 춘향이를 범하려고 한 것이니, 이러한 관료들이 예나 지금이나 많은 것으로 안다.

•**기염조강(飢厭糟糠)** : 배고프면 술지게미와 쌀겨도 싫지 않다.

| 자원(字源) |

飢 식(食)과 궤(几)의 합자니, 뱃속이 상(几) 밑처럼 식물(食)이 비어있는 것은 **주린** 것이다. 식(食)물이 거의(幾) 없는 것은 기(饑)다.

厭 본래 염(猒)은 짐승(犬) 고기(月)를 입(口)에 넣어(一)서 많이 먹고 배부른(厭食) 것인데, 엄(厂)을 덮어서 누르니(壓) **싫어하는** 것이다.

糟 미(米)와 조(曹)의 합자니, 술이 되어 쌀(米)과 누룩과 물이 합친 무리(曹)니, 즉 **술지게미**다. 거르지 않은 술지게미는 조(糟)고, 거르고 남은 술지게미는 박(粕)이다.

糠 미(米)와 강(康)의 합자니, 쌀(米)에서 나온 **겨**를 말하고, 강(康)은 음이다.

에세이

필자가 어렸을 때는 1950~1960년대로, 그때는 농업의 인구가 90%

가 넘었다. 농촌의 인력은 남아도는데 일거리가 없어서 돈을 벌수가 없는 세상이었다. 아마도 요즘 북한이 그때의 모습이 아닌가! 하고 생각한다.

이때는 봄이 되면 나물을 캐서 먹었고, 가을이 되면 이삭을 줍는 모습을 종종 볼 수가 있는 세상이었다. 물이 오른 소나무의 껍질을 베껴서 그 안의 내피(內皮)를 긁어서 먹었는가 하면, 찔레나무 숲에 가서 새로 나온 찔레 순을 꺾어서 먹는 것이 어린이들의 일이었다.

이렇게 어려운 생활이니, 방앗간에서 벼 방아를 찧으면 쌀은 쌀대로 나오고 겨는 겨대로 나오는 곳이 있다. 겨는 쌀의 껍질이니, 그 껍질을 베껴내야만 맛있는 쌀이 나오는 것이다. 그래서 이 겨는 소나 돼지에게 주었는데, 생활이 어려운 사람들은 고운 겨를 받아다가 개떡을 만들어서 먹었다. 필자도 종종 겨로 만든 개떡을 먹은 기억이 있다.

이런 개떡도 나름대로 맛이 있었다. 아마 요즘 먹으면 건강식품이 될 것이다. 그러나 이때는 식량이 없는 가난한 사람들이 먹는 음식이었으니 맛없는 개떡이 되는 것이다. 그뿐인가, 봄에 쑥을 캐다가 밀가루를 묻혀서 밥솥에 쪄서 먹었으니, 그는 먹을 만한 좋은 음식이었다. 요즘에 이런 음식을 많이 먹으면 건강한 사람이 될 것이다.

본문은 이러한 겨로 만든 개떡도 배가 고프면 맛이 있다는 이야기다. 어디 겨만 맛있겠는가! 배가 고프면 아무 영양이 없는 맹물도 맛이 있는 것이다.

• 친척고구(**親戚故舊**) : 친척(親戚)과 친구(親舊)의

 친할 **친**

 겨레(일가) **척**

 연고 **고**

 옛 **구**

| 자원(字源) |

親 《설문》에는 '從見亲聲'이라 했으나, 친(亲)과 견(見)의 합자로 보아서, 입목(立木, 서 있는 나무)을 보는 것은 **친한** 것이다.

戚 무(戊)는 무(茂)고 숙(叔)은 숙(菽)이니, 무성(戊)한 콩의 열매(叔)는 한 껍질 속에 여러 개가 들어있는 것처럼 한 포대기에서 난 여러 **겨레**이다. 같은 종류가 모인 것은 족(族)이다.

故 고(古)와 복(攵)의 합자니, 옛(古)것으로 치는(攵) 것이다. 옛일(故事), 옛땅(故鄕), 옛사람(故人) 등의 뜻이 되어 또 **그러므로**란 뜻이 되었다.

舊 추(萑)와 구(臼)의 합자니, 풀잎(萑)이 구덩이(臼)에 쌓였으니, 묵은 **옛것**이다.

에세이

내친(內親), 즉 같은 성(姓)의 친척을 친(親)이라 하고, 외친(外親), 즉 같은 성(姓)이 아닌 인척(姻戚)을 척(戚)이라 한다. 고구(故舊)는

예부터 아는 친한 친구라는 뜻이다. 즉 고향에서 같이 자란 옛 친구를 말한다.

친척 중에는 구족(九族)이라는 말이 있다. 이는 일반적으로 본인을 중심으로 하여 9대에 걸친 직계(直系)의 친족을 말한다. 즉, 고조부모(高祖父母)·증조부모(曾祖父母)·조부모·부모·본인·아들·손자·증손·현손(玄孫)의 9대에 걸친 친족이다.

때로는 방계(傍系)도 포함하여 고조(高祖)의 4대손이 되는 형제·종(從)형제·재종형제·삼종형제까지를 나타내거나, 부계 사친족(四親族)·모계 삼친족과 처족(妻族)의 이친족을 총칭하기도 한다.

《온공가범(溫公家範)》에 보면, 장공예(張公藝)는 9대가 함께 살았다. 북제(北齊)와 수(隋)·당(唐)나라에서 모두 그 가문에 정표(旌表)를 내렸다. 인덕(麟德) 연간에 고종(高宗)이 그 집에 행차하여 장공예를 불러 보고는 기족을 회목하게 할 수 있는 방법을 물었다. 장공예는 종이와 붓으로 대답하겠다고 청하고는 '참을 인(忍)' 자 백여 자를 써서 올렸다. 그 뜻은 종족이 화합하지 못하는 까닭이 존장(尊長)이 옷과 밥을 나누어 줄 때 혹 고르지 못함이 있거나, 비유(卑幼)의 예절이 혹 갖추어지지 못함이 있으면, 서로 책망하다가 마침내 어그러지고 다투게 되니, 만일 서로 참으면 집안의 도(道)가 화목하게 된다는 것이었다.

친족의 관계가 필자가 어렸을 때와 요즘을 비교하면 상당히 퇴보한 것 같다. 물론 현대는 핵가족화해서 각자 자기만 생각하고 사는 세상이 되었으니 할 말은 없지만, 근본을 잃은 나무는 시들어버리고 마는데, 사람은 나무와 이치가 다르겠는가!

● **노소이량(老少異糧)** : 늙은이와 젊은이는 음식을 다르게 공급하였다.

| 자원(字源) |

老 《설문》에는 '인(人)과 모(毛)와 비(匕)의 합자라 했으나, 차라리 땅(土)으로 향해(丿)서 화(匕)한 구부러진 **늙은** 사람이다.

少 소(小)와 별(丿)의 합자니, 부피가 작은(小) 것에 연속(丿)해서 수량이 **적은** 것을 뜻한다.

異 비(畀)자 속에 공(廾)자가 들어있으니, 물건을 두 손으로 쥐(廾)어서 주니(畀) 나누어져 **달라진** 것이다.

糧 미(米)와 량(量)의 합자니, 사람이 사는데 먹는 일정량(量)의 **곡식**(米)이다.

에세이

《맹자》에 "오묘(五畝)의 집 둘레에 뽕나무를 심게 하면 50세 이상 된 사람이 따뜻한 명주옷을 입을 수 있고, 닭, 돼지, 개 등의 가축을 때를 놓치지 않고 번식시켜 기르게 하면 70세 된 사람이 고기를 먹을 수 있을 것이며, 100묘의 경작지를 제때에 농사짓도록 때를 놓치지 않으면 몇 식구가 굶주리지 않을 것이다.……그렇게 하고도 왕이 되지 못한 자는 없다.(五畝之宅 樹之以桑 五十者可以衣帛矣 鷄豚狗彘之畜 無失其時 七十者可以食肉矣 百畝之田 勿奪其時 數口之家 可以無飢矣……然而不王者 未之有也)”고 하였다.

위의 말씀에서 보면, 맹자가 살 적에 50세가 된 사람은 따뜻한 명주옷을 입어야 체온을 유지하고, 70세가 된 사람은 고기를 먹어야 노구(老軀)의 체력을 유지한다고 한 것이다. 그렇다면 지금의 우리의 식생활은 어떤가! 누구나 다 고기를 먹고 그리고 따뜻하고 멋있는 옷을 입고 사니, 이를 보면 확실히 잘 사는 나라에서 행복하게 사는 것을 알 수가 있다.

본 문구의 ‘노소이량(老少異糧)’이라는 말은, 늙은이와 젊은이는 체력이 다르므로 먹는 것도 다르게 먹어야 하고 입는 것도 다르게 입어야 한다는 말이니, 노인이 되면 체력도 떨어지고 체온도 떨어진다. 그러므로 먹는 것도 따뜻한 음식을 먹고 따뜻한 방에서 자야 몸이 가벼우며 체온도 유지된다.

필자는 소음인이고 몸은 찬 편인데, 요즘에 와서 겨울이 되어서는 손이 시려서 항상 장갑을 끼고 다닌다. 아침에 조깅을 할 때에도 손이 가장 먼저 시려온다. 그래서 두툼한 장갑을 장만하여 끼고 다닌다. 그리고 손이 차니 반가운 손님과 악수를 할 때가 가장 괴롭다. 왜냐면 너무 차다보니 이를 만지면 얼음을 만지는 것 같아서 섬뜩할 것이 아닌가. 그래서 몸이 찬 것을 고치려고 따뜻해지는 약도 많이 먹었지만 아직껏 약효를 보지 못했다.

제 15 장 안이(安易)

첩어적방(妾御績紡) · 시건유방(侍巾帷房) · 환선원결(紈扇圓潔) · 은촉위황(銀燭煒煌) · 주면석매(晝眠夕寐) · 남순상상(藍筍象牀) · 현가주연(絃歌酒讌) · 접배거상(接杯擧觴) · 교수돈족(矯手頓足) · 열예차강(悅豫且康)

• **첩어적방(妾御績紡)** : (여자의 임무는 주로 방적과 재봉에 있으니) 첩(妾)의 일은 제일이 길쌈하는 것이고

| 자원(字源) |

妾 입(立)과 여(女)의 합자니, 서서(立) 남자의 시중을 드는 계집(女)은 **첩**이다. 의복과 음식을 책임지는 사람은 처(妻)다.

御 척(彳)과 사(卸)의 합자니, 말안장을 풀어 내릴(卸) 때까지 타고 가는(彳) 말을 **모는** 것이다. 말에 태워서 모는 것은 높은 사람을 모시는 것이라 임금의 경칭으로도 쓴다.

績 사(糸)와 책(責)의 합자니, 책(責)은 돈(貝)을 쌓아올린(主) 것이다. 실(糸)을 쌓은(責) 것은 즉 베를 **짜는** 것이다. 실을 일방으로 빼내는 것은 방(紡)이다.

紡 사(糸)와 방(方)의 합자니, 섬유를 가지고 한쪽(方)으로 빼내서 **실(糸)을 만드는** 것이다. 실을 모아짜는 것은 직(織)이고, 실이 쌓여 있는 것은 적(績)이다.

에세이

　한국에서 제일의 현모양처는 율곡 이이의 어머니인 신사임당이

고, 중국의 제일 현모양처는 맹자의 어머니인 맹모(孟母)이다.

맹자의 어머니가 베를 짜고 있는데, 공부를 하러 집을 나갔던 아들 맹자가 갑자기 돌아왔다. 이에 맹모는 짜고 있던 베를 단칼에 잘라버렸다. 이를 보고 놀라 멍하니 바라보는 맹자에게 "네가 공부를 중도에 중단하고 집에 온 것은 이 잘린 베와 같이 아무 쓸모가 없다."고 하니, 맹자는 그길로 다시 공부하러 돌아가서 대유(大儒)가 되었다고 한다.

맹모라고 해서 어찌 아들을 보고 싶지 않았겠는가! 그러나 자식의 성공을 위해서는 자신이 자식을 보고 싶은 마음은 아무것도 아니었다. 그렇기에 그렇게 매몰차게 자식을 공부하라고 몰아쳤던 것이다. 사람은 이러한 결단력이 꼭 필요하다. 물론 자식은 사랑으로 키워야하겠지만, 사식의 장래에 해가 되는 것은 칼로 자르듯이 막아야 하는 것이다. 진정한 사랑은 맹모와 같이 자식의 장래를 위해 사신을 희생하는 거룩한 사랑이어야 한다.

필자가 어렸을 때만 해도 남편은 밖에 나가서 농사를 짓고 아내는 집에서 주방을 담당하고 남는 시간에는 길쌈을 하였다. 저녁을 먹고 난 뒤에는 마당에 모닥불을 피우고 그 옆에 자리를 깔고 앉아서 밤이 깊도록 길쌈을 하였으니, 실로 노는 시간이 없었던 것으로 기억된다. 그리고 남자는 새벽에 일어나서 별을 보면서 논에 나가 물꼬를 보고 돌아와서 아침을 먹고, 또 논밭에 나가 일을 하고 점심을 먹고, 또 논밭에 나가서 일을 하고 돌아와서 저녁을 먹었다. 저녁에는 사랑방에 모여서 새끼를 꼬고 짚신을 삼았다. 이러니 놀 시간은 전혀 없었고, 겨우 잠자는 시간을 빼고는 왼 종일 쉴 틈이 없이 일을 했던 것이다. 이렇게 노력한 부형들이 있었기에 오늘날 우리나라가 세계에서 10위권 안에 드는 경제대국이 된 것이 아닌가!

- **시건유방(侍巾帷房) :** 유방(帷房)에서 건즐(巾櫛)을 가지고 성실하게 섬겨야 한다.

| 자원(字源) |

侍 인(亻)과 시(寺)의 합자니, 관청(寺)에서 관리들이(卸) 상관을 **모시는** 것이다.

巾 冂은 베 조각이고 丨은 벽에 거는 줄을 뜻한다. 머리에 쓰는 것은 두건(頭巾)이고, 손을 닦는 것은 **수건**(手巾)이다.

帷 추(隹)는 추(推)의 약자이고, 건(巾)은 포(布)의 약자니, 베(巾)로써 만들어 손으로 미루어(推) 개폐(開閉)하는 **휘장**이다. 열고 닫는 것은 유(帷)고, 길게 가리는 것은 장(帳)이다.

房 호(戶)와 방(房)의 합자니, 왼쪽 문(戶)으로 들어가는 쪽(方)에 있는 작은 **방**이다. 사람이 가득히 큰방은 실(室)이고, 방으로 들어가는 마루는 당(堂)이다.

에세이

지금도 중동의 회교도들은 일부다처제를 신봉하면서 여러 명의 부인을 두고 산다. 우리나라도 조선에서는 일부다처제였으니 남자가 여러 명의 부인을 두는 것을 제도화하였고, 또 그렇게 함으로써 의식을 해결하지 못하는 여자들에게 의식주를 해결할 수 있는 길을 열어주었던 것이다. 그러므로 잘 사는 양반은 모두 첩을 두고 살았으니, 실제로 당시에는 재력이 부족해서 첩을 두지 못하는 사람이 바보였던 것이다.

지금 생각하면 여자들이 '무슨 소리냐!' 하면서 반론을 제기하겠지만, 조선의 여인들은 이 제도를 순순히 받아들이고 살았다고 봐야 한다.

지금은 전문인의 시대이므로 여자들도 각기 나름대로 한 분야의 전문가가 되어서 월급을 꼬박꼬박 받으니 재정적으로 풍부하므로 자신이 희망하는 일을 얼마든지 할 수가 있는 세상이 되었다. 이 얼마나 좋은 세상인가. 지금은 힘이 세다고 해서 잘 사는 세상이 아니다. 풍부한 학식을 요구하는 전문인의 시대이므로 여자들도 당당히 남자들과 지혜를 겨루는 세상이 되었다.

본문 '시건유방(侍巾帷房)'은 첩이 일하는 모습을 그린 문구이다. 이는 비서같은 일을 한다는 말인데, 여자는 온유하고 섬세하므로 이런 비서직은 남자보다 훨씬 잘 맞는 직업이다. 사람의 일이란 너무 다양하여서, 섬세해서 출세한 사람이 있는가 하면, 누구는 운동을 잘해서, 누구는 노래를 잘해서, 누구는 골프를 잘 쳐서, 누구는 관료가 되어서 출세를 한다.

남녀 모두 자신의 장점을 잘 살려서 자기 임의로 세상을 사는 세상이니 얼마나 좋은 세상인가! 자유롭게 직업을 선택하고, 자유롭게 유람을 하고, 자유롭게 공부를 하는 자유의 세상이 얼마나 좋은 세상인가. 요즘은 모두 행복한 사람들뿐이다.

• **환선원결(紈扇圓潔)** : 흰 비단으로 만든 부채는 둥글고 정결
  하고

| 자원(字源) |

紈 《설문》에 '환(紈)은 흰 명주니, 사(糸)를 따르고 환(丸)의 음이다.'
고 하였으니, **흰 비단**이다.

扇 호(⼾)와 우(羽)의 합자니, 원래는 새가 날개(羽)를 치는 것처럼 개
폐하는 문(⼾)이었는데, 뒤에는 그런 작용을 하는 **부채**란 뜻이 되
었다. 더위에 부치면 신선(仙)이 된 기분이 든다.

圓 본시는 원(員)만이 둥근 것이었으나, 이 글자가 **둥근** 물건이나 사
람을 세는 말로 쓰이니, 다시 위(囗)자로 둘러싼 것이다.

潔 수(氵)와 혈(絜)의 합자니, 물(氵) 조촐(絜)하게 씻으니 **깨끗한** 것이
다.

에세이

  부채하면 제갈공명 선생이 학익선(鶴翼扇)을 들고 군대를 통솔하
는 모습을 볼 수가 있다. 공명은 아무리 바빠도 학익선(鶴翼扇)을

슬슬 부치면서 느긋하게 처리하였지 않았나 생각한다. 2009년에 필자는 '2009 부채 108인전'을 열고 이 도록에 부채의 모든 지식을 넣어서 책으로 발간한 일이 있다.

그러므로 아래에 부채의 종류에 대한 정보를 기록하기로 한다. 부채에 대한 더 자세한 정보는 위에 열거한 '2009 부채 108인전'을 사서 보면 될 줄로 안다.

1) 단선(團扇)

깁이나 또는 종이로 둥글게 만든 부채를 말하니, 모양에 따라 태극선(太極扇)·오엽선(梧葉扇)·연엽선(蓮葉扇)·파초선 등이 있다.

- 태극선(太極扇): 우리가 흔히 전통부채라고 부르는 부재가 태극선이다. 태극선은 대나무를 쪼개어 포를 뜬 다음, 100여 개의 살을 방사형으로 나열하고 종이 및 천을 붙여서 만드는 부채를 총칭한다. 엄밀히 말하면, 태극문양이 그려져 있는 부채를 '태극부채'라고 해야 하지만 일반적으로 단선(團扇)의 종류를 태극선이라 칭하고 있다.

- 홍보용 단선: 요즈음은 부채를 권위의 상징보다는 기업체의 홍보용으로 고급 전통부채를 선호하는 경향이 많다. 특히 한쪽 면을 우리나라 고유의 문양인 태극을 그려 넣고, 다른 한쪽에 기업의 홍보 지면으로 활용하는 사례가 많아지고 있다. 품위가 있으면서 단체나 기업의 홍보에 적절하기 때문이다. 특히 외국인을 상대하는 이벤트나 가벼운 선물을 준비할 때 많이 사용한다.

- 연엽선, 선녀선: 외국에 나갈 때 또는 각종 이벤트에 가볍게 한국의 정서도 알리면서 홍보도 겸할 수 있는 용도로 많이 사용된다.

물론 그 모양새가 좋아서 시판용으로도 많이 사용되어진다.

- 별선(別扇) : 각종 행사의 응원 등 단체 행동 시 많이 사용한다. 크기는 다소 큰(60~100센티미터) 형태로 제작되어지며 청군, 백군 등의 색상으로 구분하여 만들기도 한다. 또한 줄타기나 영화 촬영장의 소품 등으로 특수하게 주문제작하기도 한다.

2) 접선(摺扇)

- 합죽선(合竹扇) : 우리나라의 전통 부채의 원조이다. 합죽선은 그 제작 방법이 워낙 까다롭고 잔손이 많이 가는 작업이고, 또한 노하우가 집적된 부채이기 때문에 현재에 이르기까지도 일본이나 중국에서 흉내를 내지 못하고 있는 부채이다. 대나무의 껍질을 쪼개어 도려내고 민어풀(민어의 부레로 끓인 풀)로 세심하게 접합을 하는 과정이 있어서 합죽선이라 부르게 되었다. 현재 국내 생산량은 1년에 2만여 개 정도로 알려져 있다. 이렇게 만들어진 부채에 사군자 등 동양화를 화가가 직접 그려 넣어 고품격 선물용으로 판매가 되고 있다. 또는 서예가나 화가 등에게는 백지로 된 부채가 공급되어 직접 그려 넣을 수 있도록 공급되기도 한다.
- 민속선(民俗扇), 오죽선(烏竹扇) : 동양 3국 중 유일하게 우리나라에 있는 형태의 부채이다. 민속선은 흰 대살의 속살을 적당한 두께로 가른 후 한지를 붙여 만든 부채이다.

  오죽선은 오죽이라는 갈색의 단단한 대나무를 살로 만든 것을 말한다. 하지만 현재 제작되고 있는 대부분의 오죽선은 대나무의 속살 중 피살 쪽의 대를 사용하여 정밀한 가공을 하고, 여기에 염색을 하여 오죽의 느낌이 나도록 만든 것이 대부분이다.

• **여성용 부채**: 작고 아담한 크기의 부채이다. 주로 일본에서 많이 사용되어지는 부채의 형태인데, 여성들의 사회적 지위가 높아감에 따라 국내에도 많이 유통되고 있다. 대나무를 쪼개 잘라내어 살에 여러 문양을 가공하여 염색, 코팅 등의 가공을 거치고 실크 등의 재질로 부채 면을 형성한다. 주로 부챗살의 미적 감각을 내세우고 있으며 백화점 및 여성을 상대하는 기업의 홍보용으로 많이 제작된다.

• **은촉위황(銀燭煒煌)** : 은촛대의 불빛이 휘황찬란하게 비췬다.

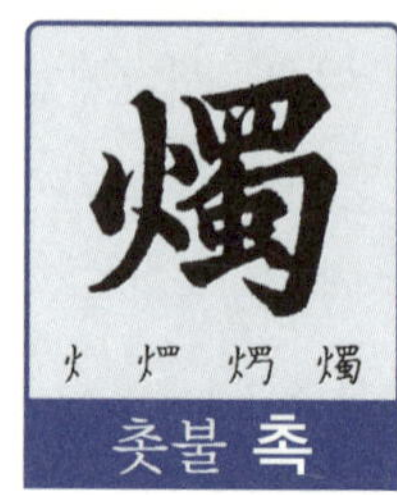

| 자원(字源) |

銀 금(金)과 간(艮)의 합자니, 금(金)의 속에 그쳐(艮)있는 흰 쇠니 **은**이다. 금(金) 같은(同) 쇠는 동(銅)이고, 무기(戟)로 쓰는 쇠(金)는 철(鐵)이다.

燭 개가 해를 보고 짖는 만큼 촉(蜀)나라는 어두운 곳이니, 불(火)을 붙여서 밝히는 **초**가 필요하였던 것이니, 음은 촉(蜀)이다. 불을 올려놓는 불은 등(燈)이다.

煒 화(火)와 위(韋)가 합한 형성자(形聲字)니, 화(火)는 **밝은 불빛**이고 위(韋)는 음이다.

煌 화(火)와 황(皇)이 합한 형성자(形聲字)니, 화(火)는 **밝은 불빛**이고 황(皇)은 음이다.

에세이

　본 장에서는 사람이 젊어서 일을 많이 해서 기반을 잡고 편안히 살 수 있는 자기네 집을 잘 짓고 부인과 첩을 두고 노복(奴僕)을 부리며 편안히 사는 것을 보여주는 문장이다.

중국은 우리나라와 집의 구조가 다르니, 우리의 침소는 문을 달아서 그 문을 닫고 잠을 자지만, 중국은 비단으로 커튼을 치고 잠을 자는 것을 TV에서 종종 볼 수가 있는데, 이렇게 커튼을 치고 촛불을 켜고 그 안에서 둥근 부채를 부치며 지내다가 밤이 되면 잠을 잔다는 것이다.

은촛대에 불을 켜니 은은 은대로 빛나고 불빛은 불빛대로 빛을 발하여 소위 휘황찬란하니, 그만큼 잘 산다는 이야기다. 이러한 집에서 아내는 길쌈을 하여 가족의 옷을 담당하고 첩은 주인의 시중을 들며 종들을 부리며 사는 모습을 그린 것이다.

필자가 상해의 '예원'에 가서 예원의 주인이 살던 집을 보았는데, 주인은 높은 누상(樓上)에 앉아 있고, 그 양 옆에는 '입상출장(入相出將, 들어와서는 정승이 되고 나가서는 장수가 된다.)'이리 씨 붙이고, 그 아래 마당에 있는 노복(奴僕)에게 명령을 내렸을 것이다.

이를 보고 필자는 생각하길,

'저렇도록 높은 곳에서 하인에게 명령을 내렸을 것이니, 누가 감히 거역을 할 수 있겠는가!' 라고 하였다.

오늘날 우리들의 생활은 옛적 왕들이 먹던 음식을 먹고 산다고 필자는 늘 생각하며 산다. 왜냐면 고기에, 쌀밥에, 산해진미를 누구나 먹을 수 있는 세상이고, 냉장고와 에어컨이 있어서 더위를 식히고 추우면 보일러를 켜서 따뜻하게 하고 살면서 자기가 하고 싶은 일을 하면서 사니, 이보다 더 무엇을 바라겠는가!

● **주면석매(晝眠夕寐)** : 낮에는 낮잠을 자고, 밤에는 침소에서 잠을 자고

| 자원(字源) |

晝 율(聿)과 단(旦)과 目(昏)의 합자니, 해가 뜰 때부터(旦) 질 때(目)까지 이(聿) 동안은 **낮**이다. 태양이 남쪽 중천에 온 낮은 오(午)다.

眠 《설문》에는 '면(眠)은 명(瞑)의 속자이다.'고 했으니, 면(眠)은 목(目)과 명(冥)의 합자로써 눈(目)을 어둡게(冥) 감고 있으니, **잠**이 오는 것이다.

夕 해가 빠지고 달이 조금 올라올 때니, 즉 **저녁**이다. 월(月)자에서 한 점을 빼고 조금 왼쪽으로 기울게 쓴 것이다. 그래서 밤을 지나면 석(昔)이 되니, 음은 석(昔)이다.

寐 宀(家)와 장(爿)과 未(眛)의 합자니, 어두운(眛) 침대(爿)에서 **잠을 자는** 것이다. 집(宀)의 침대(爿)에 누워서 점점(彐) 잠드는 것은 침(寢)이다.

  필자도 이제 나이가 60대 중반이니, 점심을 먹고 난 뒤에는 꼭 의자에 누워서 낮잠을 자는 버릇이 있다. 이를 오수(午睡)라고 한다.

  낮에는 활동을 하고 밤에는 잠을 자야 하는 것이니, 이러한 것이 모두 음양의 원리로 이루어져 있다. 만약 밤에 불면증이 있어서 잠을 제대로 자지 못하면 그 다음날의 일과는 제대로 처리하지 못하고 헤매게 된다. 이럴 때에 오수(午睡)는 인삼녹용보다도 더 좋은 보약이 된다.

  그러므로 아래에 목은선생(牧隱先生)의 '오수(午睡)'를 싣는다.

일 오 량 풍 래 日午涼風來	한낮에 서늘바람 산들 불어오고
허 당 적 여 수 虛堂寂如水	텅 빈 집은 적요하기 마치 물이라.
위 좌 방 침 사 危坐方沈思	오뚝 앉아 골똘히 뭔가를 생각하다
명 연 망 소 이 冥然忘所以	무얼 하는지도 까마득히 잊고서는
심 신 아 상 교 心腎俄相交	심과 신이 어느새 서로 사귀더니[35]
비 공 뢰 성 기 鼻孔雷聲起	드르렁드르렁 콧구멍에 우렛소리

---

35) 심과 신이 --- 사귀더니 : 심장, 즉 화기(火氣)와 신장, 즉 수기(水氣)가 원활하게 소통되면서 몸과 마음이 안온해지고 나른해진 결과 자기도 모르게 비몽사몽간의 경지에 빠져들었다는 말이다.

精神便飛揚　정신이 문득 높이 날아오르면서

浩蕩千萬里　끝없이 천만리를 휘젓고 다녔는데

童稚聚相喧　아이놈들이 모여들어 서로 떠들면서

聲急忽觸耳　악다구니하는 소리 홀연히 귀에 들려

覺來欲相質　잠을 깨고 불러다가 혼내려 하였더니

烏有與亡是　모조리 오유선생이요 무시공일세[36]

不須更嘆嗟　아서라, 다시 한탄할 것이 있으리요.

萬事眞偶爾　만사가 실로 이처럼 우연인 것을

---

36) 모조리 --- 무시공일세 : 아이들이 모두 어디론가 달아나 없어졌다는 말
이다. 한(漢)나라 사마상여(司馬相如)가 〈자허부(子虛賦)〉를 지으면서 실
존하지도 않는 자허(子虛)와 오유선생(烏有先生)과 무시공 등 3인을 등장
시켜 서로 문답을 나누게 했던 데에서 유래한 것이다.

• **남순상상(藍筍象牀)** : 실내(室內)에는 푸른빛의 대자리도 있고 상아로 장식한 침상도 있다.

 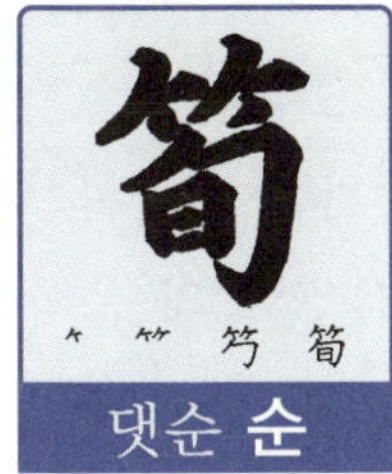  

| 자원(字源) |

藍 초(++)와 감(監)의 합자니, 보이는(監) 물색을 드리는 풀(++)이니, 즉 염색하는 풀인 쪽이니, 산 풀빛보다는 짙은 **푸른색**이다.

筍 죽(竹)과 순(旬)의 합자니, 나온 지 열흘(旬)된 죽순(竹)을 말한다. 음은 순(旬)이다.

象 어금니와 코가 기다란 지상 최대의 동물인 **코끼리**를 상형한 글자다. 중국에는 없고 먼 남방에 있는 것을 마음으로 그렸기 때문에 **상(想)상**한다는 뜻으로도 쓴다.

牀 장(爿)과 목(木)의 합자니, 나무(木)로 만든 **침상(爿)**이다.

에세이

누구나 생활이 안정이 되면 집도 잘 짓고 값이 비싸고 좋은 장식을 설치하여 살기가 좋은 집으로 만든다. 재력이 많은 사람은 더 좋은 재료를 사서 치장을 하고 재력이 없는 사람은 돈이 덜 드는 재료로 장식을 하는 것이다.

옷을 입는 것을 보아도 돈이 많은 사람은 비싼 옷을 사서 입고 거리를 활보하고, 돈이 적은 사람은 비교적 저렴한 옷으로 치장을 하는 것이다.

음식을 먹는 것도 재력이 많은 부자는 비싼 음식을 사서 먹는 반면에, 가난한 사람은 그냥 배만 채울 정도의 음식이면 만족하며 사서 먹는다. 그러나 무조건 비싸다고 해서 다 몸에 좋은 것은 아니다. 왜냐면 너무 기름진 음식은 너무 영양이 과도해서 자칫 영양과다의 병인 당뇨병에 걸리기가 쉽고, 반면에 비교적으로 싼 음식인 채소종류의 음식은 영양이 과하지도 않고 그렇다고 너무 영양이 없는 것도 아니니, 이런 음식을 웰빙음식이라고 해서 몸매를 가꾸는 사람들이 아주 좋아하는 음식인 것이니, 가난한 사람들이 먹고 입는 것이라고 해서 무조건 나쁜 것만은 아니다.

필자는 항상 후자의 경우에 해당하나, 그렇다고 해서 남을 의식해서 위축이 들지는 않았다. 남에게 아쉬운 소리를 하지 않고 빌리지 않고 살면 되는 것이지, 꼭 돈으로 위세를 부리는 사람을 따라다닐 필요는 없는 것이다. 유행가에도 "나물 먹고 물 마시고, 베개 베고 누웠으니 이만하면 대장부지"라는 노래가 있다.

● **현가주연(絃歌酒讌)** : 때로는 거문고 연주에 노래하고 술을 마시며 잔치를 베풀고

糸 糺 紝 絃
줄 **현**

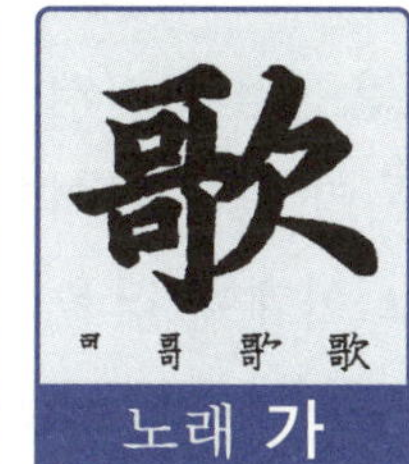

哥 哥 哥 歌
노래 **가**

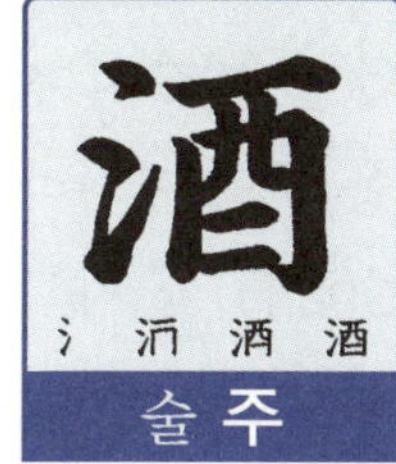

氵 沔 酒 酒
술 **주**

言 言 詁 詁 詁
잔치 **연**

┃ 자원(字源) ┃

絃 사(糸)와 현(玄)의 합자니, 실(糸)을 검(玄)게 물들여서 만든 악기 **줄**이다. 줄로 만든 악기는 현(絃)이고, 대통으로 만든 악기는 관(管)이다.

歌 본시는 가(哥)만이 **노래**의 뜻인데, 후에 흠(欠)자를 덧붙였으니 입을 벌리고 부르는 것이다. 곡조에 맞는 노래는 가(歌)고, 소리 높은 노래는 창(唱)이며, 길게 빼는 노래는 영(咏)이다.

酒 원래 유(酉)는 곡식이 익어서 술을 빚은 단지를 상형한 글자이나 8월이란 의미로 쓴다. 다시 수(氵)를 덧붙여서 **술**이란 뜻으로 쓴다.

讌 본래는 제비(燕)처럼 말(言)하는 것인데, 정자통(正字通)에서는 연(宴)과 동자(同字)라 하여 **잔치**로 쓴다.

에세이

관현악단(管絃樂團)이라는 말이 있다. 관현(管絃)의 관(管)은 대나

무로 만든 악기를 말하고 현(絃)은 줄을 단 악기를 말하는데, 본문의 구절은 자기가 사는 집에서 현악기를 연주하며 시도 짓고 술잔치도 연다는 말이다,

지금은 잔치를 열 때 반드시 전문음식점에 가서 열지만 옛적에는 이런 음식점도 없을 뿐만 아니라, 돈이 많이 들어가므로 모두 시골의 집 마당에 차일(遮日)을 치고 그 아래에 상을 펼쳐놓고 손님을 기다리면, 각지에서 오는 손님들은 두루마기를 입고 갓을 쓰고 걸어서 잔칫집에 와서 왼 종일 먹고 마시면서 시도 짓고 노래도 하다가 돌아가는 것이었다.

이런 잔치가 열리면 동네 아이들은 물론이고 같은 면에 사는 거지들까지 모두 모여서 먹고 마시며 놀았던 것이니, 잔칫날이면 으레 지나가는 과객도 한 상 얻어먹고 가는 것을 정상적인 사고로 생각했으니, 우리의 잔치 풍습은 인심도 후하고 인정도 꽤나 많았던 것이다.

공자가 말씀한 군자가 지켜야 할 여섯 가지 덕목인 육예(六藝)는 예(禮), 악(樂), 사(射), 어(御), 서(書), 수(數)인데, 이 중에 음악이 두 번째에 들어있다. 그러므로 군자는 음악도 잘 해야 한다는 것이다. 공자도 남는 시간이 있으면 작곡을 하고 악기를 타며 노래를 했다고 하니, 음악이 우리들의 생활 중에 없어서는 안 될 중요한 덕목인 것이다.

필자는 혼자 깊은 산을 거닐면서 주위에서 나는 바람소리와 바람에 흔들리는 나무들의 소리들이 음악의 시초가 아닌가! 하고 항상 생각을 했다. 이러한 자연의 현상이 거짓과 꾸밈이 없는 시이고 노래인 것이다.

전에 필자가 양평의 구정승골에 가서 한음(漢陰) 이덕형(李德馨)

선생의 묘소를 찾아가는데, 숲속에서 이상한 소리들이 많이 들리는 것을 경험한 적이 있다. 아마 어느 구멍에서 나는 소리 같은 것이 연속적으로 들려서 참 자연의 소리는 아름답기도 하다고 생각을 하였다.

•접배거상(接杯擧觴) : 술잔을 들고 술을 접대한다.

| 자원(字源) |

接 수(扌)와 첩(妾)의 합자니, 첩(妾)의 손(扌)으로 남자를 대접하는 것
처럼 친절하게 **대접**하는 것이다. 서로 합함은 접(接)이고, 서로 대
함은 대(對)다.

盃 불(不)과 명(皿)의 합자니, 등당(藤堂)박사는 불(不)을 볼록한 꽃봉
오리의 형상이라 했으니, 볼록하게(不) 만든 그릇인 **술잔**이다. 배
(杯)로도 쓰니, 그는 목제(木製)이기 때문이다.

擧 여(與)와 수(手)의 합자니, 두 손으로(手) 서로 더불어(與) 신중하게
들어 올리는 것이다.

觴 각(角)과 상(昜)의 합자니, 뿔(角)에 진집(昜)을 내어 만든 **술잔**을
말한다.

에세이

　우리들이 회식을 할 때는 으레 건배(乾杯)라고 한다. 그러나 이는
건배(乾杯)가 아니고 간배(乾杯)이다. 하늘을 뜻하는 건(乾)자는 마
른다고 할 적에는 음이 간이 된다. 그러므로 간배(乾杯)는 술잔에

들어있는 술을 다 마셔서 없앤다는 뜻이다. 그리고 건초(乾草)도 간초(乾草)가 맞다.

우리들이 쓰는 용어에는 이렇게 잘못된 용어가 꽤나 많다. 일체(一切)라는 용어도 어느새 일절(一切)이라는 말로 바뀌었고, 건어물(乾魚物)도 원래는 간어물(乾魚物)이 맞다. 웬일인지는 몰라도 용어의 변화가 좋은 방향으로 변화하는 것이 아니고 으레 안 좋은 방향, 즉 무식한 방향으로 변하여 온 국민이 그렇게 쓰면 매스컴에서도 그렇게 쓴다. 필자는 이러한 용어의 변화를 늘 걱정하며 사는 사람 중에 한 사람이다.

술은 《동의보감》에 보면 곡지왕(穀之王)이라 했으니, 즉 사람이 먹을 수 있는 곡식 중에 제1이라는 것이다. 그러므로 손님을 대접할 때는 으레 술상을 내어 대접하는 것을 하나의 예절로 생각했던 것이다. 지금도 음식점 중에 술을 팔지 않는 음식점은 별로 없다. 심지어 칼국수 집에서도 술을 팔고 먹으니, 우리나라의 음식문화는 밥과 술이 빠지면 음식을 대접한 것이 아니다.

그러므로 본문에서와 같이 술을 들어서 먹기도 하고 손님을 대접했다고 한 것이 아닌가! 아래에 필자의 졸작 '춘일대작(春日對酌)' 한 수를 싣는다.

乾坤弘大我寒微	천지는 큰데 나는 한미(寒微)하고
探究書文士友圍	서문(書文)을 탐구하는 벗들 둘려있네.
花發春風最好節	꽃 피고 바람 부는 가장 좋은 계절인데
與君對酌誰何譏	그대와의 대작(對酌)을 누가 어찌 기롱(譏弄)하겠는가!

● 교수돈족(矯手頓足) : 손을 들고 발을 구르며 춤을 추고

| 자원(字源) |

矯 시(矢)와 교(喬)의 합자니, 화살(矢)은 굽으면(喬) 바로가지 못하므로 반드시 **바로잡아**야만 한다. 선이 바름은 직(直)이고, 행위가 바름은 정(正)이다.

手 긴 물건을 쥐고 있는 **손**이니, 그 물건을 잃지 않고 지키(守)는 것이기 때문에 음은 수다. 손(手)을 말아(卷) 쥔 것은 권(拳)이고, 손(手) 위(尙) 중심은 장(掌)이며, 손(才)가락(旨)은 지(指)다.

頓 둔(屯)과 혈(頁)의 합자니, 머리(頁)가 땅에 닿도록(屯) **절하는** 것이다.

足 구(口)는 발가락을 합한 것이고, 지(止)는 발뒤꿈치가 그치는 것이니, 즉 **발**이다.

에세이

　무도(舞蹈), 즉 춤은 없어서는 안 될 동작이다. 사람이 흥이 나면 몸을 흔들어서 표현을 하는 것인데, 아직도 춤에 대한 우리들의 시선은 그리 곱지 않다.

왜냐면 소위 '춤바람'이라 하여 과거 서양의 문물이 들어온 이후에 가정주부가 서양의 춤인 사교춤을 추다가 바람이 나서 가정이 파탄난 일이 비일비재했기 때문이다.

이는 남녀가 손을 잡고 신체를 접촉하면서 추는 춤이기에 '남녀칠세부동석(男女七歲不同席)'을 주장하는 유가(儒家)의 입장에서는 '어불성설(語不成說)'이나 다름없는 행위이다. 유학에서는 어린아이들도 7세가 되면 같은 자리에도 앉지를 말라고 했는데, 성인이 된 남녀가 어찌 신체를 접촉하고 비벼대며 춤을 추겠는가! 그러므로 남녀의 사고가 날 것은 빤한 일이다.

필자는 아예 춤을 배우지 못했다. 왜냐면 일을 하면서 한 가정을 이끌어가기에도 힘이 들었고, 또 그럴만한 시간적 여유가 없었다. 그러므로 혹 춤을 추는 곳에 가면 춤을 춘답시고 그냥 몸을 흔들어 댔으니 남들이 보면 웃었을 것이다. 한 번은 필자가 중국의 반진(盤津)에 가서 외삼촌과 함께 카바레에 갔는데 춤을 추러 나온 여자들이 즐비하게 많았다. 외삼촌께서 '너 한 번 춤을 출래' 하셨다. 그래서 나는 본래 춤을 출 줄 모르므로 싫다고 하고 위층으로 올라가서 남들이 춤추는 것을 구경하고 온 일이 있다. 만약에 춤을 출 줄 알았다면 그곳에서 멋지게 한 번 춤을 췄을 것인데, 항상 이 일을 생각하면 서운한 생각이 든다.

겨울에 눈이 내리는 것을 보면 꼭 춤을 추는 것 같다.

한들한들 내리는 그 모습은 마치 선녀가 춤을 추는 것과 흡사하다.

그래서 필자의 졸작 '표설(飄雪)'을 다음 장에 싣는다.

표 표 비 설 산 염 백
飄飄飛雪散鹽白　소금을 뿌린 듯 표표(飄飄)하게 눈이 내리니

한 랭 오 천 여 암 동
寒冷午天與暗同　한랭한 대낮인데 어두워진다네.

한 가 촌 리 무 견 인
閑暇村里無見人　한가한 마을에는 보이는 사람 없고

차 일 건 곤 서 무 중
此日乾坤絮舞中　이날의 천지는 솜 같은 눈이 춤추는 중이네.

• **열예차강(悅豫且康)** : 마음은 기쁘고 또한 흐뭇하다.

자원(字源)

悅   원래 태(兌)는 八과 口와 儿의 합자로, 사람(儿)이 입(口)을 열(八)고 웃는 것이다. 즉 **즐기는** 것이나, 또 심(忄)을 더하였으니 마음으로 **즐김**을 뜻한다.

豫   여(予)는 여(余)로 통해서 피어나는 뜻이고, 상(象)은 상(想)으로 통해서 상상하는 것이다. 생각이 미래까지 퍼져 나가니 **미리** 상상하는 것이다. 따라서 **즐겁다**는 뜻도 되니, 예(預)로 통한다.

且   《설문》에는 '고기 담는 도마인 조(俎)의 본자(本字)라.' 했으니, 제상(祭床)의 평면(一) 위에 도마(冂)를 놓고 고기를 담는 月 위에 **또** 한 층 한 층 담는 것이다.

康   《설문》에는 '경(庚)과 미(米)의 합자라.' 했으니, 결실(庚)된 곡식(米)을 먹고 몸이 **편안한** 것이다. 또한 강(强)으로도 통한다.

에세이

옛 이야기에 '서울에 사는 호사쟁이는 매일 비단옷을 입고 잘 살았다고 한다. 어느 날 시골 호사쟁이와 누가 더 호사스럽게 사는가! 내기를 하였다. 서울 호사쟁이는 고급 비단옷을 입고 거드름을 피우면서 이보다 더 좋은 옷이 어디에 있겠느냐! 하였는데, 시골의 호사쟁이는 무명옷을 입고 나왔으나 매일같이 갓 지어서 만든 옷을 입고 나왔으므로 서울의 호사쟁이가 졌다.' 고 한다.

사람이 생활에 여유가 생기면 멋진 집을 새로 짓고 좋은 장식을 사다가 꾸미고, 영양에 좋고 정력에 좋은 쇠갈비나 곰발바닥 같은 음식을 먹고 살기를 원한다. 또한 술과 음식을 차리고 친구들을 불러다가 대접을 하면서 은근히 자신의 부력(富力)을 과시하기도 한다. 이렇게 모자라는 것이 없고 여유가 있으면 생활이 즐겁고 재미가 있다는 본문의 말이다.

음식은 본래 자신의 건강상태와 보사(補瀉)관계를 잘 맞게 먹어야 건강한 것이다. 일례로, 음(陰)이 성한 뚱뚱한 사람인데, 이런 상태에서 보양식인 곰발바닥을 먹는다면 음체(陰體)에 음기를 더했으므로 보정(補精)은 커녕 살만 더 찔 것이 확실하다. 이런 사람은 양기를 보하는 사군자탕을 먹어야 하는 것이다.

참 기쁨이란 잘사는 데서 오는 것이 아니고 즐거운 마음에서 나오는 것이니 '50살이 되면 천명(天命)을 안다.' 는 말처럼 하늘에서 자신을 이 세상에 태어나게 한 명령을 알고 그 천명을 따르며 살아가는 인생이 더욱 즐거운 것이다.

'하늘을 우러러봐도 부끄러움이 없고, 땅을 굽어봐도 부끄러움이 없는' 이렇게 맹자의 말처럼 세상을 살면 후회(後悔)없는 삶이 되니 한없이 즐거운 것이고, 설사 죽음이 오더라도 즐거운 것이다.

제 16 장　잡사(雜事)

적후사속(嫡後嗣續)・제사증상(祭祀蒸嘗)・계상재배(稽顙再拜)・송구공황(悚懼恐惶)・전첩간요(牋牒簡要)・고답심상(顧答審詳)・해구상욕(骸垢想浴)・집열원량(執熱願涼)・여라독특(驢騾犢特)・해약초양(駭躍超驤)・주참적도(誅斬賊盜)・포획반망(捕獲叛亡)

● **적후사속(嫡後嗣續)** : 적자(嫡子)는 후사(後嗣)를 잇고

| 자원(字源) |

嫡 여(女)와 적(啇)의 합자니, 하나뿐(啇)인 **본실(女)**이니, 음은 적이다. 베를 짜는 여인은 처(妻)고, 시중드는 여(女)는 첩(妾)이다.

後 척(彳)과 요(幺)와 치(夊)의 합자니, 작은(彳) 아기가 걸어가(夊) 늦게 이르(夊)니 어른의 **뒤에** 선 것이다.

嗣 구(口)와 책(册)과 사(司)의 합자니, 가묘(家廟)에 가서 사유를 쓴 글(册)로써 고(口)하고 집일을 맡게(司) 해서 가계를 **잇는** 것이다. 받아서 잇는 것은 승(承)이다.

續 매(賣)는 재물(貝)을 가지고 사(四)방으로 가서(屮) 파는 것이니, 그래서 살 사람과 연결하는 것처럼 실(糸)을 **이어가는** 것이다.

에세이

　조선(朝鮮)은 계급사회였으므로 적자(嫡子)와 서자(庶子)의 신분을 엄격하게 구분하였으니, 국가나 개인이나 모두 적자(嫡子)를 사자(嗣子)로 승계하는 것을 원칙으로 하였다. 그러므로 같은 아내라

도 적처(嫡妻)와 후실(後室)은 신분의 차이가 엄격하게 구분되었고, 그들 자식까지도 구분하였다.

조선의 비운의 왕 단종은 적자(嫡子) 승계의 원칙에 따라서 어린 나이에 왕이 되었지만, 권력을 쥐고 있는 삼촌인 수양대군에 의해 왕위가 찬탈되었던 것이다. 이는 질서를 무너트리는 중대한 사건이었으므로 성삼문, 박팽년 등 사육신(死六臣)이 목숨을 걸고 항거하였고, 김시습 등의 생육신도 벼슬을 그만두고 수양대군에 대하여 항거하였던 것이다.

필자의 방조(傍祖)이신 휴계(休溪) 전희철(全希哲)은 별육신(別六臣)의 한 사람으로, 벼슬을 버리고 고향인 영주로 내려가서 살면서 항상 단종의 묘가 있는 영월을 향하여 예를 갖추었다고 하고, 자손들에게는 벼슬길에 나가지 말라고 유언을 하였다고 해서 자손들이 벼슬길에 나가지 않았다고 한다.

오늘날은 이러한 적서(嫡庶)의 구별이 없는 민주국가가 되었으니, 얼마나 좋은 일인가! 연좌제도 없어져서 '삼족을 멸한다.' 등의 말이 없어졌으므로 누구나 자기만 잘하면 잘 사는 세상이 되었다. 그렇다고 윤리와 예의에 벗어나는 행동을 해서는 안 된다. 언제나 국가를 위하고 사회를 위하며 가정을 위해서 사는 사람이 되어야 한다.

• **제사증상(祭祀蒸嘗)** : 일반인은 조상께 제사를 드리고 제왕은 증상(蒸嘗)의 제사를 올린다.

| 자원(字源) |

祭 月(肉)과 우(又)와 시(示)의 합자니, 육(肉)체와 또(又) 정신(示)을 청정하게 해서 귀신에게 예배드리는 **제사**다. 음은 제니, 제(際)로 통하여 사람이 귀신에 접하는 것이다.

祀 시(示)와 사(巳)의 합자니, 사(巳)는 四월 양절(陽節)이고, 시(示)는 하늘에 계신 신(神)이다. 양신(陽神)에 대한 **제사**이다.

蒸 물(水) 그릇(一) 밑에 불(灬)이 타서 증기가 올라가(丁) 풀(++)을 **찌는** 것이다.

嘗 상(尙)과 지(旨)의 합자니, 맛(旨)을 숭상(尙)하여 **맛보는** 것이다.

에세이

제사를 드리는 것도 국가와 개인은 다르다. 우리는 개인이므로 개인이 지내는 제사를 말하고자 한다. 요즘의 제사는 기제(忌祭)와 시제(時祭), 그리고 묘사(墓祀)가 있으며, 9월 9일에 지내는 제사와 봄의 한식날 지내는 제사가 있다. 또한 산에 가서 제사를 지내려면 우선 산을 담당하고 있는 산신(山神)께 먼저 산신제를 올린 다음에 자신의 조상께 제사를 올린다.

제상(祭床)을 차리는 것도 '홍동백서(紅東白西)'라 해서 붉은 과일은 양이므로 좌측에 진열하고, 흰 과일은 음이므로 우측에 진열하는 방식이 있고, '조율시이(棗栗柿梨)'라 해서 대추, 밤, 감, 배 등의 순서로 제상을 차리는 방법이 있다. 필자의 집안에서는 조율시이(棗栗柿梨)의 방법을 따라서 진설한다.

그러면 '조율시이(棗栗柿梨)'는 무슨 뜻인가! 대추는 씨가 하나이므로 임금을 뜻하고, 밤은 한 송이에 세 개가 들어 있으므로 삼정승을 뜻하며, 감은 씨가 6개이므로 육판서(六判書)를 뜻하고, 배는 씨가 8개이므로 팔도(八道)를 뜻한다는 것이다.

깅화도의 마니산에는 참성단이 있는데, 이는 단군께서 하늘에 제사를 올리던 곳으로 전해진다. 예로부터 제왕(帝王)이어야만 하늘에 제사를 올릴 수가 있으니, 중국의 태산도 역대의 제왕들이 하늘에 제사를 올리던 산이다. 그러므로 높이는 1532m 밖에 안 되지만 중국에서 제1의 산으로 알려진 산이 되었다.

• **계상재배(稽顙再拜)** : 머리를 조아려 절을 하고

| 자원(字源) |

稽 《설문》에는 '계(稽)는 머물러 그쳐있는 것이니, 화(禾)와 우(尤)를 따르고 지(旨)의 음이다.'라 하여, 화(禾)는 끝이 굽어서 펴지지 않는 모양이고, 우(尤)는 수중(手中)에서 물건이 떨어지는 뜻으로 양자(兩字)를 합하여 '머물러 있어서 움직이지 않는다.'의 뜻을 표(表)하여 **머무르다**의 뜻이 되었다.

顙 《설문》에 '상(顙)은 액(額)이라.'고 했으니 **이마**의 뜻이다.

再 첫째(一)에서 둘째(二)로 간(丨) 그것을 둘러싼(冂) 것이니, 즉 **두 번째**이다. 일(一)에서 이(二)로 간 것은 재(再)고, 일(一)에서 이(二)를 더한 것은 중(重)이고, 대칭되는 양쪽은 양(兩)이다.

拜 수(手)와 丁(下)의 합자니, 왼손(手)과 오른손(手)을 땅에 내리(丁)고 전신을 구부리면서 **절하는** 것이다.

에세이

　계상(稽顙)은 이마를 땅에 대어서 경례하는 것으로, 상시(喪時)나 혹은 귀빈(貴賓)에 절할 적에 행하는 예법이다.

　병자호란 때에 인조는 청태조에게 항복하면서 삼배구고두(三拜九叩頭)의 예를 올렸는데, 이는 즉 세 번 절하고 아홉 번 머리를 조아리는 것이다. 이 당시의 상황을 필자가 번역한 《유촌한형길선생문집(柳村韓亨吉先生文集)》에 보면,

　"음 1월 30일, 삼전도에 단을 설치하고 노란색 누각을 펼치고 단상에 앉았는데, 갑주를 입고 활을 멘 자가 방형의 군진을 쳐서 옹립하였으며, 깃발과 창검을 삼엄하게 벌려 세웠으며, 의장마를 세우고 취타내를 설지하였다.

　용골대 등이 말에서 내리고 주상도 말에서 내려 밭 가운데에 앉았다. 용골대가 먼저 들어갔다가 나와 앞서서 들어가고 주상도 걸어서 진문 밖에 이르렀다. 용골대가 궁전의 아래 동작문 밖에 전하를 머물게 하였다.

　주상(인조)이 세 번 절하고 머리를 조아렸다. 용골대가 들어가 보고하고 나와서 전하기를 '전 일의 일을 말하자면 길다. 그러나 용단을 내려 나왔으니, 매우 가상하고 다행한 일이다.' 라고 말하였다. 주상은 '황은이 망극하옵니다.' 라고 말하였다.

　용골대가 인도하여 들어가니, 좌석을 단 아래에 북쪽을 향하여 설치하였는데 주상을 좌석에 앉게 하고 청군이 의식의 절차를 소리 높여 외쳤다. 주상이 세 번 절하고 아홉 번 머리를 조아렸다."고 하였다. 계상(稽顙)이라는 용어가 있어서 삼배구고두(三拜九叩頭)가 생각이 나서 인조의 항복한 의식의 상황을 위에 게재한 것이다.

● **송구공황(悚懼恐惶)** : (제사를 지낼 때에는) 두렵고 송구한 마음을 갖는다는 것이다.

| 자원(字源) |

悚 심(忄)과 속(束)의 합자니, 마음(心)을 묶어서(束) **두려워하는** 것이다. 겁내서 삼감은 속(束)이고, 겁내서 떠는 것은 율(慄)이다.

懼 심(忄)과 구(瞿)의 합자니, 놀라서 보는(瞿) 마음(忄)은 **겁내는** 것이다. 황겁을 집어먹는 것은 공(恐)이고, 정신을 잃어버린 것은 포(怖)다.

恐 공(巩)과 심(心)의 합자니, 겁을 안은(巩) 마음(心)이니, **두려워**하는 것이다. 정신을 잃게 겁냄은 포(怖)고, 놀랍게 겁냄은 구(懼)며, 귀신을 본 듯 겁냄은 외(畏)다.

惶 심(忄)과 황(皇)의 합자니, 가장 높은 임금(皇)을 대한 마음(忄)은 **두려운** 마음이다.

에세이

　　제사(祭祀)를 지내는 의식은, 형식적으로 행하는 의식이 아니라

실제로 조상의 신령(神靈)이 강림하여 흠향(歆饗)한다고 생각하고 제사를 올리는 것이다.

그런데 요즘 기제(忌祭)를 올리거나 시제(時祭)를 올리는 것을 보면 제사 중에 잡담을 하는 경우를 간간히 보는데, 이는 대단히 잘못된 것이다. 조상의 신령이 강림해 계신데 어떻게 잡담을 한단 말인가! 이렇게 잡담을 하는 사람은 차라리 제사를 올리지 않는 것이 났다. 왜냐면 조상께 드리는 신성한 제사를 망치기 때문이다.

신령의 세계는 사람의 육안(肉眼)으로는 보이지 않는다. 이는 신안(神眼)이 뜬 자만이 보이는 것이다. 그래서 도가(道家)에서 산속으로 기도를 하러 갈 때는 반드시 거울을 가지고 간다고 한다. 왜냐면 신령이 육안으로는 보이지 않지만 거울에는 비친다는 것이니, 기도하는 자는 이 거울을 보면서 잡귀들이 혹시 와서 장난을 치지 않는기를 파악해야 하므로 거울을 가지고 사는 것이다.

이승과 저승은 반대의 세상이므로 저승에서 사는 신령의 세계는 보이지 않는 것이니, 만일 신령들이 우리의 육안에 보인다면 너무 무서워서 살 수가 없을 것이다. 그래서 이승에 사는 사람의 눈에는 저승에 사는 신령이 보이지 않는 것이다.

예법에는 남좌여우(男左女右)라 해서 좌석을 배치할 때에 남자는 좌측에 여자는 우측에 앉는다. 그러나 저승의 세계는 이승과 정반대이므로 남우여좌가 된다. 그래서 비문에 부부를 기록할 때에 남편을 우측에, 부인을 좌측에 기록하는 것이다. 그리고 합폄(合窆)을 했을 때는 부인을 부좌(祔左)했다고 쓰는 것이다.

• **전첩간요(牋牒簡要)** : 서찰(書札)을 간단하고 중요해야 하고

자원(字源)

牋 편(片)과 전(戔)의 합자니, 간단(戔)하게 쓴 **편지**(片)이다. 음은 편(片)이다.

牒 편(片)과 엽(枼)의 합자니, 얇은 나무(枼) 조각(片)이니, 종이가 나오기 전에는 여기에 **편지**를 썼다. 간단한 편지는 첩(牒)이고, 정상(情狀)을 말함은 장(狀)이다.

簡 죽(竹)과 간(間)의 합자니, 종이가 없을 때 대(竹)쪽 사이(間)에 **편지**로 쓴 글인데, 그것은 간단하니 음은 간이다. 나무에 쓴 글은 찰(札)이고, 조각에 쓴 글은 첩(牒)이다.

要 아(襾)와 여(女)의 합자니, 힘이 약한 여(女)자는 덮어서(襾) 보호해 줌을 **요구하는** 것이다. 결핍되어 있는 것을 필요로 하는 것이다.

에세이

전(牋)자와 첩(牒)자에 편(片)부를 넣은 것은 종이가 나오기 전에 만들어진 글자로 종이가 없을 때는 나무를 판판하게 만들어서 그곳

에 글씨를 썼으니 이를 목간(木簡)이라 하고, 대나무를 반으로 쪼개서 판판하게 한 다음 그곳에 글씨를 쓴 것을 죽간(竹簡)이라 하는 것이다.

옛날에 편지를 보낼 때는 하인을 시켜서 그 편지를 가지고 다녀오게 했으니, 하인이 편지를 전달하면 그 주인공이 받아보고 다시 써주는 답장을 가지고 와서 주인께 전달하였다. 이러므로 편지는 간결함을 요구한다고 했던 것이다. 그러므로 중봉(重峯) 조헌(趙憲)[37] 선생께서 필자의 14대조인 인봉(仁峰) 전승업(全承業) 선생에게 보낸 편지를 아래에 싣는다.

신묘년(1591. 서조 24) 윤3월 19일.

요즈음 김포(金浦)에서 돌아와서 보낸 혜문(惠問, 문안편지)을 받고 세 차례나 반복하여 읽고 감탄하였으며, 오늘도 더욱 마음이 편안하지 않은데, 우중(雨中)에 어떤 사람이 절 밖에서 기척이 있었으니, 이는 바로 우리 효선(孝先)의 노복(奴僕)이구려. 소매 속의 서찰을 내어주기에 살펴보니 권권(眷眷)[38]히 초청하는 뜻이 있기에, 시름없는 모습으로 감개하였음을 어찌 다 말하리오. 바로 오늘의 기거(起居)가 모두 편안함을 알게 되니 기쁨과 위로가 지극합니다.

---

37) 조헌(趙憲) : 조선 중기의 문신 · 의병장. 임진왜란이 일어나자 옥천에서 의병을 일으켜 영규 등 승병과 합세해 청주를 탈환하였다. 이어 전라도로 향하는 왜군을 막기 위해 금산전투에서 분전하다가 의병들과 함께 모두 전사하였다. 뛰어난 학자로, 기발이승일도설(氣發理乘一途說)을 지지하여 이이의 학문을 계승 발전시켰다.

38) 권권(眷眷) : 못 잊어 뒤돌아보는 모양. 사모하는 모양. 따르는 모양.

지난 날 낮에 그대의 이웃 사람에게 전유(傳諭)[39]하지 못함이 한이 되나, 인하여 봉의(奉疑)를 천석(泉石)의 가운데서 얻었고 잠만 깨면 탄식이니 어쩌리오, 어쩌리오.

헌(憲)은 어른을 모시고 아직은 보존하고 있으나, 다만 세상을 부질없이 근심하는 까닭에 시대와 세상이 꺼려하는 것을 접촉하니 남은 환란이 언제 박두할지 모르겠구려. 더구나 자식을 평안도에 가게 하였으니, 이처럼 어려운 때 부자가 이별을 하려 하니 그 민망함을 어찌 다 말하겠소. 여기 절에서 친구와 같이 정회(情懷)를 펴고 돌아가는 길에 김도사(金都事)를 찾아보고 저물녘에나 군(郡)으로 돌아가니 내일 모레 사이에 혹 여가가 있으면 여헌(汝獻)의 병문안을 하고 고병(高屏)에 나가 정회(情懷)를 펼까 하오. 만일 그렇지 않으면 자식과 작별한 뒤에 한 번 인봉(仁峰)을 방문하리다.

하늘을 우러러보니 형혹(熒惑)[40]이 겨우 미기(尾箕)[41]의 자리를 떠나 방금 남두(南斗)로 들어갔으니, 이와 같은 중벌(重罰)은 운수(運數)인지 모르겠으나 끝내 1년을 보존토록 환난이 없으리오. 억조창생이 장차 어육(魚肉)을 면하지 못할까 두려우니 괴롭고 괴로운 일이오.

집을 건축하는 일은 아마도 시급한 계획이 아닌가 하오.

39) 전유(傳諭): 임금의 유지(諭旨)를 대신이나 유현(儒賢)에게 전하는 것.

40) 형혹(熒惑): 화성의 다른 이름인데, 전란(戰亂)을 경영한다고 하는 별.

41) 미기(尾箕): 이십팔수(二十八宿) 중의 하나. 미성(尾星)과 기성(箕星).

附重峰謝先生書五

辛卯閏三月十九日 頃自西歸 祗承惠問三復感歎 今猶
耿耿 雨中有人 警咳寺門 乃吾孝先專使也 責出袖中之書
因審眷眷辱召之意 踽踽之容 感歎如何可言 就悉卽日起
居萬安 忻慰之極 恨不於昨午傳喻乎貴隣人 因得奉凝於
泉石山色之中 則窟歎奈何奈何 憲 奉老粗保 只以江湖漫
憂之故 又觸時世之諱 未知餘患 迫在何日也 況以賤豚
今有關西之行 艱虞之際 父子仳離 其悶可言 茲於蕭寺
暫與故人相敍 歸途因訪金都事 暮返于郡下 明明間 倘或
有暇 則往問汝獻之疾 而就敍于高屛爲料 如不得然 則別
子之後 當一就訪于仁峰矣 仰瞻熒惑 纔離尾箕之分 方入
南斗 未知如此重譴之數 而終保一歲無患乎 百萬億蒼生
將懼不免于血肉也 苦事苦事 營室恐非急計也.

　참고로 중봉선생과 인봉선생은 충북 보은에 있는 후율사에 봉안
되어 매년 춘추(春秋)로 제향을 올리고 있다. 그러므로 아래에 후율
사 전경의 사진을 게재한다.

▲후율사

● **고답심상(顧答審詳)** : 회답은 좌우를 돌아보아 상세하게 해
  야 한다.

| 자원(字源) |

顧 고(雇)와 혈(頁)의 합자니, 뻐꾹새(雇)가 머리(頁)로 뒤를 **돌아보는**
것이다. 덮인 것을 곁으로 보는 것은 면(眄)이고, 작은 눈으로 살펴
서 보는 것은 성(省)이다.

答 죽(竹)과 합(合)의 합자니, 속이 빈 대통(竹)을 서로 합해서 치면 양
쪽에 소리가 나니, **대답하는** 것이다. 어느 자극에 의한 작용은 응
(應)이다.

審 본시는 면(宀)과 변(釆)으로 썼으니, 위가 덮인 집(宀) 안에서 무엇
을 나누려면(釆) **자세하게** 심(甚)히 **살펴야** 되니, 음은 심(甚)이다.
그런데 후에 또 전(田)자를 붙인 것이다.

詳 언(言)과 양(羊)의 합자니, 양(羊)은 선(善)한 것을 뜻하는 것이다.
잘(羊) 말(言)하는 것은 **자세한** 말이다. 실처럼 가는 것은 세(細)다.

　일제(日帝) 시 소화(昭和) 9년(1934)에 발행된 《신식대성간독(新式大成簡牘)》에서 외지에 있는 손자가 할아버지께 올리는 서신 한 통을 아래에 소개한다. 이를 보면, 옛적에는 일반 직장을 가진 사람의 한문 실력이 어떤지를 알 수가 있다. 편지글의 말대로 옛적에는 한시를 자유자재로 읊었던 것을 볼 수가 있다.

　"절을 올리고 물러나와 벌써 여러 달이 지나 추색(秋色)이 쟁고(爭高)하온데 복미심차시(復未審此時)에 기체후만강하시옵고 조부주 기력이 건강하시며 부모도 구아(具安)하오닛까! 복모구구(伏慕區區)하와 불임하성(不任下誠)이오이다. 손(孫)은 부임(赴任) 이후로 부첩(簿牒)이 불번(不煩)하와 공퇴지가(公退之暇)에 독서(讀書)를 가득(可得)이압고 수토(水土)가 적의(適宜)하와 음식이 순기(順氣)에 수이소하(隨以消下)하오니, 벽읍작재(僻邑作宰)가 환위행복(還爲幸福)이로소이다. 본월순경(本月旬頃)에 출장사무(出張事務)를 인(因)하야 주행열군(周行列郡)이라가 금강산(金剛山)에 전향(轉向)하와 내외산승경(內外山勝景)을 완상(玩賞)하오니 옥녀봉(玉女峰), 선인대(仙人臺)와 구룡연(九龍淵), 만폭동(萬瀑洞)이 십주삼산(十洲三山)인들 엇지 차경(此境)에 우승(優勝)하오며 우중풍경(尤重風景)은 채화홍일(彩花紅日)이 야화여홍(野火如烘)하고 농지천금(濃脂淺錦)이 성혈(猩血)이 약염(若染)하오니 오강초안(吳江楚岸)인들 엇지 차경(此景)에 절염(絶艶)하오릿가! 남승시(覽勝詩) 이십수(二十首)와 풍엽십수매(楓葉十數枚)를 복정(伏呈)하오니 하감(下鑑)하심을 복망(伏望)이오며 불비상백(不備上白)하나이다. 년(年) 월

(月) 일(日) 손(孫) 모(某) 상서(上書)"

　위의 편지는 국한문 혼용이지만 중요한 내용은 모두 한문으로 썼고 한글은 오직 토만 달았다. 현대인은 모두 해석을 해 주어야 무슨 뜻인지를 알겠지만 그렇게 하려면 너무 많은 지면을 할애해야 한다. 그러므로 이 단원에서는 이렇게 우리의 선조들은 편지를 썼다는 것을 아는 것으로 이해하고 더 알고자 하는 사람은 개인적으로 연구하길 바란다.

● **해구상욕(骸垢想浴)** : 몸에 때가 끼면 목욕할 것을 생각하고

∣ 자원(字源) ∣

骸 해(亥)는 지지(地支) 12중에서 최후의 글자이다. 최후로 남은 뼈(骨)니 **살이 벗겨진 뼈**이다. 여러 갖가지(各) 뼈(骨)의 조각은 격(骼)이다.

垢 토(土)와 후(后)의 합자니, 흙(土)이 마른 뒤(后)에 일어나는 먼지가 물건에 붙어서 된 **때**이다. 수(氵)분에 붙어서(于) 더러운 때는 오(汚)다.

想 상(相)대를 **생각하는** 마음(心)이다. 두뇌로 생각함은 사(思)고, 계속 생각함은 념(念)이며, 과거를 생각함은 모(慕)고, 애인을 생각함은 련(戀)이다.

浴 수(氵)와 곡(谷)의 합자니, 골(谷)에 모인 물(氵)에 들어가서 **몸을 씻는 것**이다. 물에 들어가서 몸을 씻는 것은 욕(浴)이고, 물을 들어서 머리를 씻는 것은 목(沐)이다.

　이 문구는 목욕을 해서 몸을 깨끗이 하는 것을 말하였다. 요즘은 모두 잘 사니까 목욕도 자주 한다. 집에는 항상 따뜻한 물이 나오므로 언제라도 목욕을 할 수가 있다. 그런데 필자는 항상 목욕탕에서 생각나는 것이 있다.

　대중목욕탕에 가면 모두 발가벗고 있는데, 부자간에 들어온 사람이 있고 조손(祖孫)간에 들어온 사람도 있다. 이곳에서는 자식이 아버지의 치부(恥部)를 다 들여다보고 손자가 할아버지의 치부를 볼 수가 있다. 필자의 생각이 고루한지는 몰라도 우리 동양인의 정서상 부모의 귀중한 부분은 보이지 않아야 하고 보지도 말아야 하는 것이 예의이다.

　'성경'에도 노아가 술에 취해 치부를 드러내 놓고 잠을 자는데, 첫째인 셈과 셋째인 야벳은 뒷걸음쳐서 아버지의 드러난 치부를 가려주었다고 하고, 둘째인 함은 아버지의 추태를 비웃었다고 해서 나중에 노아가 함에게 저주의 기도를 했다고 기록되어 있다. 잘못은 본인이 하고 비웃은 아들을 저주했다는 것도 사리에 맞지 않는다. 그러나 필자는 이를 논의하려는 것이 아니고 남자의 중요한 부분은 아무에게나 드러내 보이는 것이 아니라는 말을 하려고 한다.

　필자는 그래서 전에도 자식들하고 목욕탕에 잘 가지 않았고 지금도 가지 않는다. 사람이 병이 들어서 불가항력인 경우에는 어쩔 수가 없는 일이지만, 가능하다면 부자간에도 보일 곳 안 보일 곳을 모두 보여서는 안 된다고 생각한다. 사람이 살아가는 데는 반드시 윤리라는 것이 꼭 필요한 것인데, 이 윤리가 깨지면 질서가 없어져서 아들이 아비를 죽이고 신하가 임금을 죽이는 세상이 되는 것이다.

가장 작은 허점에서 인생이 망가지는 것이니, 이를 명심해서 지킬 것은 지켜야 한다.

▲ 신윤복(申潤福)의 단오풍정(端午風情)

● 집열원량(執熱願涼) : 날씨가 더워지면 서늘하기를 원한다.

| 자원(字源) |

執 행(幸)과 환(丸)의 합자니, 다행히(幸) 가졌(丸)으니 **잡은** 것이다. 잡고 안 놓는 것은 집(執)이고, 잡아오는 것은 포(捕)다.

熱 세(執)와 화(灬)의 합자니, 執은 세(勢)의 고자이다. 화(灬)의 형세는 **뜨거운** 것이다.

願 원(原)과 혈(頁)의 합자니, 머리(頁)는 근원(原)이다. 그에서 생각하는 것이 되기를 **희망하는** 것이다. 구해서 바라보는 것은 망(望)이다.

涼 빙(冫)과 경(京)의 합자니, 경(京)은 서울로 높은 지대인데, 더구나 얼음(冫)이 얼었으니 **서늘한** 것이다. 공기가 서늘함은 량(涼)이고, 물건이 서늘함은 냉(冷)이다.

에세이

성하(盛夏)의 염열(炎熱)을 식히는 방법은 사람마다 각기 다르니, 요즘 사람들은 모두 바닷가의 해수욕장에 나가서 해수(海水)에 목욕을 하는 것이 대표적인 피서법이다. 그러나 혹자는 바다보다는 깊은 산으로 가서 숲 속에서 초목의 냄새를 맡으며 책을 읽고 사색을 하며 피서하는 경우도 있다.

그럼 옛적 선인(先人)들은 어떻게 피서를 했는가! 이때는 냉장고도 없고 얼음도 없었으며 에어컨은 물론 없었으니, 그냥 자연을 이용하여 피서하는 방법 밖에는 다른 방법이 없었을 것이다. 그래서 수박과 참외를 사서 짊어지고 깊은 계곡으로 가서 시원하게 흐르는 물에 수박과 참외를 담가두고 고기를 잡아서 매운탕을 끓여먹으며 피서를 하였다. 수박과 참외로 더위를 씻고 매운탕으로 보신을 해서 땀으로 빠진 기운을 보충했을 것이다.

필자는 몇 년 전에 아내와 같이 1박2일로 여행을 하기로 하고 신문에 광고를 하는 관광회사에서 주관하는 프로그램에 참여하여 해남을 거쳐서 청산도를 다녀오기로 히였다. 그런데 해풍으로 당일에 청산도에 가지 못하고 해남에서 숙박을 하게 되었는데, 여행사에서 마련한 숙박소는 에어컨도 제대로 나오지 않는 숙소였다. 땀을 질질 흘리면서 잠을 자고 나니 여행이고 뭐고 아무 생각이 없었다. 다음날 청산도에 가서 대충대충 돌아보고 돌아왔는데, 그 뒤로는 이런 조그만 버스 여행사에는 일체 문의조차 하지 않는다.

도연명은 ‘북쪽의 창문을 열어놓고 그곳에 누워서 피서를 했다.’고 했다. 그래서 필자도 이제는 여름휴가를 일체 접고 집에 앉아서 앞뒤의 문을 열어놓고 선풍기를 틀어놓고 더위를 식힌다. 그리고 수박화채를 한그릇 먹으면 이보다 더 좋은 피서는 없다. 필자는 지금도 집에 에어컨을 달지 않았다. 그냥 자연의 바람이 좋지, 에어컨의 바람은 나도 아내도 모두 싫어하기 때문이다. 그리고 피서인파로 인해서 꽉 막힌 길에서 많은 시간을 시달리다보면 피서의 좋은 기분이 어느새 짜증나는 기분으로 바뀌므로, 이를 피하려고 짜낸 방법이 집 주위에서 피서하는 방법인 것이다.

•여라독특(驢騾犢特) : 나귀와 노새와 송아지와 황소가

| 자원(字源) |

驢 《설문(說文)》에 "여(驢)는 당나귀니 말과 같은데, 귀가 길고 말을 따르고 노(盧)의 음이다."고 했다.

騾 라(騾)의 본 자는 라(驘)니, 마(馬)와 𦥔이 합한 형성자이다. 《설문(說文)》에는 "라(驘)는 수나귀와 암말에서 출생한 것이니, 말을 따르고 𦥔의 음이다."고 했으니, 노새이다.

犢 우(牛)와 매(賣)의 합자니, 송아지(牛)를 키워서 파는(賣) 것이다.

特 우(牛)와 시(寺)의 합자니, 공청(公廳, 寺)에서 희생으로 쓰는 황소(牛)는 반드시 우수한 것이었으므로 특별하다는 뜻이 되었다.

에세이

어느 날 김삿갓이 어느 마을을 지나는데 대궐 같이 커다란 집에서 잔치를 하고 있었다. 마침 시장기가 든 터라 거지차림의 김삿갓이 끼어들어 한 끼 배나 채울까 해서 그 잔칫집에 들어갔다. 주인이 보

니 옷차림이 남루한 어떤 거지가 아침 일찍부터 찾아와서 한 상 차려달라고 하는 것이 아닌가!

그래서 말하기를,

"참 재수도 없지! 이 판에 거지가 웬 말이냐? 당장 내쳐라." 고 하니, 모였던 마을 사람 중 누군가가

"어허 정 영감! 오늘 같은 날은 덕을 크게 베풀어야 후일에 큰 부귀를 얻는 법이니, 사람차별 말고 길손을 따뜻하게 대접하여 보내시구려." 고 했다.

그렇게 해서 자리에 앉아 배를 채운 김삿갓은

"어- 잘 먹었으니, 내 이 고마움으로 당호(堂號)를 하나 지어드리고자 하니, 어떠십니까?" 고 하고, "귀락당(貴樂堂)"이라 써서 주인에게 주고는 바람처럼 가버렸다.

성 영감이 아무리 보아도 명필글씨에 뜻이 또한 마음에 딱 들어서 자랑삼아 그 당호를 가지고 이웃마을 유명한 서당 훈장에게 가서 "귀락당(貴樂堂)"이라는 당호가 어떠냐고 물으니, 훈장이 낮은말로 혀를 차면서 "혹여 이 나그네에게 서운하게 한 점이 없느냐"고 물었다. 정 영감은 처음에는 워낙 천한 행색의 거지라서 내치라고 했으나 바로 후하게 대접하여 보냈노라고 했다.

그러자 훈장은 그 당호를 찢어버렸다. 정 대감이 깜짝 놀라 "이게 무슨 짓이오?" 하고는 그 연유를 묻자, 훈장은 거꾸로 읽어보라고 했다. "당락귀" 그러나 보통은 자음 충돌을 피하기 위해 '락' 자에서 받침 'ㄱ'을 떼어내고 읽는 것이 보통이다. 그러면 "당라귀"가 되니 흔히 정씨를 당라귀라고 놀리지 않습니까?

이렇게 해서 정 영감은 자신이 거지라고 천시하던 그 나그네에게 보기 좋게 나가떨어지고 말았다. 그러나 정씨는 그 당호가 하도 맘

에 들어 후일에 그대로 현판으로 걸어서 후대의 교훈으로 삼았다고
한다.

● **해약초양(駭躍超驤)** : 이리 뛰고 저리 뛰며, 뛰어논다.

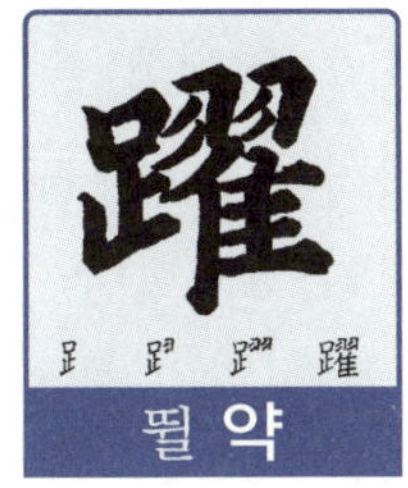

자원(字源)

駭 잘 가던 말(馬)이 치후(亥)에 다다른 듯이 버쩍 서는 것은 **놀란** 것이니, 그는 괴이한 것을 보았기 때문이다. 돌발 사건에 놀란 것은 경(驚)이다.

躍 족(足)과 적(翟)의 합자니, 적(翟)은 꼬리가 길게 빼난 꿩이라. 발(足)을 쭉 빼 올려서 **뛰는** 것이다. 뛰어서 올라감은 약(躍)이고, 뛰어서 건너감은 도(跳)다.

超 주(走)와 소(召)의 합자니, 높은 곳에서 어른이 부르면(召) 달려(走) **뛰어오는** 것이다. 뛰어서 빨리 가는 것은 도(跳)고, 뛰어 올라가는 것은 약(躍)이다.

驤 마(馬)와 양(襄)의 합자니, 《설문(說文)》에는 "양(驤)은 말이 내려보고 올려보는 것이고, 말을 따르고 양(襄)의 음이다."고 했으니, 말이 **달리는** 것이다.

옛적에는 소를 가족이나 마찬가지로 여기고 특별히 대우를 했으니, 아침저녁으로 소죽을 쒀서 주면서 키웠다. 필자도 어려서 아침에 일찍 일어나서 소죽을 쒔던 기억이 생생하다. 우리 집에서 키운 소는 한 20년을 넘게 키우면서 농사를 지었던 것으로 기억한다.

지금은 밭갈이와 논갈이를 경운기로 하지만, 옛적에는 모두 소에 멍에를 씌워서 밭을 갈았다. 소가 하루 일을 해주면 장정 네 명의 품삯을 받았으니, 장정보다 4배를 더 받은 셈이다. 그러므로 농소가 있는 집은 시골에서 부잣집으로 통했다. 그리고 소는 1년에 1마리씩 새끼를 낳았다. 그 송아지가 당시의 돈으로 200만원 정도 했으므로 상당한 부(富)를 안겨주는 셈이었으니, 소를 특별하게 대우하지 않았겠는가!

그 당시는 소에 줄 꼴을 매일 한 짐씩 베어다가 주었고, 겨울에는 건초(乾草)와 볏짚을 섞어 썰어서 죽을 쒀서 주었으므로 매일 작두에다 풀을 썬 기억이 생생하다. 그리고 일이 없을 때는 소를 낮에는 산에다 매어놓아 풀을 뜯어먹게 하고, 저녁에는 집으로 끌어와서 소 우리에서 잠을 자게 했는데, 이런 일은 모두 어린이인 우리들의 몫이었다.

소는 사람의 말을 잘 알아들었으니, '와' 라고 하는 말은 서 있으라는 말이고, '이려 쩌쩌' 는 가라는 말이다. 그리고 소는 힘이 세므로 코에 코뚜레를 꿰어서 그곳에 밧줄을 달아서 끌고 다녔다. 만약 코를 꿰지 않으면 소를 마음대로 다룰 수가 없다. 소의 힘에 사람이 질질 끌려 다닌다. 그러나 소는 비교적 온순하므로 사람을 절대로 해치지 않는다.

● **주참적도(誅斬賊盜)** : 역적과 도적은 주참(誅斬)하고

| 자원(字源) |

誅 붉은(朱) 말(言)이란 말을 적시호로 하여 **죽이는** 것이다. 법적으로 죽임은 주(誅)고, 모욕적인 죽임은 육(戮)이며, 윗사람을 죽임은 시(弒)디.

斬 차(車)와 근(斤)의 합자니, 옛적에 거열(車裂)하는 극형처럼 부근(斧斤)으로 목을 **베는** 것이다. 베어서 죽임은 참(斬)이고, 베어서 나눔은 할(割)이다.

賊 무장(戎)을 하고서 남의 재물(貝)을 **도적질**하는 것이다. 남의 물건(皿)을 욕심내어 침을 흘리는(次) 것은 도(盜)다.

盜 연(次)과 명(皿)의 합자니, 음식 그릇(皿)을 보고 침(次)을 흘리며 **훔치는** 것이다.

에세이

이 세상은 힘이 있는 자의 세상이다. 자연의 질서도 모두 같으니, 동물의 세계에서 호랑이와 사자는 힘이 있기 때문에 모든 동물을

지배하는 것이고, 사람이 모여 사는 국가도 힘이 센 나라가 힘이 없는 나라를 지배하는 것이니, 이것이 이 세상의 법칙인 것이다.

조선말 안동 김씨와 서인의 세력이 왕권을 좌지우지하면서 권력을 휘둘렀으므로, 김좌근의 애첩 나합이 벼슬을 붙이기도 하고 떼어내기도 하였으므로, 벼슬을 하려는 사람은 우선 나합에게 가서 뇌물을 바쳐야 했다고 한다.

이렇게 썩은 정치를 했으니, 나라는 망할 수밖에 없는 것이었다. 일제는 일찍부터 서양의 선진문물을 받아들이고 선진 무기를 생산하여 무장을 하였는데, 조선은 매일 정쟁(政爭)에 힘쓰고 세도정치에 뇌물이나 받고 있었으니, 국력이 어찌 나오겠는가! 그러므로 일제와 합병하기에 이른 것이고, 어린 여인들은 '정신대'라는 명목으로 군인의 창녀로 끌려가기에 이른 것이다. 이 얼마나 서글프고 창피한 일인가.

지금 제주의 강정마을에 해군기지를 짓는다고 하는데, 그것을 반대하는 자들이 있다고 하니, 너무나 한심한 일이다. 해군기지는 국가의 사업이다. 개인이 왈가왈부하며 논의할 사항이 아닌 것이다. 그런데 정당의 대표라는 자가 반대하는 시위대에 참여하기도 하니, 그들은 국가의 방위를 무엇이라 생각하고 그런 일을 행하는 것인가!

국가의 백년대계를 보고 국방과 해양을 방어하고 보위하려는 공사를 방해하는 사람들을 옛날에는 역도로 다스렸다. 이런 자들은 나라에 위기가 닥치면 국민들을 인도하기는커녕 먼저 도망가려고 힘을 쓸 것이다. 너무도 한심해서 한마디 한 것이다.

- **포획반망(捕獲叛亡)** : 군주를 배반(背叛)하거나 도망(逃亡)하는 자는 포획하여 죄로 다스린다

| 자원(字源) |

捕 수(扌)와 보(甫)의 합자니, 뒤따라가서 손(扌)을 넓게(甫) **펴서** 삽는 것이다. 따라가서 잡는 것은 포(捕)고, 요소를 잡는 것은 착(捉)이며, 생물을 잡는 것은 금(擒)이다.

獲 견(犭)과 확(蒦)의 합자니, 짐승(犭)의 소리를 재서(蒦) 보고 **잡는 것**이다. 잡아 얻음은 획(獲)이고, 가서 얻음은 득(得)이다.

叛 반(半)과 반(反)의 합자니, 하나의 전체 내에서 한쪽(半)이 떨어져서 **반(反)대**하는 것이다.

亡 본시는 ㄴ(은)과 입(入)의 합자니, 들어가서(入) 숨는(ㄴ) 것이니, 보이지 않게 **없어진** 것이다. 없어지는 것은 망(亡)이고, 없어진 것은 무(無)다.

에세이

민주국가건 군주국가건 간에 국방을 보위하기 때문에 국가가 유

지되는 것이고, 국가가 유지되기 때문에 나와 내 집이 존재하는 것
이다. 만약 국가의 보위가 사라지면 질서가 순식간에 사라지고 곧
바로 정글의 법칙이 적용되어서 힘이 센 자만이 존재하는 것이고,
힘이 없는 자는 힘이 있는 자의 하수인이 되는 것이다. 그래서 필자
는 언제나 국가가 종교보다 상위에 있다고 누누이 말하였다.

어떤 사람은 종교의 양심에 따라 군대에 가지 않는다고 말한다.
그러면 그 사람은 어디서 사는가! 그도 또한 이 나라에서 이 나라
군인들이 지켜주기 때문에 편안히 사는 것이니, 만약 군대가 없다
면 나라는 금방 망할 것이니, 그 사람도, 그 사람이 신봉하는 종교
도, 이 나라에 존재할 수가 없는 것이다. 만약에 남이 지켜주는 나
라에서 나와 나의 가족은 국방의 의무를 하지 않고 살아야겠다고
하면 그는 양심이 없는 사람이 된다. 그러므로 국방의 의무는 신성
한 것이다.

그러므로 국가는 국민 모두가 내 집을 가꾸듯이 잘 가꾸어야 하는
것이다. 그래야 자기가 존재하고 자기의 가족이 존재하게 되는 것
이다.

우리가 식민지에서 살 때, 즉 일제시대에는 할 말도 제대로 못했
고 찾아야 할 주권도 찾질 못했으며, 공연히 일제를 위해 군대에 가
서 만주와 대만, 필리핀 등 일제의 전선(戰線)에 투입되어서 전투
중에 죽어갔던 것이니, 이것이 비극이 아니고 무엇인가! 이렇게 어
려울 때에 국가의 해방을 위해 몸을 던져서 일한 사람이 진정한 유
공자이다.

제 17장 경계(警戒)

• **포사요환(布射遼丸)** : 여포(呂布)는 활을 잘 쐈고 웅의료(熊宜遼)는 농환(弄丸)을 잘 던졌고

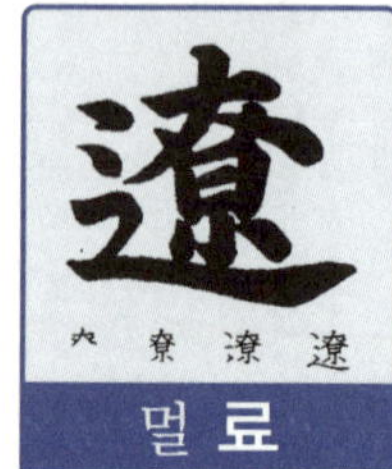

| 자원(字源) |

布 《설문(說文)》에는 "건(巾)과 부(父)의 합자이다."라고 했으니, 아직 조각 베(巾)로 가르지 않은 것(父)이다. 즉 포목 그대로이니, 그는 반드시 펴기 때문에 **펼친다**는 뜻도 된다.

射 옛적에는 신(身) 변에 시(矢)를 합한 자이었으나, 지금은 신(身)과 촌(寸)의 합자로 되었으니, 자신(身)이 화살(矢)을 **쏘는** 데는 반드시 법도(寸)가 있어야 한다.

遼 인(亻)과 요(尞)의 합자니, 밝은(尞) 관청에서 일하는 사람(亻)이니, 그는 **동료**이다. 같은 직장에 있는 사람은 료(僚)고, 같은 인연으로 모인 사람은 붕(朋)이다.

丸 《낙서(洛書)》에 구주(九疇)는 가운데에 있는 오(五)를 중심해서 팔주(八州)가 둘렀는데, 구(九)의 중심인 오(五) 위에 `丶`을 찍었으니, 여러 가지를 하나로 **둥글게** 뭉친 것이다. 가루약을 뭉친 것은 단(丹)이다.

진수(陳壽, 233~297)가 편찬한 《삼국지》에 따르면, 여포는 하내(河內, 지금의 河南省 鄭州)에 주둔했던 병주자사(并州刺史) 정원(丁原, ?~189)의 가신(家臣)으로 그 무용(武勇)이 높이 평가되어 주부(主簿)로 중용되었다. 189년 후한의 영제(靈帝, 재위 167~189)가 죽은 뒤 십상시(十常侍)를 제거하려 한 대장군 하진(何進, ?~189)의 부름으로 정원(丁原)과 함께 도읍인 낙양(洛陽)으로 갔다.

조정의 실권을 놓고 정원과 동탁(董卓, ?~192)이 대립하자, 동탁의 편에 서서 정원을 살해하였다. 그 뒤 동탁의 신임을 받아 그의 양자가 되었으며, 기도위(騎都尉), 중랑장(中郎將) 등의 벼슬을 하였으며 도정후(都亭侯)로 봉해졌다. 하지만 동탁이 낙양을 파괴하고 장안(長安, 지금의 西安)으로 천도하는 등 절대 권력을 행사하며 폭정을 하자, 사도(司徒) 왕윤(王允)과 모의하여 동탁을 살해했다. 그리고 헌제(獻帝, 재위 189~220)에게 분위장군(奮威將軍)으로 임명되고 온후(溫侯)로 봉해졌지만, 동탁의 출신지인 양주(涼州, 지금의 甘肅省 지역)의 군대를 이끌고 장안(長安)을 공격해온 곽사(郭汜), 이각(李傕)에게 패하여 무관(武關)으로 퇴각하였다.

그 뒤, 여포는 형주(荊州)의 남양(南陽, 지금의 河南省 南陽)에 주둔하고 있었던 원술(袁術, ?~199)의 도움을 받으려 했지만 여의치 않자, 하북(河北)에서 흑산적(黑山賊)과 대치하던 원소(袁紹, ?~202)와 합세하였다. 여포의 부대는 장연(張燕, 153~?)이 이끌던 흑산적을 격파하였지만 약탈을 일삼아 원소의 불만을 샀다. 원소가 죽이려 하자, 자신의 부대를 이끌고 진류태수(陳留太守) 장막(張邈, ?~195)에 의지하였다가 다시 하내(河內)로 가서 장양(張楊)에 의지하였다. 193년, 조조(曹操, 155~220)가 서주(徐州)의 도겸(陶謙)을 공격하자, 여포는 장막과 함께 조조의 본거지인 연주(兗州, 지금의 山東省 兗州)를 공격해 그 대부분을 점령하고 연주목(兗州牧)이 되었다. 그러나 195년 조조의 군대에 패하여 연주에서 퇴각하여 도겸(陶謙)에게 서주(徐州, 지금의 江蘇省 徐州市 일대)를 물려받은 유비(劉備, 161~223)에게 의지하였다. 그러나 유비가 원술과 전쟁을 벌이는 틈을 타서 유비의 본거지인 하비(下邳, 지금의 江蘇省 邳州市)를 빼앗고 스스로 서주자사(徐州刺史)라고 칭했다. 소패(小沛)로 물러난 유비가 구원을 청해오자 여포는 원술의 무장(武將)인 기령(紀靈)과 유비 사이의 화해를 중개하였으나, 그 뒤 다시 유비를 공격해 소패를 빼앗았고, 유비는 결국 조조에 의지하게 되었다.

서주(徐州)에 자리를 잡게 된 여포는 한때 혼담을 주고받으며 원술과 연합을 추진했지만 혼담을 깨고 조조와 손을 잡았다. 화가 난 원술은 대군을 보내 여포를 공격했지만 크게 패하고 물러났으며, 여포는 조정의 실권을 장악하고 있던 조조에게 좌장군(左將軍)의 직위를 받았다. 198년 여포는 다시 원술과 손을 잡고 소패의 유비를 공격했다. 조조가 유비에게 원군을 보냈지만 소패는 함락되었다. 그러자 조조는 직접 대군을 이끌고 서주(徐州)를 공격했다. 여포는 하비성(下邳城)에서 조조의 군대에 포위되었다. 3개월 동안 농성전(籠城戰)을 벌였지만, 결국 부하인 후성(侯成), 송헌(宋憲), 위속(魏續)의 반란으로 조조에게 사로잡혀 처형되었다.(네이버 백과)

이렇게 여포의 인생도 파란만장하였지만 난세의 영웅호걸임에는 틀림없는 사실이다. 이 여포가 미녀 초선을 놓고 동탁과 대결한 애정사도 유명한 일화다. 이런 여포는 활을 잘 쏘아서 당할 자가 없었다고 한다.

- **혜금완소(嵆琴阮嘯)** : 혜강(嵆康)은 탄금(彈琴)의 기능이 훌륭하였고, 완적(阮籍)은 교묘하게 휘파람을 잘 불어서 모두 세인(世人)의 근심을 해소하였다.

| 자원(字源) |

嵆 《설문(說文)》의 신부(新附)에는 "혜(嵆)는 **산 이름**이니, 산(山)을 따르고 계(稽)를 덜어낸 소리이다."라고 했으니, 산의 이름이나 이곳에서는 성(姓)을 뜻한다.

琴 신농씨가 창제한 **거문고**를 형상한 자나, 또한 두 옥(玉)이 지금(今) 서로 치는 것처럼 소리나는 악기라 해도 된다. 음은 금(今)이다. 보다 큰 것은 슬(瑟)이니, 금슬(琴瑟)은 소리가 맞는 것이다.

阮 《설문(說文)》에는 "완(阮)은 **국명(國名)**이라 했다." 그러나 완적(阮籍)의 성(姓)으로 더욱 유명하다.

嘯 구(口)와 숙(肅)의 합자니, 입(口)을 오므려(肅)서 부는 **휘파람**이다. 소리를 내어 부는 것은 소(嘯)고, 불어서 바람을 내는 것은 취(吹)다.

죽림칠현(竹林七賢)은 중국 위(魏)·진(晉)의 정권교체기에 부패한 정치권력에는 등을 돌리고 죽림에 모여 거문고와 술을 즐기며 청담(淸談)으로 세월을 보낸 일곱 명의 선비를 말하니, 중국 위나라 말기 실세였던 사마씨(司馬氏) 일족들이 국정을 장악하고 전횡을 일삼자, 이에 등을 돌리고 노장(老莊)의 무위자연 사상에 심취했던 지식인들을 일컫는다.

당시 지식인들은 사회를 풍자하고 방관자적인 입장을 취하면서 정치와는 무관하였다. 그중 유명한 7인을 죽림칠현으로 부르는데, 그들의 이름은 완적(阮籍)·혜강(稽康)·산도(山濤)·상수(向秀)·유영(劉伶)·완함(阮咸)·왕융(王戎)이다.

그들은 개인주의적·무정부주의적인 노장사상(老莊思想)을 신봉하여 지배권력이 강요하는 유가적 질서나 형식적 예교(禮敎)를 조소(嘲笑)하고 그 위선을 폭로하기 위하여 상식에 벗어난 언동을 하기도 하였다. 이후 이들은 위(魏)나라를 멸망시키고 진(晉)나라를 세운 사마씨의 일족에 의해 회유되어 해산되었다.

하지만 이들 중 혜강은 끝까지 사마씨의 회유를 뿌리치다 결국 사형을 당하였다. 노신(魯迅)은 그들의 도피적 처세술이나 기행(奇行)이 정치적 압력에 대한 소극적 저항을 표시하는 것이라고 지적하고 있다.

진(秦)나라 말기에 상산사호(商山四皓)는 즉 동원공(東園公)·기리계(綺里季)·하황공(夏黃公)·녹리선생(甪里先生)이 진나라의 난리를 피하여 남전산(藍田山)에 들어가 은거하면서 한고조(漢高祖)의 초빙을 거절하고 자지(紫芝)를 캐 먹으면서 자지가(紫芝歌)를 부르며 은거한 네 명의 은자가 있었다.

　뒤에 한고조(漢高祖)가 여후(呂后)의 소생(所生)으로 이미 책봉한 태자(太子)를 척부인(戚夫人)의 소생인 조왕(趙王) 여의(如意)로 바꾸려고 할 적에 대신(大臣)들이 굳이 간쟁(諫諍)하여도 듣지 않자, 끝내 장량(張良)의 계책에 의해 태자로 하여금 서찰(書札)을 써서 공손하게 그 네 노인을 초빙하여 태자를 보좌하도록 하게 한 결과, 고조가 마침내 네 노인의 태자를 보좌하는 모습을 보고는 감동받은 나머지 척부인을 불러서 네 노인을 가리켜 보이며 이르기를, "내가 태자를 바꾸려고 했으나, 저 네 노인이 태자를 보좌하여 우익(羽翼)이 이미 이루어졌으니, 이제는 움직일 수 없게 되었다."라고 하였고, 우리나라에도 상산(商山)의 삼로(三老)는 말이 있으니, 이는 광해군의 실정을 보고 관직을 그만 두고 상주로 내려간 세 명의 현자를 말하니, 선식(全湜), 성성세(鄭經世), 이준(李埈)을 말한다. 상산(商山)의 삼로(三老)라는 말은 앞의 상산사호(商山四皓)에서 유래된 말이다.

•**염필윤지(恬筆倫紙) :** 몽염은 붓을 만들고 채륜은 종이를 만들었으며

| 자원(字源) |

恬 심(忄)과 첨(舌)의 합자니, 단 것이 혀(舌)에 닿으면 마음(忄)이 **편안**하다.

筆 본래는 율(聿)이 **붓**인데, 진대(秦代)에 또 죽(竹)을 덧붙여서 음은 필이 되니, 율(聿)은 드디어란 뜻이 되었다. 몽염(蒙恬)이 비로소 죽(竹)과 모(毛)로 붓을 만들었기에 필(笔)로도 쓴다.

倫 인(亻)과 륜(侖)의 합자니, 륜(侖)은 △(集)과 책(冊)의 합자로서 **질서**있게 정리하는 것이다. 인(亻)간의 **질서**를 의미하는 것이니, 음은 륜(侖)이다.

紙 사(糸)와 씨(氏)의 합자니, 실(糸) 종류(氏)이므로, 즉 섬유질로 만든 **종이**이다.

에세이

　낙양지귀(洛陽紙貴)라는 말이 있다 낙양(洛陽)의 종잇값을 올린다는 뜻의 이 말은 오늘날 책이 잘 팔려 베스트셀러가 된 것을 가리키

는 말로도 쓰인다.

중국 육조시대 진(晉)나라 때, 제(齊)나라의 도읍인 임치(臨淄) 출신 좌사(左思)라는 사람이 있었다. 그는 선비 집안에서 태어난 시인으로 아버지 좌옹도 하급관리에서 입신해 전중시어사(殿中侍御史)로 발탁된 사람이다.

좌사는 한번 붓을 들면 장엄하고 미려한 시를 막힘없이 써내려가는 뛰어난 문재(文才)를 지녔으나 용모가 추하고 말까지 어눌했기 때문에 사람들과의 접촉을 피하고 시작(詩作)에 열중하며 세월을 보내고 있었다.

좌사는 고향 임치(臨緇)에서 집필 1년 만에 제나라의 도읍이었던 임치의 풍물을 노래한 서사시 《제도부(齊都賦)》를 지어 이름이 알려졌으므로, 이제는 삼국시대 촉한(蜀漢)의 도읍인 성도(成都)와 오(吳)나라의 도읍인 건업(建業) 및 위(魏)나라의 도읍인 업의 흥망성쇠를 노래로 지어 보기로 마음먹었다.

10년이라는 오랜 시간을 들여 마침내 《삼도부(三都賦)》가 완성되었으나 이 작품의 진가를 알아 보는 사람이 없었다. 궁리 끝에 당시 박학하기로 소문난 황보밀을 찾아갔다. 황보밀은 현안선생(玄晏先生)으로 널리 알려진 재야의 석학으로, 무제(武帝)가 벼슬을 내려도 마다하고 농사를 지으면서 작품을 쓰던 사람이었다. 좌사의 글을 읽어본 황보밀은 크게 감탄하며 그 자리에서 서문을 써 주었다.

당시 서진(西晉)의 유명한 문인이던 육기(陸機)는 자신이 의도한 내용의 시를 좌사가 집필한다는 말을 듣고 비웃었으나, 좌사가 지은 시를 읽어본 이후로는 시를 짓는 일을 그만두었다고 한다. 그러던 어느 날 서진의 유명한 시인 장화(張華)가 이 작품을 보고는 웅대한 구상과 유려한 필치에 감탄하여 후한(後漢) 때의 대시인 반고와 장형에 비유하며 격찬했다.

　이 말이 전해지자 《삼도부》는 즉시 낙양의 화제작이 되었다. 글에 관심이 있는 사람들은 너나없이 이 작품을 다투어 베껴 쓰게 되었다. 당시는 인쇄술이 발달하지 못하던 때라 종이를 사서 직접 베껴 썼으므로, 그 바람에 '낙양의 종잇값이 올랐다.(洛陽紙價貴)'고 한다. (네이버 백과)

• **균교임조(鈞巧任釣)** : 마균(馬鈞)은 지남차(指南車)를 만들었
고, 임공자(任公子)는 낚시를 만들었다.

| 자원(字源) |

鈞 《설문(說文)》에는 "균(鈞)은 **서른 근**이니, 금(金)을 따르고 균(勻)의
음이다."라고 했다. 이곳에서는 마균(馬鈞)의 이름으로 쓰였다.

巧 공(工)과 교(丂)의 합자니, 교(丂)묘하게 만든(工) 물건은 **아름다운**
것이다. 물건을 잘 만드는 기술은 기(技)다.

任 인(亻)과 임(壬)의 합자니, 살기 어려운 북쪽(壬) 사람(亻)은 날 때
부터 사는데 한 짐이 **매겨진** 것이다. 위에서 맡기는 것은 임(任)이
고, 여럿이 맡기는 것은 위(委)다.

釣 금(金)과 작(勺)의 합자니, 쇠침(金)을 구부려서(勺) 만든 **낚시**다.
쇠(金)를 구부려서(句) 만든 갈고리는 구(鉤)다.

에세이

　지남차(指南車)는 치우(蚩尤)와 헌원(軒轅)이 탁록에서 전쟁을 할
때에 헌원(軒轅)이 지남차를 가지고 나와서 전쟁을 했다고 하고, 낚

시는 강태공이 위수(渭水)에서 낚시질을 하며 세월을 보내다가 문왕(文王)을 만났다는 이야기가 유명하다. 그러므로 이곳에서는 강태공의 이야기를 소개한다.

강태공은 그의 선조가 여(呂)나라에 봉하여졌으므로 여상(呂尙)이라 불렸고 태공망이라고 불렀지만, 강태공이라는 이름으로 더욱 알려져 있다. 주나라 문왕(文王)의 초빙을 받아 그의 스승이 되었고, 무왕(武王)을 도와 상(商)나라 주왕(紂王)을 멸망시켜 천하를 평정하였으며, 그 공으로 제(齊)나라 제후에 봉해졌다.

원래 강태공은 동해(東海)에서 사는 가난한 선비이었는데, 집안을 돌보지 않아 그의 아내가 집을 나갔다고 전하며, 뒤에 태공이 서백(西伯)의 스승이 되자 나갔던 아내가 찾아와서 다시 살자고 하자, 태공이 물통의 물을 땅에 쏟고서 그 물을 다시 주워서 담으라고 아내에게 말했다는 이야기가 전한다.

태공이 하루는 위수(渭水)에서 낚시를 하고 있는데, 인재를 찾아 떠돌던 주나라 서백(西伯, 주나라 문왕이 됨)을 만났다. 서백은 노인의 범상치 않는 모습을 보고 그와 문답을 통해 인물됨을 알아보고 주나라 재상으로 등용하였다고 전해진다. 그를 태공망이라고 부른다.

강태공에 대한 전기는 대부분이 전설적이지만, 전국시대부터 경제적 수완과 병법가(兵法家)로서의 그의 재주가 회자(膾炙)되기도 하였다. 병서(兵書)《육도(六韜)》(6권)는 그의 저서라 하며, 뒷날 그의 고사를 바탕으로 하여 한가하게 낚시하는 사람을 강태공 혹은 태공이라 하는 속어가 생겼다.

지난해에 필자는 제(齊)의 수도 임치(臨緇)를 거쳐서 노(魯)나라의 제남을 가 본 일이 있다. 곡부(曲阜)가 공자의 도시라면 임치(臨緇)

는 태공의 도시였다. 도시의 여러 곳에서 태공의 역사를 배울 수 있
는 곳이 많았다.

● **석분이속(釋紛利俗)** : 분란을 해결하고 세속을 이롭게 하였고

| 자원(字源) |

釋 변(釆)과 역(睪)의 합자니, 엿봐(睪)서 나누는(釆) 것이니, 즉 **풀어 놓는** 것이다. 따라서 굳어진 것을 연하도록 푸는 것도 의미한다.

紛 실(糸)을 끊어서(分) 흩트려 놓으면 **산란하게** 되는 것이다. 어지러운 여러 갈래는 분(紛)이고, 어지러운 여러 형태는 문(紊)이며, 어지러운 여러 행동은 난(亂)이다.

利 화(禾)와 도(刂)의 합자니, 벼(禾)를 베는 낫(刂)은 예리해야 하고, 또 베어온 벼는 사람이 주식으로 먹으니 **이익이** 된 것이다.

俗 인(亻)과 곡(谷)의 합자니, 한 골짝(谷)에 사는 사람(亻)들에서 내려오는 **풍속**이다. 다 같이 행하는 것은 속(俗)이고, 다 같이 말하는 것은 리(俚)다.

에세이

　상문(上文)의 양절(兩節)에서 진술한 여포(呂布)의 사술(射術)과 웅의료(熊宜遼)는, 농환(弄丸) 같은 것은 적군의 전의(戰意)를 상실

케 하여 승리로 이끌어 모두 분란을 해결한 것이라 하겠고, 몽염(蒙恬)이 붓을 만들고 채륜(蔡倫)이 종이를 창제하고 마균(馬鈞)이 지남차를 제작하고 임공자(任公子)가 낚시에 교묘한 것 등은 세인을 이롭게 한 것이라 할 수가 있다.

사람이 모인 곳은 언제나 문제가 많이 생긴다. 이를 제도적으로 해결하는 방법을 찾는 곳이 국회(國會)이다. 그래서 국회의원을 국가에서 특별히 대우하는 것이다. 그리고 국회는 국가의 선량(選良)들이 모인 곳이니, 모범을 보여서 미풍양속(美風良俗)이 이 땅에 뿌리를 내리도록 할 의무가 있다.

그러나 우리나라 국회는 날이면 날마다 싸우기만 하고, 국사를 잘 풀어내는 모습을 보여주지 못하니, 국민들이 국회만 생각하면 머리를 절레절레 흔들면서 싫어하는 것이다. 그리고 이들은 매일 당리당략과 사리사욕만 생각하면서 행동하는 것이 국민들의 눈에 환히 비취니, 누가 이런 사람들을 좋아하겠는가!

그리고 예부터 권불십년(權不十年)이라고 해서 권세를 잡은 사람은 다음에 권세를 내려놓을 때를 생각해서 조심하고 또 조심하라고 했다. 이를 전전긍긍(戰戰兢兢)[42]이라 하고, 임심이박(臨深履薄)[43]이라고 했다. 그런데 우리의 권력자들은 모두 조심하기는커녕 어디에 이권이 있는가를 살피면서 부정을 일삼으니, 이런 행위가 어찌 훗날 밝혀지지 않겠는가! 그리고 최고 책임자는 이권이 있는 자리에

---

42) 전전긍긍(戰戰兢兢) : 매우 두려워하여 벌벌 떨며 조심함, 《시경》의 소아 〈소민편〉에서 나온 말이다.

43) 임심이박(臨深履薄) : 깊은 물에 임한 것 같이, 얇은 얼음을 밟는 것같이 조심하고 조심한다는 말이다.

사람을 앉히면, 뒤에서 그 사람을 잘 살펴서 부정에 손을 대지 못하도록 해야 하는 것이다. 그렇게 하라고 사정당국이 있는 것이 아닌가! 그런데 정권 말기에는 이런 부정이 꼬리를 물고 나오니 국민들은 이를 싫어하는 것이다.

• **병개가묘(竝皆佳妙)** : 모두 아름답고 교묘한 것이다.

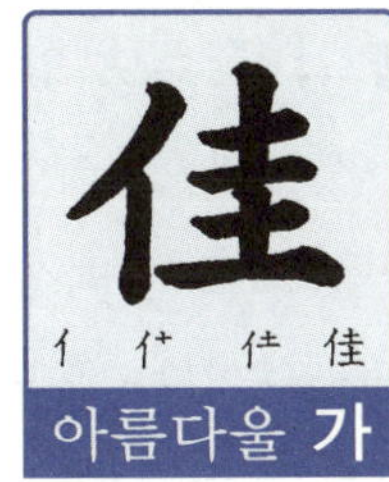

| 자원(字源) |

竝 두 사람이 **아울러** 서(立) 있는 것이다.

皆 비(比)와 백(白)의 합자니, 흰(白) 바탕은 즐비(比)하게 색을 **모두 다** 드릴 수가 있는 것이다. 한 개씩 쳐서 모누다는 개(皆)고, 전체 사람이 모두다는 함(咸)이다.

佳 인(亻)과 규(圭)의 합자니, 규(圭)는 옛적에 제후들이 천자께 받은 부서(符書)니, 그것을 받은 사람(亻)은 **아름다운** 것이다. 아름답게 보이는 것은 가(佳)고, 아름답다고 말하는 것은 가(嘉)다.

妙 여(女)와 소(少)의 합자니, 소녀(少女)는 사람의 눈에 **날씬**하게 보이는 것이다. 그는 아름다운 싹(苗)과 같으니, 음은 묘다. 상대가 없을 만큼 특이한 것은 기(奇)다.

에세이

자신의 삶이 국가와 사회를 위해서 산 삶이었다면 이보다 더 숭고한 삶은 없는 것이다. 종이를 발명하여 후인들이 세세토록 그 종이를 이용하여 자신의 사상과 학문을 정리하여 남길 수가 있고, 편지도 쓰고 시도 지으며, 책을 써서 출판하여 세인들에게 보일 수가 있으며, 이를 후세에 남길 수도 있으니, 종이를 만든 공로는 말로는 다 말할 수가 없는 것이다. 이러한 것을 아름답다고 한 것이다.

세종대왕께서 글을 모르는 백성들을 불쌍히 여기시고 하루아침에 짧은 시간에도 배울 수 있는 훈민정음을 만든 것도 후인들에게 세세토록 그 글을 배워서 읽고 쓸 수 있도록 했으니, 이 얼마나 많은 덕을 쌓은 것인가!

공자님도 말씀했듯이, "적덕지가 필유여경(積德之家 必有餘慶), 즉 덕을 많이 쌓은 집안은 반드시 후손에게 남은 경사(慶事, 집안이 잘 되는 일)가 있다."고 하였으니, 이 세상에서 해야 할 일 중에서 가장 좋은 것은 덕을 쌓는 일이다. 예부터 "농사 중에 자식 농사가 최고다."라고 했다. 자식이 잘 되어야 부모의 얼굴이 서는 것이고, 그리고 그 집안의 장래도 밝은 것이다. 이러한 영광이 모두 덕을 쌓은 집안에 있게 되는 것이라고 공자님이 말씀했으니, 필자는 그 말씀을 믿고 행하려고 노력한다.

지금 우리 주위에는 당장 몇 만원이 필요한 절박한 사람들이 많다. 이들을 도와주어야 한다. 그리고 지금은 지구촌 시대이다. 일례로, 필리핀의 신부가 우리나라에 시집을 와서 살고 우리의 자식들이 미국이나 유럽에 나가 사는 시대가 온 것이니, 이러한 세상을 지구촌 시대라 하는 것이다. 그렇다면 우리의 동족인 북한이나 아프리카, 그리고 아시아의 미얀마 등 후진국에 사는 어린이들은 우리의 돈 2, 3만원이면 한 달을 먹고 공부할 수 있다고 유니세프에서는 말한다. 가능하면 이들을 도와서 이들도 우리처럼 배워서 잘 살 수 있도록 해야 하지 않겠는가! 이러한 일들이 모두 덕을 쌓는 것에 해당하니, 결국은 남을 돕는 것이 나를 돕는 일이 된다는 원리인 셈이다. 그 누가 나를 위해서 세상을 돕지 않겠는가! 내가 잘 되는 방법이 여기에 있고, 나아가 사회와 국가가 잘 되는 길도 여기에 있는 것이다.

● **모시숙자(毛施淑姿)** : 모장(毛嬙)과 서시(西施)는 정숙한 자태로

| 자원(字源) |

毛 乚은 감춘다는 뜻이니, 이것을 중심으로 해서 삼(三)은 **털**이 나서 피부를 감추어 덮는(冒) 것이니, 음은 모다. 몸에 짧은 털은 모(毛)고, 머리의 긴 털은 발(髮)이다.

施 언(方)과 야(也)의 합자니, 깃발(方)이다(也). 군대가 깃발을 들고 진(陣)을 **베푸는** 것이다. 횡적으로 베풂은 시(施)고, 종적으로 베풂은 설(設)이다.

淑 수(氵)와 숙(未)과 우(又)의 합자니, 콩(未)을 먹고 또(又) 물(氵)을 마시며 빈한한 생활을 해도 양심대로 사는 사람은 **맑고 착한** 사람이다.

姿 차(次)와 여(女)의 합자니, 다음(次) 딸(女)이라. 미혼(未婚)한 아가씨가 **얼굴**을 다듬는 것이다. 마음(心)을 능히(能) 표시하는 얼굴은 태(態)다.

서시(西施)는 중국 춘추시대 월국(越國)의 미녀이니, 중국의 4대 미녀 중 한 명으로 손꼽히며 오(吳)의 왕 부차에게 접근하여 오나라를 멸망하게 하였다.

나무꾼의 딸로 저라산(苧羅山) 자락에서 태어났다고 전해지며 자세한 성장배경은 알려진 것이 없다. 평범한 집안에서 출생하였지만 뛰어난 미모를 타고났기에 많은 남자들이 그녀에게 연정(戀情)을 품었다고 전한다.

서시효빈(西施效嚬)이라는 말이 전한다. 서시는 절세의 미녀(美女)인네, 평소에 심장병으로 가슴이 아파서 얼굴을 찡그리고 있었다고 하며, 이런 찡그린 모습도 아름답게 보였다고 한다. 그래서 마을의 총각들이 모두 서시의 뒤를 졸졸 따라다녔다. 이에 같은 미을에 사는 처녀들도 자기도 아름답게 보여서 총각들의 시선을 끌려고 얼굴을 찡그리고 다니니, 동네의 총각들이 모두 달아났다는 웃기는 이야기가 있다. 그도 그럴 것이 아름다운 여성의 행동은 어떤 행위이든 아름답게 보이는 것은 당연한 일이지만, 못생긴 미운 사람이 얼굴을 찡그리고 다니니, 어찌 총각들이 좋아하겠는가!

필자는 '서시완사(西施浣紗)' 라는 그림 한 장을 구했는데 중국의 화가가 그린 그림이다. 이를 사무실에 걸어놓았는데, 친구들이 와서 보고는, 필자한테 매일 아름다운 서시와 대화하며 산다고 부러워한다. 다음 장에 이 작품을 게재한다.

와신상담(臥薪嘗膽)이라는 말이 있다. 춘추시대 월(越)나라의 제2대 왕 구천(句踐)이 오(吳)나라 왕 부차(夫差)와 싸우다가 크게 패하여 회계산(會稽山)에서 굴욕적인 화의를 체결하고 귀국한 뒤에 20

년 동안 섶나무 위에서 자고 쓸개를 맛보면서 복수의 집념을 불태운 끝에 마침내 부차를 죽이고 오나라를 멸망시켜 회계의 치욕을 씻은 고사가 있다.

이는 월(越)의 충신인 범려(范蠡)가 서시(西施)를 데려다가 호색가인 오왕(吳王) 부차(夫差)에게 바치니, 부차는 서시의 미색에 빠져서 정치를 태만하게 하여서, 마침내 구천은 부차를 죽이고 오(吳)나라를 멸망시켰다고도 전해지고 있다. 그래서 경국지색(傾國之色)이라는 말이 여기에서 나온 것이다.

▲ 서시의 작품

- **공빈연소(工嚬妍笑)** : 심중에 걱정이 있을 적의 빈안(嚬顔)도 아름답다.

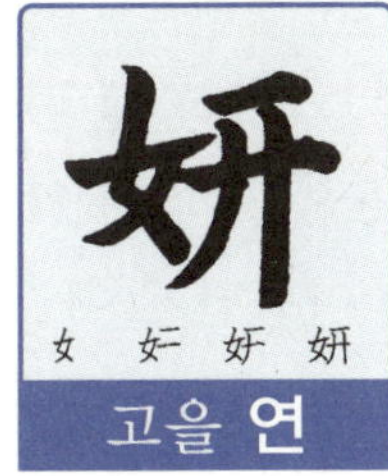

| 자원(字源) |

工 하늘(一)과 땅(一)의 중간에 선 사람(|)의 특징은 무슨 물건을 **만드는 것**인데, 그 중요한 도구는 자이니, 곡척도 되는 것이다. 력(力)으로 공(工)한 것은 공(功)이다.

嚬 구(口)와 빈(頻)의 합자니, 얼굴(口)을 **찡그린** 것이다. 빈(頻)은 음이다.

妍 여(女)와 견(幵)의 합자니, 견(幵)은 연(研)의 약자(略字)로 여자(女)의 살결이 간(研)것처럼 **곱고 아름다운** 것이다. 객관적으로 예쁜 것은 연(妍)이고, 주관적으로 예쁨은 미(美)다.

笑 죽(竹)과 요(夭)의 합자니, 대(竹)밭에 죽순이 요요(夭)하게 아름다운 것이다. 그것이 즐거워서 사람들은 **웃는** 것이다.

에세이

이 세상에서 가장 아름다운 것은 사람이다. 사람보다 아름다운 것은 없다. 이는 여성이 보면 남자가 아름다운 것이고 남성이 보면 여성이 아름답게 보이는 것이니, 이를 음양학으로 풀어보면, 여성은 음(陰)에 속하기에 유약함으로 아름다운 것이고, 남성은 양에 속하기에 건장함으로 아름다운 것이다. 그런데 역사는 지금까지 남성을 중심으로 썼기 때문에 여성의 아름다움이 비교적 지면을 채우고 있고, 여성이 남성을 아름답게 여긴 이야기는 찾아보기가 어렵다.

중국의 4대 미녀 중에 왕소군이라는 여인이 있다. 《서경잡기(西京雜記)》에 의하면, 후한(後漢) 원제(元帝) 때의 이야기인데, 원제는 후궁이 너무 많아서 하나하나를 다 알지 못하므로, 화공에게 후궁들의 초상화를 그려서 바치도록 하였다. 이에 대부분의 후궁들이 화공(畵工)에게 뇌물을 바치고 아름다운 초상화를 그리게 하여 황제의 총애를 구하였다. 그러나 왕소군은 이러한 꼼수를 싫어한 아름다운 여성이었기에 화원(畵員)에게 뇌물을 바치지 않았다. 이에 화원(畵員)은 왕소군의 얼굴을 추하게 그렸고, 이로 인하여 전한(前漢)의 원제(元帝)에게 뽑히지 못하여 결국 원제의 총애를 한 번도 받지를 못하였고, 결국 흉노와의 화친정책 때에 흉노의 왕인 선우의 아내로 뽑히게 되어 호한야선우(呼韓邪單于)를 따라가게 되었다. 이때 눈물을 흘리며 호한야선우(呼韓邪單于)를 따라가는 왕소군을 원제(元帝)가 보니 자태가 단아한 절세의 미인이다. 그래서 원제는 이내 크게 후회했으나 이미 어쩔 수 없는 일이었다. 이에 원제는 크게 노하여 소군을 추하게 그린 화공 모연수(毛延壽)를 참형(斬刑)에 처하였다는 유명한 일화가 있다.

중국 서주(西周)의 마지막 왕인 유왕(幽王)의 애첩 포사(褒姒)라는 미인이 있다. 유왕이 포국(褒國 : 陝西省 褒城의 남동쪽)을 토벌하였을 때 포인(褒人)이 바쳤으므로 포사(褒姒)라 하였다. 왕의 총애를 받아 아들 백복(伯服)을 낳았는데 이상한 출생의 전설을 지닌 그녀는 한 번도 웃는 일이 없었다. 그래서 유왕은 그녀를 웃기려고 온갖 꾀를 생각한 끝에 외적의 침입도 없는데 위급을 알리는 봉화(봉수)를 올려 제후들이 천자를 구하러 병사를 이끌고 모이게 하였다. 제후들은 주(周)나라를 구하려고 급히 달려왔으나 아무 일도 없었으므로 멍하니 서 있자, 그것을 본 포사는 비로소 웃었다고 한다. 뒤에 유왕은 왕비 신후(申后)와 태자 의구(宜臼)를 폐하고, 포사를 왕비로, 백복을 태자로 삼았다.

쫓겨난 왕비(신후 申后)의 아버지 신후(申侯)는 격분하여 B.C. 771년 견융(犬戎) 등을 이끌고 쳐들어와 유왕을 공격하였다. 유왕은 위급함을 알리기 위해 봉화를 올렸으나 제후는 한 사람도 모이지 않았다. 왕과 백복은 견융의 칼에 살해되고 서주는 멸망하였으며, 포사는 납치되어 견융의 여자가 되었다고 전한다.

•**연시매최(年矢每催)** : 살처럼 빠른 해는 매양 재촉한다.

자원(字源)

年 본시는 벼 익을 때를 표준해서 화(禾)와 천(千)의 합자로 했으나, 지금의 글자는 남방 오(午)에 일(一)로써 동서를 표시하고 북동의 중간에 、으로 입춘 점을 표시했으니 **새해**이다. 무사히 연(連)하니, 음은 년이다.

矢 본시는 ㄓ 이렇게 표시한 화살표인 ㅅ을 왼쪽으로 돌려서 **화살**을 상형한 것이다.

每 남(人)의 어머니(母)가 된 사람은 그 자식을 위하는 마음이 지독해서 금일도, 내일도, 거듭거듭 돌보니 이것이 **매양**이다. 단속되는 것은 매(每)고, 연속되는 것은 상(常)이다.

催 최(崔)는 새(隹)만이 올라가는 높은 산(山)인데, 인(亻)변이 있으니 사람(亻)이 높은 데서 **재촉하는** 것이다. 음은 최(催)다.

에세이

세월의 빠름을 말해 무엇하랴? 필자는 마음은 아직 젊은데 어언

이순(耳順)의 중반에 와 있으니… 머리는 하얗게 희고 눈은 안경을 써야 책을 볼 수가 있으며, 의기(意氣)는 소침해지고 행동은 느림보가 되었다.

어저께 안산에 계신 어머니를 찾아뵙고 모시고 나가서 식사를 하였다. 이제 어머니는 88세시니 90을 바라보는 망구(望九)의 나이가 내일 모레시다. 어머니께서 보고 싶어하시는 증손녀인 하은이를 데리고 아내와 같이 찾아가 뵈었다. 젊어서는 그렇게도 고우시던 우리 어머니께서 이제는 지팡이를 의지하고 다니신다. 등은 마치 할미꽃처럼 휘었으나, 그러나 식사만큼은 젊은이 못지않게 잘 하신다. 막내가 조그만 회사를 하나 운영하고 있지만 40세 중반에 아직 여사가 없으니 어미니는 그것을 지금도 짠하게 여기고 계시다. 지금 증손자가 셋인데, 우리 하은이는 단 한 번 보셨으므로 늘 보고 싶어 하시기에 모처럼 시간을 내어 찾아뵌 것이다.

사람이 이 세상에 태어나서 공부하는 시기를 거쳐서 취직하고 장가들어서 자식을 낳고 기르다 보면, 어느새 40살이 넘고 또 자식 공부를 시키다 보면 50살이 넘으며, 자식 출가시키고 나면 60살이 넘는다.

필자는 지천명(知天命)에 첫 번째 책인 "설문고사성어"를 냈는데, 지금은 30권 이상을 출판한 작가가 되었다. 15년에 30권이니 1년에 2권씩 출판한 셈이다. 다작(多作)을 한 셈이지만, 필자는 필자만의 장점이 있기에 그 장점을 살려서 책을 쓰고 있다. 다산 정약용 선생은 18년의 유배생활을 거치면서 500여 권이라는 경이적인 책을 썼다고 하는데, 필자도 100여 권은 써야 하지 않을까를 생각한다. 살같이 빠른 세월이지만, 그 지나가는 세월을 잡아서 잘 활용하면 많은 일을 할 수가 있는 것이다.

● **희휘랑요(羲暉朗曜)** : 햇빛과 달빛은 밝은 빛이다.

자원(字源)

羲 혜(兮)와 의(義)의 합자니, 丂은 위로 뻗어 오르다 막힌 것이고, 혜(兮)는 막히었다가 옆으로 분산(八)되는 것이니, **햇빛**이 뻗어 올라서 분산됨을 뜻하고 의(義)는 음이다.

暉 일(日)과 군(軍)의 합자니, **햇빛**(日)을 뜻하고, 군(軍)은 음으로 왔다.

朗 양(良)과 월(月)의 합자니, 좋은(良) 달(月)이 시원하게 **밝은** 것이다. 달빛처럼 밝은 것은 랑(朗)이고, 햇빛처럼 밝은 것은 소(昭)다.

曜 꿩(翟)의 문채처럼 날(日)이 **빛나는** 것이다. 날을 빛나게 함은 요(曜)고, 해가 빛나서 밝은 것은 휘(輝)다.

에세이

희(羲)는 햇빛이 밝다는 글자이고, 랑(朗)은 달빛이 밝다는 글자이다. 이 세상은 모두 해와 달의 영향을 받으니, 해는 낮을 주관하고 달은 밤을 주관하며, 그리고 이들이 음양을 대표하는 물체이다. 음양에서 다시 나누면 사시(四時)가 되니, 사시는 봄, 여름, 가을, 겨울을 말하니, 1년이 이 사시(四時)의 지배를 받으며, 이 사시가 한 번 지나가면 1년이 지나가는 것이다.

사람은 이러한 1년이 지나가는 해가 약 80~90번 지나가면 죽게 된다. 그래서 약으로 잡아 100년 인생이라 한다. 위의 문장은 이렇게 흐르는 세월이 살처럼 빠르다는 말이다.

태초로부터 지금까지 사람이 이 세상에 태어나서 늙어서 죽지 않은 사람은 없고, 또 죽은 사람이 다시 태어난 사람은 한 사람도 없다. 모두 가면 그만인 것이다. 이것이 운명이고 숙명인 것이다. 그리고 이것이 천리(天理)인 것이다. 천 년 뒤에 온다고 하는 것은 모두 거짓이 되는 것이니, 이러한 천리를 어기는 말들은 모두 속이는 것에 불과한 것이다. 그러므로 이를 애석하게 여기고 광음(光陰)의 빠름을 슬퍼한 것이다.

그러나 영원히 죽지 않는 방법이 있으니, 즉 이 세상을 잘 살아서 그 이름이 후세에까지 알려지는 것이다. 이런 사람을 일일이 말하기는 어려우나 우리나라에서는 왕건, 정몽주, 세종대왕, 이율곡, 이퇴계, 이순신, 조헌 등 많은 인물들이 있다. 이 사람들은 자기의 삶보다는 나라와 국민의 편에 서서 일생을 산 사람들이니, 지금을 사는 우리들도 이들을 본받아서 산다면 반드시 몸은 죽으나 이름은 남을 것이다.

• **선기현알(璇璣懸斡)** : 선기(璇璣, 혼천의)가 기상(機上)에서 도는 것처럼 일월(日月)은 공중에 매달려서 돈다.

구슬 선

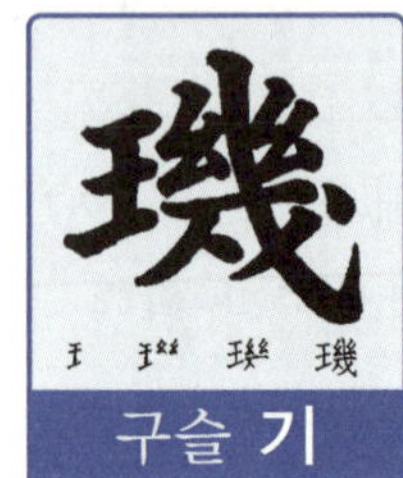
구슬 기

달 현

돌 알

자원(字源)

璇 옥(玉)과 선(旋)의 합자니, 옥(玉)처럼 둥근 것이 도는(旋) 것이니, 음은 선(旋)이다.

璣 옥(玉)과 기(幾)의 합자니, 《설문》에는 "기(璣)는 둥글지 않은 **옥**이니 옥(玉)을 따르고 기(幾)의 음이다."고 했다.

懸 본시 현(縣)은 머리를 거꾸로(県) 매서(糸) **다는** 것이니, 음은 현이다. 그런데 진(秦)대에 군(郡)의 구역 이름으로 쓰이게 되니, 다시 심(心)을 붙여서 본뜻으로 쓴 것이다.

斡 《설문》의 단주(段注)에는 "소차(小車)의 윤(輪)을 알(斡)이라."했으니, 차의 바퀴가 **도는** 것이다.

에세이

　해와 달이 공중에 매달려서 돈다는 말이다. 이에 박문수(朴文洙)의 낙조(落照)와 김극기(金克己)의 추만월야(秋滿月夜)를 싣는다.

낙조(落照)

落照吐紅掛碧山 석양은 붉은 해를 토하며 푸른 산에 걸려있고

寒鴉尺盡白雲間 까마귀는 흰 구름 사이에서 한 자쯤 남아 보이네.

問津行客鞭運急 나루를 묻는 길손은 발길이 바쁘고

尋寺歸僧杖不閒 절 찾아가는 늙은 중의 지팡이 또한 쉼이 없네.

放牧園頭牛帶影 동산 가에 방목하는 소 그림자 길고

望夫臺上妾低鬟 지아비 기다리는 첩실은 대상(臺上)에서 머리를 숙인다네.

蒼煙古木溪南里 저녁연기 피어오르는 계곡 남쪽 마을에는

短髮樵童弄笛還 단발머리 초동이 피리 불며 돌아오는구나.

추만월야(秋滿月夜)

日落頑風起樹端 해 떨어지니 세찬 바람 가지 끝에 일어나는데

飛霜貿貿葉聲乾 날리는 서릿발에 낙엽소리 버석버석

開軒不用迎淸月 창 열 필요 없이 맑은 달을 맞았는데

瘦骨秋來怯夜寒 여윈 몸 가을 오니 추운 밤이 두렵다네.

• **회백환조(晦魄環照)** : 달빛은 그믐이 되면 어두워졌다가 다시 비췬다.

자원(字源)

晦 일(日)광이 반사(ㄥ)해 밝아지는 달 없는(毋) 그믐밤이니, **어둡다**는 뜻이 된다. 한 달(月)이 다 가고 거슬러(屰) 올라간 초하루는 삭(朔)이다.

魄 백(白)은 내려온(ノ) 햇빛이다. 사람이 죽으면 땅으로 내려가는 기운이 백귀(白鬼)니, 그것이 **넋**이다. 구름(云)처럼 위로 올라가는 얼(鬼)은 혼(魂)이다.

環 옥(玉)과 환(睘)의 합자니, 속이 빈 둥근(睘) 옥(玉)이다. 그러한 형상은 **고리**니, 그의 둘레를 **도는** 뜻도 된다.

照 본시는 경(炅)과 소(召)의 합자에서 화(火)가 灬로 변한 것이니, 해나 불빛(炅)이 불려(召)와 **비취는** 것이다. 넓은 세계 고루 비취는 것은 휘(輝)다.

에세이

달을 표현한 용어로 '재생명(哉生明)'이 있으니, 이는 처음으로 밝음이 생긴다는 뜻으로, 음력 초3일을 말하고 '재생백(哉生魄)'이라는 용어는 처음으로 검음이 생긴다는 말로 음력 16일을 말한다. '만월(滿月)'은 보름달을 말하고 현월(弦月)은 초승달을 말하고 '삭(朔)'은 소생하는 달을 말한다. '회(晦)'는 재(灰)가 되어 달이 완전히 없어지는 것을 말하며, 일월(日月)이 멀리서 서로 바라본다고 하였다.

'만조(滿潮)'는 조수가 밀물이 되어 들어온 때를 말하고, '간조(干潮)'는 썰물이 되어서 물이 빠져나가는 것을 말한다. 이러한 조수도 달의 인력에 의해 이루어진다고 한다. 그러므로 달이 음이고 물이 음인 것이다. 아래에 서거정(徐居正)의 시 만월대(滿月臺)를 싣는다.

禾黍離離滿故宮	고궁에 가득 벼와 기장이 죽 늘어졌는데
松山落落又秋風	우뚝한 송악산엔 또 가을바람이 부누나.
渾將五百年前事	오백 년 고려 왕조의 일을 몽땅 가져다
付與英雄一笑中	영웅의 한번 웃음거리에 부치자꾸나.

• **지신수우(指薪修祐)** : 신(薪)을 가리키며 복을 닦으니

자원(字源)

指 수(扌)와 지(旨)의 합자니, 손(扌)이 아름다움(旨)은 **손가락**이 있기 때문이다.

薪 《설문(說文)》에 "신(薪)은 풋나무이고 초(艹)를 따르고 신(新)의 음이다."고 했으니 **섶나무**이다.

修 유(攸)와 삼(彡)의 합자니, 얼굴(彡)을 훌륭(攸)하게 **닦는** 것이다. 음은 수니, 유(攸)의 변성이다. 예물로 하는 바(攸) 마른고기(月)는 수(脩)니, 인사를 **닦는다**는 뜻도 된다.

祐 시(示)와 우(右)의 합자니, 신(神, 示)이 오른쪽(右)에서 **돕는** 것이다.

에세이

《장자(莊子)》에 몸이 죽어서 다하는 것을 신(薪)에 비유하고, 천지간(天地間)에서 생명의 무궁함을 화(火)에 비유하였다. 신(薪)은 무궁하니 산에서 나무 취하길 계속하고, 불은 신(薪)에 옮겨서 무궁히

타는 것같이 사람의 생명이라는 기(氣)는 전자(前者)가 죽으면 후자 (後者)에 그 혼이 옮겨져서 천지와 같이 무궁한 것이니, 섶에 불이 타는 이치를 생각하여 나의 섶나무가 다 타기 전에 선행(善行)을 쌓 으면 영원히 행복을 누리고 남은 경사가 있을 것이다.

복을 받는 것을 싫어하는 사람은 없을 것이다. 그렇기에 중국에 가보면 일반 가정의 대문에 복(福)자를 빨간 종이 위에 써서 붙여놓 은 것을 많이 본다. 어느 종교에 귀의하여 복을 빌건, 무속을 통하 여 복을 빌건 간에 모두 복을 달라고 비는 것인데, 필자는 《주역(周 易)》건괘(乾卦)에 나오는 "적덕지가 필유여경(積德之家 必有餘慶) : 덕을 쌓은 집안에 반드시 남은 경사가 있다."는 말씀이 가장 타당성 이 있다고 본다.

공자는 《춘추(春秋)》를 저술하여 후대의 군주들의 무소불위(無所 不爲)하는 폭력을 방지하였다고 본다. 그러므로 공자의 후손들은 77대손에 이르도록 연성공(衍聖公)에 봉해졌다. 연성공은 정일품의 품계라 하니, 이것만 보아도 공자께서 덕을 많이 쌓은 것을 알 수가 있는 것이다.

이제 중화인민공화국에서는 연성공(衍聖公)이 없어졌다. 현대는 군주사회가 아니고 민주주의 사회가 되었으니 군주사회에서 주던 작위는 없어졌지만, 지금도 곡부에 가서 공부(孔府)를 보면 공씨의 집안이 얼마나 대단한 집안인지를 금방 알 수가 있다. 천하제일의 가문이라고 쓰여 있다.

● 영수길소(永綏吉邵) : 영원히 편안하고 길함이 높으리라.

자원(字源)

永 상(亠)과 수(水)의 합자니, 높은 산(亠) 위에서 물(水)이 바다까지 **길게** 내려가는 것처럼 시간이 **길게** 흘러가는 것이니, 음은 영이다. 길게 흘러가는 것은 영(永)이고, 길게 크는 것은 장(長)이다.

綏 《설문(說文)》에 "수(綏)는 거중(車中)의 고삐이고 사(糸)를 따르고 타(妥)의 음이다."고 했으니, 수레는 고삐를 잡음으로 **편안한** 것이다.

吉 사(士)와 구(口)의 합자니, 선비(士)의 착한 말(口)은 반드시 장래에 **좋은 복**을 가져오는 것이다.

邵 소(召)와 阝(邑)의 합자니, **높은** 고을(阝)을 말하고, 음은 소(召)다.

에세이

고려나 조선시대에는 풍수(風水)가 하나의 종교이었다. 풍수란 좋은 자리에 조상의 묘를 쓰면 그곳에서 묘지의 바람이 나와서 자손이 잘 된다는 논리이다.

그래서 좋은 명당에 투장(偸葬)하는 사람들도 많았으니, 이로 인해서 송사가 그치지 않았다. 필자도 그 송사에 대한 고문(古文)을 번역한 일이 한두 번이 아니다. 지금도 풍수를 믿고 명당을 찾아다니는 사람들이 많다. 그도 그럴 것이 이왕이면 조상을 좋은 자리에 모시면 좋은 것이고, 그리고 그곳에서 진짜로 묘지바람이 나오면 더욱 좋은 것이다.

필자의 선친(先親)도 묘지를 잡으려고 노력을 많이 하셨다. 돌아가시기 얼마 전에 꿈속에서 우리가 잡아놓은 묘지가 있는 산에 붉은 피가 흐르는 것처럼 산맥의 흐름이 보이더라는 말씀을 듣고 지사(地師)를 불러서 그 이야기를 하고 약간 위로 옮겨서 묘지를 쓴 경험이 있다. 지사(地師)가 하는 말씀

"이곳이 원래 잡아놓은 자리보다는 낫습니다."고 하는 소리를 듣고 기분이 좋았던 기억이 있다. 가친(家親)을 좋은 자리에 모셨다는 그것이 더욱 좋은 것이다. 첨부하면 땅속의 붉은 황토가 물기가 하나도 없는 것이 아주 좋았다.

그 집안이 잘 되려면 형제간에 큰 사고가 나지 않아야 하고 또는 큰 우환이 없어야 하는데, 우리 형제들은 8남매가 아직은 큰 사고가 없었고 편안히 잘 살아가고 있으니, 아마도 조상의 은덕이 많아서 그런 것이 아닌가 하고 늘 고맙게 생각하며 살아가고 있다.

• **구보인령(矩步引領)** : 목을 들어서 법도 있게 걷고

자원(字源) |

矩　시(矢)와 거(巨)의 합자니, 시(矢)는 직선으로 가고, 거(巨)는 큰 곡척이라. 곡척을 대고 직선을 그으니 **네모남**이다. 방형을 그리는 기구는 구(矩)고, 원형을 그리는 기구는 규(規)다.

步　지(止)와 소(少)의 합자니, 발을 그쳤다(止)가 또 옮겨서 밟는(少) 것이다. 즉 **걷는** 것이다. 걸어(彳 亍)서 목적지로 감은 행(行)이다.

引　궁(弓)과 신(丨)의 합자니, 활(弓)에 화살(丨)을 대고 **끌어당기는** 것이다. 끌어당김은 인(弓)이고, 끌어 펼침은 연(延)이며, 끌어옴은 견(牽)이고, 끌어 말림은 체(掣)다.

領　육체의 동작을 명령(令)하는 머리(頁)니, 우두머리란 뜻에서 아래로 통하는 목이란 뜻도 되어 **옷깃**이 되니, 그는 옷을 드는 요령이 된 것이다.

에세이

　조정에서 벼슬하고 있는 군자는 걸음걸이도 법도가 있어야 함을

말한 것이다. 사람은 원래 위의(威儀)가 있어야 사람대접을 받는 것이다. 위풍당당(威風堂堂)이라는 말이 있듯이 군자는 당당하게 살아야 한다. 그래야 주위에서 선생님이라 부르는 것이다. 이렇게 되려면 간사하고 비겁한 행동을 하지 않아야 한다.

요즘 이명박 대통령의 최측근에 있던 사람들이 부정에 연루되어 연일 검찰의 조사를 받고 있다. 최시중 전 방송통신위원장은 이미 구속이 되었고, 박영준 전 지식경제부차관은 지금 한참 검찰의 조사를 받고 있다. 오래지 않아서 박 차관도 구속이 될 것으로 사료된다.

권불십년(權不十年)이라고 했는데, 우리나라는 어찌해서 역대 대통령의 임무가 끝날 때쯤이면 대통령의 주위에 있는 사람들이 모두 감옥으로 들어가는지 알 수기 없다. 타산지석(他山之石)이라는 말이 있다. 전대에 대통령의 측근들이 모두 구속된 것을 보았으면, 우리들은 그렇게 하지 않아야 하는데, 모두 하나같이 전철을 밟고 삼옥으로 들어가는 것을 보면 감옥이 좋기는 좋은 모양이다. 국가에서 공짜로 침식을 제공해서 그러는 것인가!

이는 다름이 아닌 욕심이 많아서 그렇다. 좋은 자리에 있을 때에 한몫 챙기자는 것이니, 이들은 국가의 안녕은 안중에도 없고 오직 나의 영달과 축재만 있을 뿐이니, 이런 자들을 믿고 뽑은 대통령이 한심한 생각이 든다.

영포라인이라고 해서 영덕과 포항에 연고를 둔 사람들을 이 대통령은 믿고 썼으나, 결국 끝에 가서는 대통령께 크나큰 상처를 주고 말았다. 상심하고 있을 대통령이 불쌍한 생각이 든다.

결국 위에서 열거한 부정에 연루된 자들은 쥐새끼처럼 살금살금 기어 다니는 것이니, 이런 자들은 당당하지도 못하므로 비록 대통령의 곁에 있었다고는 하나 군자가 아니다.

●**부앙랑묘(俯仰廊廟)** : 낭묘(廊廟)[44]에서 부앙(俯仰)한다.

자원(字源)

俯 인(イ)과 부(府)의 합자니, 땅은 만물이 있는 부(府)인데, 사람(イ)이 보는 데는 **구부리는** 것이니, 음은 부(府)다.

仰 인(イ)과 앙(卬)의 합자니, 앙(卬)은 무엇을 바라는 나고, 인(イ)은 남이다. 남에게 무엇을 바라는 것은 내가 그 사람을 **우러르는** 것이다.

廊 엄(广)과 낭(朗)의 합자니, **곁채**(广)를 말하고 음은 낭(朗)이다.

廟 조회(朝會)하는 집(广)은 정청(政廳)이나, 그곳에는 신의(神意)를 받드는 **사당**이 있으니, 사람의 정신생활은 사당에서 싹(苗)트기 때문에 음은 묘(苗)다.

44) 낭묘(廊廟) : 조정의 대정을 보살피는 전사(殿舍), 조선시대, 백관을 통솔하고 정사를 총괄하던 최고의 정치 기관.

옛적 궁궐에는 많은 궁전이 즐비하게 들어서 있는데, 그중에 낭무(廊廡, 행랑채)도 있고 묘사(廟祠)도 들어서 있다. 이곳에서 근무하는 관원들은 선왕을 제사하는 곳과 고관들이 근무하고 돌아다니는 거리이니 행동거지를 조심스럽게 한다는 말이다.

지금은 관광지가 되어있는 곳들이다. 그중에서 제일 아름다운 곳은 비원(秘苑)이다. 비원은 궁궐의 후원(後苑)이다. 왕이나 왕비가 공무를 마치고 한가히 산책하는 곳이니, 이곳에는 비경(秘境)이 많다. 이곳에 연경당(延慶堂)이 있는데, 이곳은 일반 선비가 사는 집의 구조로 99긴의 집이다. 왕자들이 이곳에 와서 살면서 선비들의 삶을 습득하였다고 한다.

그리고 정자(亭子)들이 많이 있는데, 기능에는 모두 주렴을 씨서 달았고 현판을 아름답게 써서 붙인 곳이다. 밑에는 연못이 있고 그 속에는 고기들이 유영(遊泳)을 하고 연꽃이 아름다운 자태를 드러낸다.

인왕산 자락에 위치한 이곳은 온통 수림으로 이루어져 있어서 항상 녹음이 져 있고 시원한 바람이 불고 가지각색의 아름다운 꽃들이 피어있어서 마치 선경(仙境)과 같으니, 기화요초가 기기한 자태를 드러내고 있는 곳이다.

이곳에는 왕과 왕자와 신하 중의 명필들이 쓴 글씨가 꽤 많다. 그리고 그 밑에 찍은 낙관도 많다. 이런 것들이 모두 우리의 귀중한 문화재들이다. 이를 소중히 여기고 많은 국민들에게 알려서 우리의 좋은 문화를 세계에 선양해야 한다.

• **속대긍장(束帶矜莊)** : 관을 쓰고 띠를 띠고 엄숙하게 단장하고

자원(字源)

束 목(木)과 구(口)의 합자니, 나무(木)를 한 덩어리로 둘러싸서(口) 묶는 것이다. 목(木)과 冂의 합자는 가시랭이 자(朿)다.

帶 卅 이렇게 늘어진 옷을 一으로서 묶은 띠에 베 조각(巾)으로 덮고(冖) 물건을 차는 것이다. 옛사람은 물건을 띠에 차고 다녔으니, 지금의 포켓의 대(代)라, 음은 대다.

矜 모(矛)와 금(今)의 합자니, 이제(今) 창(矛)을 가지고서 자기의 위력을 자랑하는 것이나, 상대가 너무 무력하면 불쌍히 여기는 뜻도 된다.

莊 초(艹)와 장(壯)의 합자니, 초(艹)목이 성(壯)한 정원이 있는 별장이니, 음은 장(壯)이다.

에세이

《소학(小學)》에 "군자는 항상 의관(衣冠)을 정제(整齊)하고 남자는

가죽으로 만든 띠(혁대)를 띠고 여자는 실로 만든 띠를 띠라."고 했다. 이는 남자와 여자를 구분하려는 의도이니, 차별하여 구분하려는 것은 아니고 음양(陰陽)으로 구분함을 예의로 생각했던 것 같다. 하여튼 간에 조물주가 사람을 창조하기를 남자와 여자로 창조하였으니, 의상을 차려입는 것도 또한 구분을 하여 입어야 하는 것이다.

우리나라의 고전 의상을 보면, 남자의 옷이건 여자의 옷이건 간에 그렇게 아름다울 수가 없다. 아마도 세계에서 제1의 옷은 한복이라고 필자는 주장한다. 그 우아한 한복의 맵시와 선(線)의 조화는 타의 추종을 불허한다.

만약에 여자가 남성의 차림을 하고 성격도 우락부락하다면, 이러한 여성은 아무리 미모가 좋아도 남성들은 좋아하지 않는다. 이에 반하여 남성의 행동도 매일반이다. 남성이 너무 세심하고 여성스러우며 예쁘장하게 생겼다면 여성들이 좋아하겠는가!

요즘은 남녀를 구분하지 못하는 경우가 너무 많다. 특히 여성의 변화가 너무 심해서 보기가 민망한 경우가 많으니, 남성은 긴 바지에 맨살이 드러날까를 걱정하며 옷을 입는데, 여성은 어떻게 하면 자신의 맨몸을 더 많이 남에게 보여줄까를 걱정하며 옷을 입는 것 같다. 이에 대하여 필자가 읊은 시 '예(禮)'를 소개한다.

夏女衣裳目不安　여름에 여인의 짧은 의상 쳐다보기 불안하고
紅靑色髮豈要冠　홍청색(紅靑色) 염색머리 어찌 갓이 필요한가!
二千歲始希望歲　2000년의 시작은 희망의 해인데
極旱農夫俯田嘆　극한 가뭄에 농부는 밭을 보며 탄식하네.

• 배회첨조(徘徊瞻眺) : 이리저리 배회하며 서성인다.

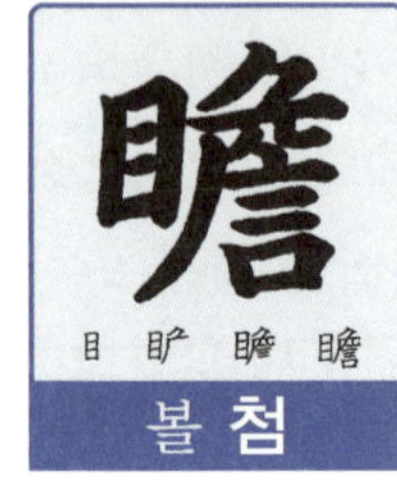

자원(字源)

徘 척(彳)과 비(非)의 합자니, 걸어가(彳)도 나아가지 않고(非) 제자리에 있는 것이다. 걸어가(彳)도 주위에만 도는(回) 것은 회(徊)다.

徊 제자리에서 돌아(回)다니는(彳) 것이니, 음은 회(回)다. 걸어가면서도 딴 곳으로 가지 않는 것은 배(徘)니, 배회(徘徊)라 한다.

瞻 목(目)과 첨(詹)의 합자니, 눈(目)을 위태롭게(詹) 높은 데를 보는 것이다. 정신을 들여봄은 시(視)고, 눈앞 것을 봄은 도(睹)며, 통철하게 봄은 관(觀)이고, 손을 얹고 봄은 간(看)이다.

眺 목(目)과 조(兆)의 합자니, 여러(兆) 물건이 한눈(目)에 다 보이니, 멀리 보는 것이다. 멀리서 보는 것은 조(眺)고, 위에서 보는 것은 감(瞰)이다.

에세이

  옛날 사람들은 인시(寅時, 4시)가 되면 일어나서 활동을 시작하였으니, 관리는 대궐로 향하여 대문(大門)이 열리기를 기다려서 입궐

하여 조회를 하고 직무를 봤다고 한다. 또한 농민들은 인시에 일어나서 논과 밭에 나가서 농작물이 어떻게 자라고 있는가! 논에 물은 제대로 들어가는가! 논두렁에 구멍이 나서 물은 아래로 새지 않는가! 농작물에 병충해는 입지 않았는가를 살펴본다. 눈에 나갈 때는 반드시 삽을 어깨에 메고 나가니, 이 삽으로 이상이 있는 곳을 다 고치고 돌아온다.

벼슬아치는 노년이 되면 낙향(落鄕)하여 경치가 좋은 곳에 정자를 짓고 그곳에서 후학을 가르치며 소일을 하였으므로, 옛날 관료들도 모두 제자를 양산한 것을 연원록을 통하여 볼 수가 있다.

낙향한 퇴직관료들은 산수(山水)가 좋은 곳을 배회하며 시(詩)를 읊고 심신을 수양하며 후학을 가르치는 것을 노년의 낙(樂)으로 삼고 살았다. 이들이 남긴 유고(遺稿)에는 이때에 지은 시와 부(賦), 그리고 편지글과 제문 등 다양한 장르가 모두 기록되어 있나.

● **고루과문(孤陋寡聞)** : 고루(孤陋)하고 견문이 적으면

子 孖 孤 孤
외로울 **고**

阝 阶 陋 陋
더러울 **루**

宀 宊 寔 寡
적을 **과**

阝 門 門 聞
들을 **문**

자원(字源) |

孤 자(子)와 과(瓜)의 합자니, 외(瓜)처럼 땅에 버려져서 돌봐주는 부모가 없는 아이라. 즉 **외로운** 것이다. 홀로 사는 것은 독(獨)이다.

陋 본시는 남쪽(丙)을 가리는(匸) 누(匧)자가 **더럽다**는 뜻이니, 음은 루다. 후에 阝변을 덧붙이고 위에 1획을 빼니, 남쪽이 언덕에 의해 감추어진 것이다.

寡 면(宀)과 반(頒)의 합자니, 무엇이나 나누어 준(頒) 집(宀)에는 물건이 **적은** 것이다. 나뉘어 적어진 것은 과(寡)고, 분량이 적은 것은 소(小)며, 수량이 적은 것은 소(少)다.

聞 귀(耳)의 문(門)으로 소리가 **들리는** 것이다. 따라서 코로 냄새 맡는 뜻으로도 쓴다. 마음(心)이 귀(耳)로 직(直)결해서 잘(壬) 듣는 것은 청(聽)이다.

에세이

　사람이 시골에서 고립(孤立)하여 살아서 견문(見聞)이 적으면 몽

매해진다는 것이니, 그래서 공자께서도 '박학이다문(博學而多聞) : 널리 배우고 그리고 많은 것을 듣는다.' 하라고 하였다.

옛적 송(宋)나라의 소동파(蘇東坡)는 어려서 선생께 공부를 한 뒤에 중국천하를 한 바퀴 유람하니, 자기가 배운 공부의 열 배가 늘었다는 고사가 있다. 그렇다. 사람은 많은 것을 보고 들어야 한다. 그렇기에 식자(識者)가 많은 서울에서 살아야 한다는 것이다. 시골에서 살면 고요한 곳이라서 심신은 수양이 될 것이나, 견문(見聞)은 넓어지지 않는다. 그래서 사람을 낳으면 서울로 보내고 망아지를 낳으면 제주도로 보내라는 우리의 속담이 있는 것이다.

필자는 1년에 한 번 아니면 두 번씩 중국여행을 한다. 주위에서는 왜 하필 중국만 다니느냐고 한다. 그러나 필자는 지금까지 한 공부가 서(書)예술과 한문학이므로 중국을 가면 배울 것이 많다. 그래서 올해도 성균관대학교 유학대학원에서 주최하는 중국 구강(九江)에 있는 '주렴계 선생 탐방'에 참여하려고 한다.

● 우몽등초(愚蒙等誚) : 무매한 사람으로 취급되어 초책(誚責)
을 받는다.

자원(字源)

愚 우(禺)와 심(心)의 합자니, 원숭이(禺)의 마음(心)에는 지혜가 없으니 **어리석은** 것이다. 병적으로 어리석은 것은 치(痴)고, 벌레처럼 어리석음은 준(蠢)이다.

蒙 초(艹)와 몽(冡)의 합자니, 돼지(豕)가 풀을 덮어써(冖)서 **어두운** 것이나, 또 초(艹)를 관(卝)으로 보면 지혜가 **어두운**(冡) 총각(卝)아이이다.

等 대(竹)가 크는(之) 데는 마디(寸)를 맺고 올라가니, 그의 여러 마디들이 대개 다 **같은** 것이다.

誚 언(言)과 초(肖)의 합자니, 말(言)과 같으라(肖)고 **꾸짖는** 것이다.

에세이

사람같이 어리석은 동물은 없다. 왜냐면 사람은 한없는 욕심을 가지고 있기 때문이다. 일류학교를 나오고 외국의 유명한 학교에 가서 유학한 사람들이 높은 자리에 앉기만 하면 부정과 부패로 얼룩지는 것을 필자는 역대 정권을 통해서 너무 많이 봤다.

이는 맹자(孟子)가 말씀한 '대의(大義)와 소리(小利)' 중에서 모두 소리(小利)를 선택하여 살기 때문에 돼지처럼 자기만 먹으려는 욕심을 한없이 내기 때문이다. 이런 사람은 꾸지람을 받는다는 것이다. 그러므로 필자가 쓴 신묘년 중국학술답사 여행(辛卯年中國學術踏査旅行) 장시를 아래에 싣는다.

大學院生徒一群　　대학원생도 여러 사람이

集合空港人事新　　공항에 집합하니 인사는 새로웠네.

天高白雲悠悠去　　높은 하늘에는 흰 구름 유유히 가는데

天地廣闊爽快眞　　광활한 천지는 참으로 상쾌하다네..

中華靑島到飛行　　중화의 청도를 비행하여 도착하니

迎接案內含笑陳　　영접하는 안내는 웃음 띤 얼굴

異國風習眼前新　　이국의 풍습이 눈앞에 새로운데

跳躍氣象知福民　　도약하는 기상은 복 받은 백성임을 알겠네.

陸路臨緇聞太公　　육로로 간 임치는 태공의 소리 들리는데

最初中食服人淳　　최초의 중식에 서빙하는 아가씨들 순진하다네.

古車館內視殉葬　　고차(古車)박물관에서 순장(殉葬)한 묘지 구경하니

高官壙中無人倫　고관(高官)의 무덤 속엔 인륜이 없었다네.

山東首都着濟南　산동성의 수도 제남에 도착하니

趵突泉苑風物純　표돌천공원 풍경이 순수하네.

皇宮賓館燦夜光　황궁의 호텔은 야광이 찬란한데

繹山舜祠至今支　역산의 순임금 모신 서원 지금도 있다네.

孔子究院叅儒會　공자연구원에서 세계유학자대회를 참관하니

世界斯學重要知　세계의 유학이 중요함을 알겠네.

孔廟釋祭讀祝文　공묘의 제사의례 축문을 읽어보니

莊嚴廣闊中華資　장엄하고 광활함은 중화의 자질이라네.

孔府含飴雍正書　공부(孔府)의 함이(含飴)는 옹정의 글씨인데

瞬間移動不日遲　바쁘게 이동하니 날이 지루하지 않다네.

尼山古蹟夫子祠　니구산의 고적에는 공부자의 서원이 있고

叔亮山神閣善治　숙량흘을 모신 서원과 산신각도 잘 치장했네.

鄒城孟廟焚香燭　추성(鄒城)의 맹묘에 향촉 불태워 분향하고

孟母斷機三遷思　맹모(孟母)의 단기비(斷機碑)에서 삼천(三遷)을 생각한다오.

人間本性言善性　인간의 본성은 착하다 말하였으니

禹功必敵大哲師　우임금의 공적과 대적이 될 대철인(大哲人)이라오.

^{공 묘 추 향 아 역 참}
孔廟秋享我亦參　공묘의 추향에 나도 또한 참여하고

^{성 심 봉 배 무 화 이}
誠心奉拜無華夷　성심으로 받들어 절함은 화이(華夷)가 없다네.

^{종 일 우 천 착 우 의}
終日雨天着雨衣　종일토록 비가 오니 우의를 입고

^{제 일 태 산 등 정 이}
第一泰山登頂移　제일의 태산을 등정했다네.

^{천 가 옥 황 접 오 등}
天街玉皇接吾等　천가(天街)의 옥황상제는 우리를 접견하는데

^{산 곡 무 중 무 심 시}
山谷霧中無心詩　산곡(山谷)의 안개에 시심(詩心)은 없었다오.

^{석 찬 주 석 동 료 동}
夕饌酒席同僚同　저녁의 주석(酒席)에는 동료들 모두 참여했는데

^{아 여 공 주 심 역 의}
我汝拱酒心亦宜　너와 나의 러브샷을 마음으로 좋게 느낀나오.

^{관 전 각 점 복 인 미}
館前刻店服人美　호텔 앞 전각가계 복무인이 아름다운데

^{매 득 유 호 인 유 기}
買得遊號印有期　구매한 유인(遊印)과 호인(號印)이 기대함이 있다네.

^{공 부 가 주 청 미 순}
孔府佳酒淸味純　공부(孔府)의 아름다운 술 청아한 맛이 순수한데

^{족 욕 성 심 미 여 희}
足浴誠心未女戲　성심으로 하는 발마사지 여인을 희롱함이 아니네.

^{귀 로 차 중 권 주 사}
歸路車中勸酒辭　귀로(歸路)에 차중에서 술 권하며 노래하니

^{공 수 소 주 비 박 리}
空輸燒酒非薄醨　공수(空輸)한 소주는 박주(薄酒)가 아니라오.

^{전 원 무 사 귀 비 행}
全員無事歸飛行　전원이 무사히 비행기로 돌아오니

^{상 여 희 안 무 노 피}
相與喜顔無勞疲　서로의 기쁜 얼굴 피로가 없다오.

 謂 이를 위

 語 말씀 어

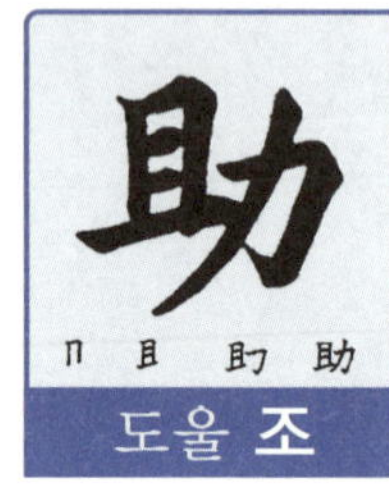 助 도울 조

 者 놈 자

자원(字源)

謂 언(言)과 위(胃)의 합자니, 위(胃)가 식물을 주무르는 것처럼 말(言)로 상대방을 타일러주는 것이다. 입(日)속 혀(一)를 놀려서 한 말은 왈(曰)이다.

語 언(言)과 오(吾)의 합자니, 내(吾)가 하고 싶은 말(言)이다. 혀로만 하는 말은 화(話)고, 열이 나게 하는 말은 담(談)이며, 외국말 뜻을 전하는 말은 역(譯)이다.

助 남의 일에 또(且)한 힘(力)을 써서 돕는 것이다. 가까이 있어서 돕는 것은 좌우(佐佑)이고, 상관(上官)을 모시고 돕는 것은 보필(輔弼)이다.

者 노(耂老)와 백(白)의 합자니, 노인(耂)의 고백(白)이다.

에세이

어조사는 말을 돕는 말이니, 이를 허사(虛辭)라고도 한다. 문장을 잘 하려면 허사를 잘 써야 한다. 옛말에 "소도 비빌 언덕이 있어야

비빈다."라는 말이 있다. 이는 즉 돕는 사람이 있어야 일어날 수가
있다는 말이다.

 사람이 이 세상을 살아가는 것은 고행(苦行)의 길이다. 살아가다
보면 중간 중간에 걸리는 것도 많고, 또는 사업을 하려면 자금이 필
요하다. 그러므로 나를 도와주는 사람이 있어야 쉽게 일어나는 것
처럼, 문장을 쓸 적에도 조사(助詞)를 적절하게 잘 구사해야 명문장
이 되는 것이다.

● **언재호야(焉哉乎也)** : 언(焉)과 재(哉)와 호(乎)와 야(也)자이다.

자원(字源)

焉 본래는 강회(江淮)에 있는 누른 봉황(鳳凰)을 상형한 글자인데, 그는 태평성대가 아니면 나오지 않는 새니, 말세에 **어찌** 나타날까! 란 뜻에서 **어조사**가 되었으니, 음은 언이다.

哉 재(戋)와 구(口)의 합자니, 손(手)에 창(戈)을 들고 무엇을 끊(戋)는 데 쓰는 **어조사**로서 감탄사나 반문의 뜻이 있으니, 음은 재다.

乎 천칭(天秤)으로 본 평(平)자에서 오른쪽에 무게가 적어지고, 왼쪽으로 쏠린 것처럼 남에게 쏠려서 무엇을 묻는 **어조사**가 되고, 또 말을 강화하는 **전치사**도 되었으니, 음은 호다.

也 역(力)과 은(乚)의 합자니, 힘(力)이 숨어(乚)있는 것이라. 아무런 뜻도 없는 **어조사**가 된 것이니, 숨은 힘이 나타나면 **또**라는 뜻으로도 쓴다. 야(耶)는 의문사고, 야(也)는 긍정사다.

에세이

　언재호야(焉哉乎也)가 조사(助詞)를 대표한다는 것이니, 이 외에도 어조사는 수없이 많다. 이를 하나하나 모두 숙지해야 문장을 잘 해석할 수가 있는 것이다. 만약 조사를 잘 알지 못하면 문장의 저술도 잘 되지 않을 뿐만 아니라 해석도 잘 안 되어서 엉터리 해석이 나올 수가 있는 것이다.

'천자문'의 저자가 이를 제일 나중에 넣은 것은, 앞의 문장은 공부를 하여 현자(賢者)가 되는 내용이니, 종구(終句) 문장의 구성도 잘하라는 뜻으로 이로 마지막을 장식하지 않았나 생각한다.

옛적에 어떤 사람이 '천지현황(天地玄黃)'만을 3년간 배우고 나서 글을 짓기를 "천지현황을 삼 년 읽었으니, 언재호야는 언제나 읽을까(天地玄黃三年讀 焉哉乎也何時讀)."라고 했다고 한다. 이는 '천지현황'을 배우면서 하늘은 왜 검고 땅은 왜 누런가의 이치까지 다 공부하느라 3년이 걸린 것이니, 이 사람이 배우지도 않은 맨 끝에 있는 언재호야를 알아서 글을 지었으니, 벌써 끝까지 다 꿰뚫고 있었다는 이야기가 된다.

| 자원으로 풀어쓴 |

에세이 천자문 後

초판 인쇄 ‖ 2012년 8월 17일
초판 발행 ‖ 2012년 8월 24일

지은이 ‖ 전규호
디자인 ‖ 이명숙 · 양철민
발행자 ‖ 김동구
발행처 ‖ 명문당(1923. 10. 1 창립)
주 소 ‖ 서울시 종로구 윤보선길 61(안국동)
          우체국 010579-01-000682
전 화 ‖ 02)733-3039, 734-4798(영), 733-4748(편)
팩 스 ‖ 02)734-9209
Homepage ‖ www.myungmundang.net
E—mail ‖ mmdbook1@hanmail.net
등 록 ‖ 1977.11. 19. 제1~148호

ISBN 978-89-7270-963-3 (13710)
정가 ‖ 10,000원

* 낙장 및 파본은 교환해 드립니다.
* 불허복제